SAMSUN

Uli Stein

HALBZEIT

Eine Bilanz ohne Deckung

Mit einem Vorwort von
Klaus von Dohnanyi

Verlag Georg Simader

1 2 3 4 5 96 95 94 93

Schutzumschlaggestaltung: Angelika Fritsch
Satz: bLoch, Frankfurt am Main
Druck und Bindung: Pustet, Regensburg
Printed in Germany

ISBN 3-927515-35-3

Inhalt

VORWORT

Fußball und Politik haben manches gemeinsam. Zum Beispiel: Die Fans mögen keine Verlierer; und über richtige oder falsche Spielzüge wird hinterher in den Kneipen und an den Stammtischen gestritten, als ob die besseren Spieler sowieso auf der Tribüne säßen. Die Urteile sind hier wie dort meist ungerecht: Denn glückliche Torschützen werden oft noch glücklicher vorbereitet, der Schütze war manchmal gar nicht der Entscheidende. Aber im Tor stand eben der Torwart – nur leider nicht an der richtigen Stelle. Wie im Leben, wo alles Gute aus der Wirtschaft kommt und alle Probleme von den unfähigen Politikern.
Fußball und Politik sind Mannschaftsspiele. Doch halt: Der Torwart bleibt immer allein. Ganz wie der Regierungschef. Ihn wollen Sie »schaffen« – die Gegner, die Opposition. In der Politik manchmal sogar die eigenen Leute.
Sowas gibt's im Fußball Gott sei Dank selten (aber wie man jetzt aus Marseille weiß: Auch das läßt sich notfalls einrichten).
Die Leute klagen auch, es fehlten im Fußball heute die »Charaktertypen«, die »Persönlichkeiten« – ganz wie in der Politik. Es ginge heute zu sehr ums Siegen, ums Geld; dem Fußball sei das Spiel abhanden gekommen, meinen viele. Wie in der Politik, wo die Wähler das deutliche Engagement um die Sache vermissen, von dem es angeblich früher so viel mehr gab, während heute alles Karriere ist. Ich weiß nicht, ob das alles stimmt. Etwas wird wohl daran sein – auch wenn für die Älteren schon immer »alles«

goldener und die Gegenwart mehr beschädigte Vergangenheit als neue Zukunft war. Auch das gilt wohl für den Fußball ebenso wie für die Politik.

Uli Stein allerdings, den Mannschaftskapitän der Eintracht 1993, könnte ich mir auch in der legendären '54er Mannschaft von Sepp Herberger vorstellen; als Mannschafts-Individualist hätte er da gut hineingepaßt. Der damalige Zeitgeist hätte ihm vermutlich mehr Disziplin eingeblasen, aber dafür auch seinen Fähigkeiten mehr Freiraum gelassen. Denn Uli Stein ist nicht nur ein »Typ«, sondern auch ein Könner. Das bestreiten auch seine größten Feinde nicht. Ein Mann, der vielleicht zu oft streitet, aber er ist dafür kein solcher Fernseh-Image-Geld-Melker wie einige seiner jüngeren Kollegen von heute – und die gibt es nicht nur im Fußball.

Der Bürgermeister einer Stadt muß sehr viele Dinge tun, und viele, die er nicht mag. Sogar solche, die er gar nicht kann: Ich mag Fußball, aber ich kann zum Beispiel (wie die Fans auf dem Rathausmarkt 1982 sicher schon vorher wußten) kein echtes »Hipp Hipp Hurra« (drei mal!) vom Rathausbalkon in die Menge schreien.

Ich habe in der Schule gut Handball gespielt, aber ich mag Fußball. Und ich kann das unter Beweis stellen. Das hat manchen Nadelstreifenkritiker schon verwundert.

Leider habe ich als Bürgermeister aber zu wenig Zeit für meine Fußball-Leidenschaft (als Zuschauer, selbstverständlich) gehabt.

Und vieles, was wir als Stadt für den HSV in den Jahren Uli Steins getan haben und noch tun wollen, hat nicht geklappt und oft hat es zu lange gedauert. Aber es herrschte doch meist eine gute Atmosphäre zwischen dieser stets überraschungsfreudigen HSV-Mannschaft, dem klugen Präsidenten Dr. Klein und unserem Senat. Und wenn was nicht lief, beschwerte man sich eben bei dem Senats-Spielführer

Dohnanyi. Er hätte die Sache ja »halten« können! Hat er dann auch meist versucht.
Uli Stein schreibt eine Geschichte über sein noch kurzes, aber fußball-langes Leben, die einem ans Herz geht und die ihm wieder viel Ärger machen wird: Keiner wird geschont, auch er selbst nicht. Aber man merkt: Der Mann lebt, und er mag das Leben. Ganz besonders wahrscheinlich als Torwart. Und am liebsten, wenn es wirklich auf ihn allein ankommt.
Die Psychologen werden ihre Freude an dieser Autobiographie haben. Vater-Enttäuschung, Geschwister-Verantwortung – und dann der frühe Kicker auf der Straße. Da ist alles drin. Aber das kann man nicht nacherzählen, da muß man schon selbst in die Seiten tauchen.
Mancher würde vielleicht sagen, der Mann hat nicht nur Pech gehabt. Er war ja schon ganz oben, ganz nahe am Ziel, an der Nummer eins der Nationalmannschaft. Und dann streitet sich dieser Mann mit denen, die das Sagen haben! Das konnte er doch wissen, wie das ausgeht: Heimflug-Ticket aus Mexiko, solo und vorab.
Selbst schuld!
Wirklich? Ich halte es da eher mit Ernst Happel, den für Uli Stein »erfolgreichsten Vereinstrainer der Welt«, der ihm so etwas wie ein Vater war: »Dein größtes Problem ist dein nicht zu bändigender Ehrgeiz und der Maßstab, mit dem du die anderen gnadenlos an dir selbst mißt. Hör' auf damit, oder du zerbrichst daran.«
Uli Stein, jedenfalls soweit ich ihn kenne, ist echt. Und das heißt was. Auch wenn man ihm bei diesem Buch natürlich geholfen hat. Schließlich haben Adenauer und Brandt ihre Reden auch kaum alle selbst geschrieben!
Jedenfalls bin ich ein bißchen stolz darauf, daß ein Mann wie Uli Stein sich freut, wenn ich ihm ein Vorwort schreibe. Ich habe es gern getan, schon weil ich sonst nicht so viel gewußt hätte von diesem Mann, der in Hamburg allein im

Tor stand, wenn es um die großen Meisterschaften der 80er Jahre ging. Ich mag diesen Mann, weil er so ist, wie er ist. Und ich wünsche ihm, daß sein Buch ein großer Renner wird.

Hamburg, im August 1993
Klaus von Dohnanyi

STEIN UND BEIN

SAMSUNG

Der Schwur auf die verlorene Meisterschaft

Die Story beginnt wie fast alle Vereinigungs-Desaster der jüngeren deutschen Geschichte: Ein lauer Frühsommerabend 1992 in der ehemaligen DDR. Der Mannschaftsbus holpert zwischen dem Rostocker Ostseestadion und dem Flughafen über realsozialistisch hinterlassenes Kopfsteinpflaster. Der Fahrer steigt auf die Bremse. Das depressive Schweigen der Passagiere wandelt sich in helle Aufregung. Der Bus rollt aus und kommt neben einem Kanalisationsgraben zum Stehen. Ich steige als erster aus. Andy Möller hat Mut gefaßt und folgt mir. Meine Rechte zuckt kurz aufwärts. Das Blitzlichtgewitter aus dem nachfolgenden Pressepulk erleuchtet das Szenario gespenstisch. »Hast du gesehen, was sie wollen?« frage ich Andy. Während er nickt, hole ich weit aus – und haue ihm nicht aufs Maul. Ich lege meinen Arm um seine Schultern.
Der Fahrer steckt den Vierkant ins Schloß des Kofferraumes und holt den Sektkarton aus dem Verschlag, der eigentlich für die Meisterfeier bestimmt war. Die Presse-Meute setzt ohne Beute enttäuscht ihre Heimfahrt fort.

Was war geschehen, daß ich der öffentlichen Erwartung so wenig entsprach? Uli Stein, der noch immer funktionierte, wenn es um negative Schlagzeilen ging. Wenige Stunden zuvor hatten Radio und Fernsehen über den finalen Blattschuß berichtet, den ich Andreas Möller versetzen würde, sollte die Eintracht nicht Deutscher Meister werden. Selbst im eigenen Verein hatten sie es sich schon eingeredet, daß

»der Stein dem Möller nach der Saison an den Kragen geht«. Und nun das! Eine vermasselte Show! Stein, ein Zampano mit gezogenen Zähnen? Jedenfalls hat er nicht zum großen Fressen für die Boulevard-Blätter getaugt. Das hat Gründe:

Der hohe, trillernde Pfiff bohrt sich durchs Trommelfell. 2:1 für Rostock. Alles vorbei, alles verloren. Der greifbare Traum von der Meisterschaft verkommt zum Alptraum, der sich schwer über Kopf und Bauch legt. Gedanken splittern durch die Hirnwindungen. Die Ordnung der Sinne ist unmöglich. Alles zerfließt. Der Weg vom Tor in die Kabine scheint unendlich. Ich stehe barfuß im Himalaja. Keine Erinnerung, wie ich in den Umkleideraum komme. Einzig die Beschimpfungen der 12.000 mitgereisten Eintracht-Fans, die wie ein wahrer Fäkalienregen über Schiedsrichter Berg niedergehen, durchschneiden die innere Leere. Ralf Weber tritt die Fernsehkamera auf die Aschenbahn. Langsam steigt Hitze in mir auf. Der Schiri hat uns verpfiffen. Ein Betreuer erzählt, wie Stuttgart in Leverkusen ein Elfmetergeschenk entgegennahm. Und uns haben sie einen geklaut. Verschwörungstheorien blitzen auf.

Ralf Falkenmayer, Manfred Binz und Ralf Weber schleichen heulend wie Schloßhunde in die Kabine. Ich bin auf dem Weg in die Sackgasse. Wie Schuppen fällt es mir von den Augen. Mit jedem Adrenalinstoß sehe ich klarer, wer noch alles für die verlorene Meisterschaft verantwortlich ist. Nur vier von unseren Leuten haben wirklich gekämpft, gerade die Hälfte der Mannschaft hat alles gegeben. Der Rest hat versagt, war mental und von der Moral her nicht auf Meisterkurs. Vor allem Möller stand wieder völlig abseits und hat uns den Titel gekostet. Das Blut schießt durch die Adern.
Trainer Dragoslav Stepanovic hat es auch registriert und

sagt den wichtigsten Satz, den ich bisher von ihm gehört habe, genau zur richtigen Zeit: »Uli, überleg' dir gut, was du jetzt tust. Es wird deine Zukunft bestimmen.« Plötzlich höre ich Ernst Happel, meinen ehemaligen Trainer beim HSV: »Dein größtes Problem ist dein nicht zu bändigender Ehrgeiz und der Maßstab, mit dem du die anderen gnadenlos an dir selbst mißt. Hör auf damit, oder du zerbrichst daran.« Stakkatoartig huschen Titel und Höhepunkte im Wechsel mit den tiefen Tälern meiner Karriere an meinem geistigen Auge vorbei: Deutsche Meisterschaft mit dem Hamburger SV, Europapokalsieger der Landesmeister mit den Hamburgern, der mexikanische Abgang nach der Beleidigung Beckenbauers, der Rausschmiß beim HSV nach der Handgreiflichkeit gegen Wegmann im Supercup-Spiel, Deutscher Pokalsieger mit der Eintracht. Ich bin drauf und dran, in die angeschimmelte Holzbank zu beißen. Dann erfaßt mich eine unheimliche Ruhe. Möller kann kommen. Als er die Kabine betritt, schauen wir uns kurz in die Augen. Ich gehe auf ihn zu und bringe Versöhnliches hervor: »Laß uns die ganze Scheiße vergessen.« Andy nickt. Wir nehmen uns kurz in die Arme. Wir sind keine Freunde, aber auch nicht mehr die Feinde, die wir ein Jahr lang tatsächlich oder wenigstens presseöffentlich waren.

Ich werfe die Fußballschuhe in die Ecke und verlasse die Kabine. Vor dem Kabuff des Schiedsrichters bleibe ich stehen und klopfe an die Tür. Ein leises, eben noch vernehmbares »Herein« läßt mich eintreten. Herr Berg sitzt zusammengekauert wie ein Häufchen Elend auf dem harten Stuhl. Sein pechschwarzes Hemd klebt an ihm wie eine zweite Haut. Er schaut hoch. In seinen Augen spiegelt sich nackte Angst. Ich reiche ihm die Hand. Er nimmt sie zitternd an und stammelt: »Ich glaube, ich habe einen Fehler gemacht mit dem Elfmeter.«

Ich klopfe ihm auf die Schulter und weiß nicht, woher ich die Kraft nehme, ihn zu trösten; ich versichere ihm, daß es schlimmere Dinge auf dieser Welt gibt, und verweise auf »meine Klöpse in der Vergangenheit, die weit schwerwiegender waren«.

Sein Gesicht hellt sich auf. Er erhebt sich und bekommt wieder Farbe. Ich fühle mich besser, weil ich glaube, jemandem geholfen zu haben.

So etwas habe ich mir oft gewünscht. Aber stets wurde ich allein gelassen mit meinen Fehlern. Mir stand niemand bei. Ich habe mich durchgeschlagen, seit ich 13 Jahre alt bin. Und gerade die Leute, auf die es ankommt, wenn die gesamte Presse über einen herfällt – Funktionäre, Trainer, Präsidenten –, sind mir fast immer in den Rücken gefallen.

Fünf Minuten später bekennt Schiedsrichter Berg vor surrenden Fernsehkameras »einen möglicherweise entscheidenden Fehler«, weil er das Foul an Ralf Weber fünf Meter vor dem Rostocker Tor übersehen hat.

In der Kabine ist das heulende Elend ausgebrochen. Falke, Manni Binz und Weber, die Kämpfer für die erste Meisterschaft der Eintracht seit 33 Jahren, sind untröstlich. Die Gesichter in den verschwitzten, stinkenden Trikots tief vergraben, liegen sie schluchzend auf den Bänken. Andere hängen an der Wand, verdächtig nah am Kleiderhaken, mit starrem Blick.

Wieder fällt mir Happel ein, der für solche Fälle zwar auch nur Binsenweisheiten parat hatte, doch wie er sie vermittelte, war einzigartig: »Mensch Uli, mach' keinen Scheiß, gerade in der Niederlage kannst du Größe beweisen.« Er hat mir das bedeutet, wonach ich mich seit dem Verschwinden meines Vaters mitten in der Pubertät immer gesehnt hatte: ein väterlicher Freund.

Es waren Leitsätze, die Happel mir eingetrichtert hat. Die Leute draußen haben nie begriffen, warum der Stein immer draufhaut, wenn es gerade gut läuft, und warum nicht, wenn alle es erwarten. Dabei ist das ganz einfach. Das Überraschungsmoment birgt die Spannung, die konzentrierte Aufnahme ermöglicht, da bleibt immer was hängen. Außerdem wird Kritik im Erfolg besser verkraftet, während sie in der Krise oft das Gegenteil bewirkt und einen noch mehr runterzieht.

Wie dem auch sei: Ich sehe deutlich, was in einer solchen Gespensteratmosphäre zu tun ist. Also wiederhole ich Happels Kernsatz nahezu wörtlich und versuche, auf die Jungs einzuwirken. Das Wechselbad der Gefühle zieht mich wieder in den Strudel. Ich nehme die Kämpfer in die Arme und will Trost spenden: »Wenn hier einer Grund zum Weinen hat, dann bin ich das. Ihr habt noch die ganze Zukunft vor euch. Für mich mit meinen 37 Jahren war das wohl die letzte Chance, noch einmal Meister zu werden.« Nur wenige verstehen das nicht. Einer davon fragt mich später: »Dir macht das wohl gar nichts aus, du hast wahrscheinlich noch nie geweint, das gehört sich nicht für einen richtigen Mann, oder was?«

Der Situation wenig dienlich und zu komplex erscheint mir ein Erklärungsversuch. Ich weine in anderen Situationen. Da müssen schon richtige Brocken weggeräumt werden, die meine Jugend und die familiären Verhältnisse verdunkelt haben. Oft reichen die in Familien- und Heimatfilmen unvermeidlichen Szenen, bei denen nach heillosen Zerrüttungen am Ende die Familien doch wieder zusammenfinden. Dann zieht Gänsehaut unaufhaltsam von ganz unten nach oben. Der Damm bricht. Ich kann nichts dagegen machen und heule Rotz und Wasser. Das funktioniert automatisch. So einfach ist das mit mir und meiner Sehnsucht.

Als wir endlich alle in den Bus zum Flughafen geräumt sind, falle ich wieder in mich zusammen. Die geplante rauschende Ballnacht ist zum Leichenschmaus verkommen. Nur – keiner trinkt, keiner ißt, und vor allem macht keiner dreckige Witze. Die meisten haben sich in den Plüschsesseln verkrochen. Selbst der Fahrer scheint gelähmt. Er zuckelt mit Tempo 30 über die holprige Landstraße.

Mir wird zunehmend klarer, was ich Andreas Möller während der ganzen harten Saison vorgeworfen habe: Das Preis-Leistungs-Verhältnis stimmt nicht. Er kann oder will kein Spiel herumreißen. Er macht sich nicht kaputt. Er kämpft zu wenig. Er hat allenfalls vier Spiele für uns gewonnen. Er glänzte immer dann, wenn wir sowieso vorne lagen. Und das ist zu wenig im Verhältnis zu dem finanziellen und psychologischen Aufwand, den er die Mannschaft und den gesamten Verein gekostet hat. Der Junge ist eines der größten Talente, das seit Jahrzehnten grünen Rasen betreten hat, verdient in Frankfurt drei Millionen Mark – doch im Kopf ist er ein Dreikäsehoch geblieben. Mein Gefühl, er benutze die Eintracht lediglich als Durchlauferhitzer auf dem Weg ins italienische Lire-Paradies, hat mich nicht getrogen. Er hat uns, den Verein und die Fans, wie bereits zuvor Borussia Dortmund, das ganze Jahr hindurch verarscht mit seinen Lügen und Intrigen. Dennoch mache ich jetzt meinen Frieden mit ihm.
Insbesondere die Leichenfledderer von der Regenbogenpresse werden von mir nicht länger bedient. Zumindest nicht mehr mit dem Leckerbissen Andreas Möller. Andernfalls würde ich am Ende zum doppelten Opfer.
Ich erblicke über die Sitzlehnen hinweg nur rotgeränderte Augen. Es muß etwas geschehen. Ich erhebe mich schwerfällig vom Sitz, schaukle nach vorne, ergreife das Bordmikrofon und halte, ohne groß nachzudenken, eine Rede, die aus dem tiefsten Inneren kommt: »Jungs, ich bedanke mich bei euch als Kapitän für die tolle Saison. Ich bin stolz auf die Leistung und die Werbung, die wir fast ein ganzes Jahr für den Fußball gemacht haben. Wir sind der wahre Deutsche Meister und haben den Fußball 2000 zumindest zeitweise gespielt. Wir sollten nicht hadern mit dem Schiedsrichter. Vor sechs Wochen haben wir die Meisterschaftsschüssel versiebt. Als wir zu Hause Punkte gegen Wattenscheid, gegen die von ihrer Europapokalfeier noch

betrunkenen Bremer und vor allem gegen Absteiger Düsseldorf abgegeben haben. Mit dem Druck der letzten Wochen sind wir nicht fertiggeworden, und keiner konnte das Steuer herumreißen. C'est la vie. Außerdem möchte ich mich entschuldigen für so manchen Bolzen, den ich mir geleistet habe. Ich war oft ein harter Hund. Nicht den Inhalt meiner Kritik nehme ich zurück, sondern die Form, mit der ich gelegentlich über die Stränge gehauen habe. Ich danke euch noch mal herzlich dafür, daß ich euer Kapitän sein durfte, und würde mich freuen, wenn ich nächstes Jahr wieder die Binde tragen ...« Da versagt mir die Stimme. Das war anstrengender als das Spiel. Gleichwohl merken sie, daß es ehrlich gemeint war. Alle klatschen. Mit der Linken wische ich mir den Schweiß von der Stirn, mit der Rechten zittere ich das Mikro aufs Armaturenbrett.

Da fällt mir ein, daß für die erwartete Feier irgendwelche Vorbereitungen getroffen worden sein mußten. »Wo ist der Sekt?« frage ich einen Betreuer. »Im Kofferraum«, schallt es zurück. Ich lasse den Bus anhalten und hole mit Andy Möller zusammen das Meistergetränk aus dem Verschlag. Anschließend ertränken wir den Kummer im Schampus ...

Das Bankett im Frankfurter Sheraton-Hotel wird vollends zur Beerdigung. Die Herren vom Präsidium haben die Krawatten eng geknotet. Sie bekommen kaum einen Ton heraus. Die zarten Täubchenschenkel wandern unberührt zurück.

Ein Blick auf die traurige Versammlung reißt Wunden auf: Andreas Möller – immer wieder Andreas Möller kommt mir in den Sinn. Keiner in diesem Verein hatte den Mut oder den Willen, Andy Möller aus der Mannschaft zu nehmen, als klar war, daß der die letzten vier Wochen nichts mehr bringt.

Jetzt überkommt mich wieder die Gewißheit, daß wir das Spiel in Rostock gewonnen hätten, wenn er nach einer Stunde ausgewechselt worden wäre. Jeder Reservespieler ist balltechnisch zwar schlechter, hätte sich dafür aber die Lunge aus dem Leib gerannt. Trainer Stepanovic hat es entweder nicht sehen wollen oder nicht sehen dürfen.

Was da wohl alles von oben kam? Jedenfalls war der Coach einige Wochen zuvor drauf und dran, ihn rauszunehmen. Was ihn letztlich dazu bewogen hat, es nicht zu tun, weiß der Teufel. Man munkelte, das Präsidium sei der Meinung gewesen, die Eintracht könne sich das aus unterschiedlichsten Gründen – aus sportlichen und ökonomischen – nicht erlauben. Möglicherweise gab es Sponsoren, die sich seinen Einsatz vertraglich abgesichert hatten.

Vizepräsident Bernd Hölzenbein und Präsident Matthias Ohms versuchen, uns auf den Empfang im Römer, dem Frankfurter Rathaus, durch Oberbürgermeister Andreas von Schoeler einzuschwören. Ich denke nicht dran, mir den Frust reinzuziehen: »Ich komme nicht, schon gar nicht auf den Römer-Balkon, wo mir 50 heulende, enttäuschte Fans zuwinken. Das halte ich nicht aus.«

Die Gedanken an den gescheiterten Festakt und die verpaßte Krönung pusten wir uns mit üppigem Alkoholkonsum aus den Gehirnzellen.

Nett wird es erst wieder, als ich morgens um sechs als »lonesome rider« – wie so oft als letzter – dasitze und die Belegschaft des Hotels ihre interne Meisterschaftsfeier unter dem Motto »Jetzt erst recht!« durchtrotzt. Köche in Schürzen, Zimmermädchen mit Häubchen, Empfangsdamen und Portiers in ihren Uniformen – alle Bediensteten haben sich im Hinterzimmer versammelt und bitten mich dazu. Schon aus Angst vor der Schlaflosigkeit gehe ich mit und bin überwältigt: Der eher schmucklose Wirtschaftsraum ist drapiert mit einer großen Essenstafel und Transparenten: »Die Sheraton-Belegschaft grüßt den Deutschen Meister.« Nicht enden wollende Sprechchöre »Uli, Uli, Uli« empfangen mich. Bis acht Uhr sitzen wir zusammen. Das ist die Begegnung mit einer unbekannten Art. Ich komme wieder auf Touren und beschließe, doch am Empfang im Rathaus teilzunehmen.

»Augen zu und durch« ist die Devise eines noch immer leicht Angetrunkenen, als wir mit Oberbürgermeister Andreas von Schoeler in seinem Amtszimmer das Protokoll durchgehen. Die erste Rede auf dem Römer-Balkon soll der Gastgeber halten, die zweite Eintracht-Präsident Ohms. Aus der dritten Reihe fällt mir zu dem kleinwüchsigen Ohms Ungebührliches ein: »Da müssen wir aber zu dritt ran. Herr Ohms in der Mitte, einer rechts und einer links, zum Hochheben.« Eine Sekunde lang hätte man Stecknadeln fallen hören können. Dann entläßt mich schallendes Gelächter aus der Spannung.

Der Stimmungspegel schnellt nach oben, als ein Sicherheitsbeamter hereinstürzt und von Tausenden von Leuten berichtet, die auf dem Römerberg nach der Eintracht rufen. Wir gehen raus. Mir stockt der Atem. Die Härchen an Armen und Beinen richten sich auf. Der Anblick ist überwältigend. Zigtausende schwenken Fahnen und Transparente, singen »We are the champions« und skandieren Sprechchöre. Das ist die kollektive Fähigkeit zu trauern, fällt mir spontan die Verkehrung des Buchtitels eines bekannten Frankfurter Psychoanalytikers ein. Mehr noch: Das ist die Situation, die mich zum Heulen bringt.

Diese tollen Fans hätten die Meisterschaft verdient. Doch wir stehen mit leeren Händen da. Die Meisterschale ist in Stuttgart, bei den biederen, aber fleißigen Schwaben. Irgendeiner reißt den Krawattenknoten auf, zieht den Schlips über den Kopf, rollt ihn zusammen und wirft ihn in die Menge. Begeisterungsstürme schwappen zurück. Wir rasten aus. Manch einer steht am Ende mit bloßem Oberkörper auf der altehrwürdigen Brüstung, mindestens einen Mannschaftskameraden im Arm, und schunkelt freudetrunken. Das Bad in der Menge hätte Michael Jackson nicht

hitziger erleben können. Mädels grapschen nach den spärlichen Resten unserer Klamotten, die wir noch auf dem Leib tragen. Vielen genügt eine Berührung. Alle wollen mit uns reden. In den vielen, vielen einzelnen Gesprächen geben uns die meisten zu verstehen, daß sie uns feiern, weil wir den schönsten Fußball gespielt haben – auch ohne den erhofften Erfolg.
Das wird für mich zum Schlüsselerlebnis. Die Tatsache, daß so viele Menschen von der Ästhetik fasziniert sind, ohne sich vom Mißerfolg verprellen zu lassen, haut mich um. Das sind so ganz andere Erfahrungen als die, die mich 17 Jahre lang in diesem harten Geschäft, und nicht nur da, geprägt haben. Nie hat mich eine Stimmung im Zusammenhang mit Fußball so ergriffen wie der Empfang am Frankfurter Rathaus. Selbst die Begrüßung nach dem Gewinn des Europapokals in Hamburg nicht. In diesen vier Stunden entstand so etwas wie der Geist vom Römer, der Schwur auf die verlorene Meisterschaft.

Spürbar wird dies während der Tingeltour, die wir vor dem Urlaub zwei Wochen lang durchs Hinterland machen. Sonst will bei solchen Freundschaftsverpflichtungen keine richtige Freude aufkommen. Alle drücken sich mit irgendwelchen angeblichen Wehwehchen oder sonstigen Ausreden. Nach dem Römer-Empfang will plötzlich jeder spielen – außer Möller, Binz und Bein, die in Schweden bei der Europameisterschaft weilen.
Der Teamgeist trägt uns von Ortschaft zu Ortschaft. Aus jedem Gastspiel wird ein Fest. Selbst der Masseur Lutz Meinl spielt mal im Tor. Ich lasse mich als Außenstürmer von der guten Laune anstecken. Während eines Eckballs stoße ich mit einem Zuschauer auf seinen Geburtstag an. Wir sind so beliebt, daß wir im kleinsten Dorf mindestens 5.000 Menschen anlocken und überall mit Transparenten als »der wahre Deutsche Meister« empfangen werden. Die-

Diese tollen Fans hätten die Meisterschaft verdient

ses neue Zusammengehörigkeitsgefühl hat die Mannschaft allein entfacht.

Von den Offiziellen, insbesondere der Vorstandschaft, ist niemand beteiligt. Sie lassen sich während dieser wichtigen Phase nicht einmal blicken. Aber auch diese Erfahrung ist nicht neu. Die Offiziellen sonnen sich fast überall nur im Erfolg. Bei Mißerfolg verlassen sie wie Ratten das sinkende Schiff.

Vom Management ist ohnehin nichts zu erwarten. Klaus Gerster war bekanntlich die gesamte Saison 1991/92 damit beschäftigt, um den Tisch zu laufen. Die Interessenkollision hätte ihn sonst erdrückt. Er schaffte es nie, die Mannschaft zu motivieren oder in irgendeiner Form positiv auf sie einzuwirken. Vizepräsident Bernd Hölzenbein wollte sich nicht einmischen und hat sich während der Amtszeit Gersters völlig im Hintergrund gehalten. In Krisensituationen hat er sich allerdings als Prellbock in die Öffentlichkeit gestellt und viele Emotionen auf sich gezogen. Das war bewundernswert. Hölzenbein, der anschließend das Management ehrenamtlich übernahm, ist die einzige positive Figur in dieser Schmierenkomödie.

Gerster war in erster Linie als Vertrauter von Andy Möller eingekauft worden, und mit großem Abstand kam für ihn irgendwann »janz weit draußen« die Mannschaft. Da er den Vertrag zwischen Möller und dem Verein zu regeln hatte, kann man sich plastisch vorstellen, wie der Mann buchstäblich im Spagat auf dem Verhandlungstisch gestanden haben muß.

Gerster kann man es trotzdem kaum verdenken, in dieser schizophrenen Lage gegenüber seinem Klienten Möller nicht illoyal geworden zu sein. Er hat für ihn das Optimale herausgeholt. Außerdem gehören immer zwei Parteien zu einem Vertragswerk, das die Eintracht-Verantwortlichen letztlich als dumme Buben dastehen läßt. Schließlich hat Möller einen Marktwert von mindestens 15 Millionen, und die Eintracht hat nur 3,6 Millionen bekommen. Dennoch ist der Kontrakt von den Herren signiert worden.

Zudem müssen die Verantwortlichen sich fragen lassen, was sie sich bei einer solchen Konstellation gedacht haben: den persönlichen Manager eines Angestellten gleichzeitig zum Manager des Vereins zu machen. Sie wollten den Teufel mit dem Beelzebub austreiben, und bereits auf den Gemarkungen des benachbarten Offenbach fing das Hohngelächter an.

In diesem harten Geschäft sind viel zu viele Amateure am Werk. Größtenteils sind es Leute, die mit Fußball überhaupt nichts zu tun haben, die das Wesen dieses Sports nie begreifen werden und oftmals nicht mal einen Vertrag lesen können. Das ist nicht böse gemeint. Es soll nur zum Nachdenken anregen. Positive Beispiele von wirklich intelligent arbeitenden Profis auf dieser Unterhaltungsbühne sind mir persönlich nur wenige bekannt: die Gebrüder Hoeneß, Willi Lemke von Werder Bremen und Michael Meier von Borussia Dortmund.

Da es von diesen Fachleuten mit dem erforderlichen psychologischen Einfühlungsvermögen und dem qualifizierten Weitblick in der Bundesliga viel zu wenige gibt, sehe ich für die einstige sogenannte »stärkste aller Ligen« ziemlich schwarz. Am Europapokal-Abschneiden ist deutlich abzulesen, daß der deutsche Fußball rasant an Niveau verloren hat. Und dies hat nicht nur mit dem Ausverkauf der Besten nach Italien zu tun. Wenn diese Laienspielerei nicht bald aufhört und die eingetragenen Vereine nicht schleunigst umstrukturiert werden in funktionierende Wirtschaftsunternehmen, ist der hiesige Fußball international bald nicht mehr konkurrenzfähig.

Der Fußball der Zukunft muß von einem Triumvirat wirtschaftlich geführt und sportlich geleitet werden. Eine erfolgreiche Arbeitsteilung muß so aussehen: Eine nach ausschließlich betriebswirtschaftlichen Kriterien arbeitende Unternehmensleitung, ein technischer Direktor, der, psychologisch feinfühlig, als Bindeglied zwischen dem Trainer und den Angestellten auf dem Rasen fungiert. Und ein Trainer, der den Kasernenhofton durch die Eigenverantwortlichkeit der Spieler ersetzt.

Die besondere Qualität muß darin bestehen, den Widerspruch zwischen produktivem Management und eitler Selbstgefälligkeit zugunsten des Spiels aufzulösen. Das heißt, die Akteure innerhalb einer solchen Konstellation müssen auf einer Vertrauensgrundlage zusammenarbeiten, die eine weitere Entfremdung des Fußballs von seinen Wurzeln verhindert. Das ist das Kapital, von dem die so geartete Unterhaltungsbranche zukünftig nur leben kann. Das spielerische Moment muß wieder in den Vordergrund treten. Während der betonierten 80er Jahre, in denen Erfolgsaussichten untrennbar mit der Zerstörung des Spiels verbunden zu sein schienen, hat sich der deutsche Fußball Lichtjahre von der Kultur der unbeschwerten Straßenkickerei entfernt. Und diese ist Grundlage für das Prädikat »Ramba-Zamba«, mit dem Anfang der 70er Jahre eine neue Spielkultur versehen wurde.

Die ideale Fußballmannschaft setzt sich aus Spielern und Sportlern zusammen. Anders ausgedrückt: aus Künstlern und fleißigen Wasserträgern. Diese bewährte Mischung herzustellen ist vordringlichste Aufgabe von Trainer und Management. Sie müssen ihnen die Faszination zurückgeben und sie entsprechend ihres Temperaments zum Spiel und eben nicht zur willenlosen Maschinerie zusammenfügen. Hierbei spielt die Jugendarbeit eine größere Rolle, als ihr von vielen, zumeist konservativen Betreuern beigemessen wird. Mit blindem Gehorsam, kritikloser Anpassung, sturer Konditionsbolzerei und der früh eingetrichterten sogenannten Disziplin werden junge Talente schnell zu den Modesportarten verscheucht.

Eine Modernisierung der Frankfurter Eintracht würde erhebliche Veränderungen bedeuten. Die Lizenzspielerabteilung müßte vom Rest des Vereins abgetrennt werden. In der Mainmetropole wimmelt es von finanzstarken Unternehmen. Eines davon – oder ein Konsortium, naheliegend wäre eine Bank – sollte die Profiabteilung auf- oder einkaufen und infolgedessen auch die betriebswirtschaftlichen

Belange bestimmen. Selbst Aktiengesellschaften wären eine bessere Lösung für die Vereine als der Status quo.
Allerdings darf das nicht so aussehen wie in Hamburg, wo Liebhaberscheine ausgegeben wurden, die allenfalls zum Tapezieren stiller Örtchen, nicht aber als Geldanlage taugen. Für Frankfurt ist das allerdings noch Zukunftsmusik. Hier wird noch nach dem tumben »humba, humba, tätärä« des mehr oder weniger zufälligen Sponsoring getanzt.

Deshalb müssen sich Mannschaften wie die Eintracht immer wieder am eigenen Schopf aus dem Dreck ziehen. Glücklicherweise ist uns der Römer-Geist erschienen. Wir haben uns daran gewöhnt, ohne Schirm im Regen zu stehen. Die Atmosphäre innerhalb des Teams ist gut wie nie, und keiner glaubt es. Auf einer dieser unsäglichen Pressekonferenzen vor Saisonbeginn fasse ich nach der 179. Möller-Nachfrage spontan die Stimmung zusammen: »Wir sind die erste Mannschaft, die durch einen Abgang gestärkt wurde.« Das ist natürlich *die* Schlagzeile.
Da tönt wieder das Sprachrohr der Erniedrigten und Beleidigten. »Stein aus der Lethargie erwacht« vermelden Schreiberlinge, die den Sommer über in der Sonne gedöst haben. Sie haben nichts verstanden. Das komplizierte psychosoziale Gefüge einer solchen Mannschaft kann sowieso kaum einer dieser Schnellschützen begreifen. Mein blindes Verständnis mit Uwe Bein, das keiner großen Worte bedarf, wird als Ignoranz ausgelegt, meine temperamentvollen Auseinandersetzungen mit Heinz Gründel werden als Krach interpretiert. Wahr ist, daß ich mich stets versicherte bei Uwe – oft genügte ein Blick –, aber auch bei den anderen, bevor ich bei Stepanovic Trainingspausen, -änderungen, neue Taktik oder sonst was einklagte. Stein ist nur in seltenen Fällen ein Amokläufer.
Selbst um die Kapitänsbinde, die mir Zeugwart Anton

Hübler geschenkt hat, werden dümmliche Fabeln gestrickt. Auch wenn das Schwarz-Rot-Gold beim Waschen ums Verrecken nicht ausbleicht, ist sie das Geschenk eines geschätzten Freundes. Ob er mir damit signalisieren wollte, daß ich für ihn die Nummer eins in diesem Land bin, oder ob ihm schlicht die Farbkombination gefällt, bleibt sein, hinter herzlichem Lächeln, gehütetes Geheimnis. Es spricht nicht unbedingt für das Niveau der hiesigen Boulevard-Presse, wenn sie meint, daß ich damit meinen »sehnlichsten Wunsch nach dem Nationalgebälk« demonstriere oder, wie von einem geistigen Tiefflieger fabuliert, gar »Deutschnationaler« bin. In anderen Ländern jedenfalls sind die Damen und Herren von der schreibenden Zunft nicht so kleingeistig – und vor allem witziger.

Völlig daneben liegen sie mit ihrer Geschwätzigkeit über die Einkaufspolitik des Vereins, die ich angeblich seit Jahren diktiere. Im Gegenteil: Seit ich in Frankfurt bin, plädiere ich für einen guten Mann im defensiven Bereich und bekomme ihn nicht. Die Blindheit der Verantwortlichen für die Anfälligkeit des Rückraums hat uns ebenfalls wertvolle Punkte gekostet. Der Beweis liegt auf der Hand. Ich persönlich habe in der Saison 1991/92 die stärkste Leistung meiner Karriere gebracht. Wir haben die meisten Tore in der Liga geschossen. Also ist schon rein statistisch erklärt, daß da im hinteren Mittelfeld und in der Abwehr etwas nicht stimmt. Allerdings darf dies nicht bloß auf die Verteidigung reduziert werden, denn der Defensivbereich fängt im modernen Fußball schon bei den Stürmern an. Wenn man Leute wie Uwe Bein und Andy Möller in der Mannschaft hat, die beide in der Defensive zu wenig gemacht haben, kann dies keine Verteidigung der Bundesliga auffangen. Beide waren nicht bereit, ihren Manndeckern nachzujagen und die Bälle wieder zurückzuholen. Hätte Uwe damals nur halb so viel Defensivarbeit geleistet, wie er dies

heute tut, hätten wir in Rostock 10:0 verlieren können und wären immer noch als erste durchs Ziel gegangen.
So waren wir nicht selten in der Unterzahl, wenn das gegnerische Mittelfeld aufgerückt ist. Wie oft habe ich fünf Angreifer gegen vier Verteidiger auf mich zukommen sehen, weil die beiden Genies es nicht für nötig hielten, die Drecksarbeit mit zu übernehmen.
Wenn die Eintracht international mithalten will, kommt das Management um wichtige Erkenntnisse nicht herum. Große Erfolge sind immer auch mit Leuten wie Guido Buchwald, Knut Reinhardt, Stefan Reuter oder, um einen alten Freund zu bemühen, Dietmar Jakobs vom HSV verbunden, die den eigenen Torraum zur Bank von England erklären. Das hat die Eintracht zumindest bis zur Verpflichtung des Georgiers Kachaber Zchadadse im Januar 1993 nicht begriffen. Ganz klar: Ich bin froh darüber, daß hier nicht gemauert, sondern zum erfrischenden Tanz nach vorne geblasen wurde. Natürlich ist es nur gut für den Fußball, daß man am Main anscheinend Abschied von diesem biederen Angestellten-Fußball genommen hat, der die Zuschauer allenfalls zum Gähnen bringt. Nur darf dies nicht einäugig passieren.

Die Enttäuschung darüber, daß wir letztlich nicht ganz mithalten konnten im Konzert der Bremer Stadtmusikanten, ist herbeigeschrieben. Wir feierten den dritten Platz als Erfolg. Die Stimmung innerhalb der Mannschaft war das ganze Jahr hindurch gut wie nie. Seit Ende der 80er Jahre traten die konkurrierenden Grüppchen immer mehr in den Hintergrund. Die Mannschaft wuchs zusammen. In der Saison 1992/93 lief überhaupt keiner mehr aus dem Ruder, der Teamgeist beseelte alle. Damit hat sich meine Prognose im Fall Möller bereits bewahrheitet: Sein Weggang wirkte sich positiv auf den Teamgeist aus, wenn auch nicht unbedingt auf die Spielkultur. Der Zusammenhalt auch jenseits

des Spielbetriebs konnte oft mangelndes Spielverständnis ausgleichen. Eifersüchteleien und Neid ausblendend, lief jeder für den anderen. Das machte fehlende Substanz wett. In Anbetracht der Tatsache, daß wir vor Beginn der Runde allenfalls im Mittelfeld vermutet worden sind, waren wir sehr zufrieden mit unserem Abschneiden. Keiner der Spieler hatte ernsthaft mit der Meisterschaft gerechnet. Lange spielten wir über unsere Verhältnisse. Nominell, mit gerade mal fünf überdurchschnittlichen Spielern, den vier direkten Konkurrenten München, Bremen, Dortmund und Leverkusen weit unterlegen, verausgabten sich viele unserer sogenannten Wasserträger an ihrer oberen Leistungsgrenze. Auch ohne Uwe Bein, der verletzungsbedingt leider zu oft nicht mit von der Partie war, lieferten wir den Bayern bis zum vorweggenommenen Finale im März einen spannenden Zweikampf. Erwartungen und Sehnsüchte wurden wieder geweckt, aber richtig enttäuscht konnten nur Leute sein, die sich den komplizierten Betrieb nicht so genau angeschaut hatten.
Es waren mehrere Faktoren, die einen Triumph nicht zuließen. Auch der Trainer war nicht schuldlos: Stepanovic, der aus einem anscheinend unerschöpflichen Zylinder immer wieder neue Talente zauberte, vernebelte manchem Kritiker den Blick für gravierende Fehlentwicklungen. Plötzlich hatten wir einen riesigen Kader, mit dem willkürlich experimentiert wurde.
Stepi versäumte es, aus dem Stamm und den spielstarken Fohlen ein eingespieltes Team zu formen. Deshalb verloren wir alle »bigpoints« gegen die geschlosseneren und abgeklärteren Titelaspiranten. Wer gegen Bayern München gleich drei Debütanten aus dem Amateur- und Jugendlager einsetzt, der muß naiv oder größenwahnsinnig sein.
Der »Voodoo-Trainer«, wie ihn bereits einige Medien mit übersinnlichen Kräften ausgestattet sahen, war Kritik aus der Mannschaft nicht zugänglich. Er verheizte Jungtalente

wie Augustine Okocha und Slobodan Komljenovic und verunsicherte alte Hasen wie Axel Kruse, Uwe Rahn, Stefan Studer und Jörn Andersen. Ohne Begründung verbannte er sie teilweise sogar auf die Tribüne. Wenn sie dann doch mal eine Chance bekamen – ganz unverhofft –, verkrampften sie.

Monierte ich dies, offenbarte mir Stepi immer dieselbe Wertschätzung: »Das Korsett besteht aus Stein, Binz, Bein, Yeboah, alles andere wird drumherum gebaut, wie ich es gerade brauche.«

Da ließ er nicht mit sich verhandeln, zumal er bis zu seiner Kündigung über Rückendeckung aus den oberen Etagen verfügte. Der Einwand, mit der steten Bevorzugung von vier Spielern das psychische Gleichgewicht der Mannschaft aus den Angeln zu heben, glitt an ihm ab.

Nicht nur Personen wurden von Samstag zu Samstag durcheinandergewürfelt wie Kraut und Rüben, sondern auch Positionen. Wie oft mußte Weber von links nach rechts wechseln und Komljenovic umgekehrt rochieren?

Während der Entscheidungsspiele im März 1993 rächte sich das. Die Mannschaft war physisch und psychisch ausgelaugt. Entnervte Spieler flogen reihenweise vom Platz. Fehlende Abgeklärtheit und nie vorhandene Homogenität führten zu den Niederlagen gegen Bayern, Dortmund, Gladbach und sorgten für das Ausscheiden im Pokalhalbfinale – ausgerechnet gegen Stepis neuen Verein Bayer Leverkusen. Der Trainer warf das Handtuch unmittelbar nach der 1:3-Niederlage.

Stepanovic hatte anfangs in Frankfurt eine Begeisterung entfacht, die uns alle mitgerissen hat. Sein Mut zum attraktiven Kombinationsfußball und sein Blick fürs Spielerische zeichnen ihn aus. Nur sollte er sich vom Überschwang seines Senkrechtstarts nicht blenden lassen und sich zukünftig auch Gedanken um eine sichere Landung machen. Damit meine ich, daß er es in Leverkusen nicht beim Experimen-

tieren bewenden lassen darf, sondern sein Korsett auf wenigstens acht Spieler ausdehnen muß, will er nicht frühzeitig abstürzen. Der Erwartungsdruck angesichts der enormen Summen, die der Chemie-Gigant in die Mannschaft investierte, wird Stepi wenig Zeit zum Probieren lassen.
Mit Interims-Trainer Horst Heese kehrten neun Wochen vor Saisonschluß die »guten alten Zeiten« in den Riederwald zurück. Die Trainingsmethoden zielten wieder stärker auf den Körper. Kraft und Sicherheit waren vorrangig. Heese ist ein Übungsleiter der alten Garde. Nach einem Motivationseinbruch infolge aller verlorenen »bigpoints« haben wir wenigstens den UEFA-Cup-Platz behalten. Bei aller, auch öffentlicher, Kritik an Heese ist der Mann für mich eine Respektsperson geworden. Bodenständig und ohne Allüren, glänzt er eher mit seinem Verständnis für alltägliche Probleme, auch außerhalb des Fußballs. Er läßt sich vom Medienrummel nicht verführen und reagiert auf die vagen Karriereversprechen in diesem oft gnadenlosen Metier mit kluger Reserviertheit. Von zentimeterlangen Platzwunden im Gesicht des brutal gefoulten Slobodan Komljenovic geschockt, verstieß er in Uerdingen gegen die Ausländerbestimmungen des DFB. Beim Anblick unseres blutüberströmten Mittelfeldspielers wechselte er versehentlich einen Nicht-EG-Ausländer zuviel ein und wurde so zur Lachnummer der Nation.
Heese verteidigte sich jedoch nicht mit der kaum mehr zu durchschauenden Struktur des Kaders, der speziell bei der Eintracht mit zahlreichen sogenannten EG-Ausländern, Nicht-EG-Ausländern, Amateur-Ausländern und Fußballdeutschen für außerordentliche Internationalität und Kompliziertheit sorgt. Heese entschuldigte sich auch nicht mit der äußerst fragwürdigen Ausländerbestimmung des DFB, sondern auf seine ehrliche Weise: »Man muß schon ein großer Dreckskerl sein, um in dieser Liga zu bestehen.«

PFLASTERSTEIN

Mein Bruder Gunter (rechts) und ich

Erinnerung an die schönsten Straßenschlachten

Kurz nach Ostern 1960 im rheinland-pfälzischen Frankenthal: Der nagelneue Gummiball von Hannes bleibt in der Pfütze liegen. Heinz grätscht von links rein. Wolfgang schliddert von rechts ins nasse Loch. Ich laufe kurz entschlossen aus dem Tor und donnere den Ball aus der Gefahrenzone, dem Spielfeld, weg vom Pflaster über den Zaun in den Vorgarten der Nachbarn.
Wie begossene Pudel stehen wir herum und beraten, wer ihn holen muß. Der Nachbar ist nämlich Vorgärtner mit Haut und Haar und hat keinerlei Verständnis für unsere Abwehrschlachten. Mehrfach ist er uns schon mit der Schaufel hinterher. Hans hat er gar schon mal am Schlafittchen gepackt und zu seinem Vater geschleift.
Als richtige Zocker, wie wir es bereits im Vorschulalter waren, knobeln wir den Balljungen aus. Fingerfertig schnippen wir »Brunnen«, »Papier«, »Stein« und »Schere«, bis Heinz mit seiner »Schere« in meinen »Brunnen« fällt. Mit treudoofem Blick fragt er wortlos, ob seine Niederlage tatsächlich besiegelt ist, bevor er zu jammern anfängt: »Eigentlich müßte ich längst zu Hause sein. Ich glaub'...«
Jedes weitere Wort ist überflüssig. Wir pressen die Lippen zusammen, stemmen die Arme in die Hüften und schütteln die Köpfe. Heinz weiß jetzt genau, welche Hürde er in welch kurzer Zeit zu nehmen hat.
Ein Stoß in die Rippen macht ihm den Anlauf leichter. Heinz rennt über die Straße, kommt vor lauter Aufregung kurz vor dem Bürgersteig aus dem Tritt, fängt sich halb-

wegs, setzt die rechte Hand als Stütze auf eine Latte des spitzen Jägerzauns und springt mit dem rechten Bein zuerst. Die Fliehkraft schiebt ihn auf den Zaun, allerdings ohne den richtigen Schwung, der vonnöten gewesen wäre, um diesen Klotz ganz hinüber zu heben.
Ein gellender Schrei durchdringt die sonntägliche Mittagsruhe. Die dunkelblaue Hose des Matrosenanzugs ist vom Knie bis zur Pobacke aufgerissen. Darunter quillt der dicke Oberschenkel hervor, der dem eines aufgespießten Spanferkels gleicht: Die mörderische Zaunlatte hat sich in Heinz' Schenkel gebohrt. Blut rinnt aus der klaffenden Wunde und teilt sich in purpurfarbene Rinnsale. Die eine Spur läuft in die Kniekehle, die andere die Latte entlang. Mir wird schlecht.
Noch bevor der Vorgärtner etwas mitbekommt, pflücken wir Heinz vom Zaun, liefern ihn vor der Haustür seiner Eltern ab und verdrücken uns, ehe jemand dumme Fragen stellt.

Heinz' Oberschenkel wurde mit fünf Stichen zusammengeflickt, und dabei blieb es auch. Dieser Unfall war der einzig schockierende, der unsere wilde Zeit auf der Straße trübte. Seltsamerweise ist sonst nichts Schlimmes passiert. Ohne Zweifel war ich als Kind ein Rowdy, aber beim Fußball sind wir alle heilgeblieben. Keine Leichen und auch keine bemerkenswerten Blutspuren säumten unseren Weg als Straßenkicker, sondern Phantasie, Unternehmungslust und die Verspieltheit junger Hunde.
Ex-Nationalspieler Günter Netzer sagte einmal: »Unser Problem ist es, daß man nicht mehr auf der Straße kickt.« Recht hat er. Wer anderer Meinung ist, sollte mal nachmittags oder am frühen Abend ins Vereinstraining der Jugendmannschaften gehen und sich davon überzeugen, von welchem Schwachsinn die übergroße Mehrheit der selbsternannten Betreuer geleitet wird.

Die Kinder werden von der Straße weggeholt – Gott sei Dank, bei dem Verkehr –, nicht aber, um ihren Spieltrieb zu fördern, sondern um sie erst mal zehn Runden um den unendlich langen Sportplatz zu jagen. »Kondition machen« heißt das, als würden Kinder nicht ganz von allein laufen, wenn man sie nur spielen ließe. Noch bevor sie selbst ausprobiert haben, was sie am besten können und was ihnen am meisten Spaß macht, werden sie zu Manndeckerlein aufgehetzt, zu Verteidigerlein geschärft, zu Spielmacherlein dressiert und zu Stürmerlein herangezüchtet.
Und wenn die Kleinen diese Disziplinierungsmaschinerie durchlaufen haben, ist die Lust auf Fußball spätestens beim Eintritt in die Pubertät meist gänzlich abhanden gekommen. Als Jugendliche sind sie fast alle wieder verschwunden – weil sie im Tennis öfter an den Ball kommen, weil der Fußballtrainer strenger als der Schullehrer ist, weil der Vereinsvorsitzende, der Jugendleiter und der Platzwart altmodischer als der eigene Großvater sind. Daß die ewig Gestrigen dann auf die Jugend schimpfen, ist kein Wunder. Die meisten Jugendabteilungen der Fußballvereine sind verkappte Erziehungsanstalten aus dem letzten Jahrhundert. Jeder dahergelaufene Stammtischbruder kann heute Jugendtrainer werden. Insbesondere auf dem flachen Land, wo es an unbezahltem Personal fehlt, lebt so manch verhinderter Feldwebel bereits an Achtjährigen seine diktatorischen Phantasien aus. Es bleibt nur zu hoffen, daß der Deutsche Fußball-Bund mit seinen Altvorderen dies registriert, bevor der Nachwuchs völlig auf Tennis, Reiten, Squash und andere modern daherkommende Sportarten abgefahren ist.

Daß wir völlig verrückt nach Fußball waren, lag nicht nur daran, daß uns keiner verbilden konnte. In den fünfziger und sechziger Jahren gab es für Jugendliche, bis weit in die Mittelschicht hinein, kaum andere Vergnügen in der Gruppe als den Fußball auf der Straße. Kein Computerspiel lockte uns in die Einsamkeit des synthetischen Schlachtfelds. Kein falscher Ehrgeiz der Eltern verordnete uns prestigeträchtige Fecht-, Tennis-, Reit- oder Ballettstunden. Wir durften sein, was wir waren – Straßenkicker.

Nach der Schule, die mich eigentlich nie interessiert hat, flog der Ranzen in die Ecke, und raus ging's mit dem Ball unterm Arm. Wenn es sein mußte – und dies geschah, wenn die anderen Hausarrest hatten oder in Ferien waren –, kickte ich stundenlang allein gegen die Hauswand. Es war wie Hypnose, wenn der Ball einem Pendel ähnlich in immer gleichen Abständen hin- und herflog. Den Blick stur auf die Kugel gerichtet, verfloß alles um mich herum. Spannstoß, Innenrist, Spannstoß, Innenrist. »Tock, tack, tick« gab das Gummi drei verschiedene Laute von sich, wenn es gegen den Schuh, die Wand und den Asphalt donnerte.
Auf die Palme treiben konnte man Nachbarn und Eltern, wenn der Ball in steter Regelmäßigkeit gegen ein blechernes Garagentor geschossen wurde. Dann gab es zwei Reaktionsweisen: Die böse Variante entlud sich durch einen Eimer Wasser aus dem dritten Stock. Die gute befreite eingesperrte Mitspieler aus ihrem Hausaufgaben-Verlies.
Unser Einfallsreichtum kannte keine Grenzen. Waren wir bloß zu viert, spielten wir nicht nur das ewige zwei gegen zwei auf kleine Tore, sondern erfanden neue Regeln und Felder. Eines der aufregendsten war das Spiel »Jeder gegen jeden« mit vier Toren. Durften wir mal nicht aus dem Haus, weil es sintflutartig regnete oder weil wir was ausgefressen hatten, kickten wir im Hausflur oder trainierten unser Reaktionsvermögen mit Lineal und Würfel.
Auf dem Flur unserer Wohnung befanden sich, etwa fünf Meter auseinander, zwei gegenüberliegende Türen. Jeder bewaffnete sich mit einem Lineal, als Ball diente ein Würfel. Mit der vollen Wucht des 30 Zentimeter langen Holzes

schnippten wir den Würfel auf die Tür des Gegners. Blieb der Würfel hinter dem Tormann liegen, so zählte die Punktzahl, die nach oben zeigte, gegen ihn.
Unserem Spieltrieb konnte auch nicht mit der Konfiszierung des Balls wegen schlechter Noten, ungebührlichen Betragens oder einer sonstigen Lappalie Einhalt geboten werden. Er wurde einfach mit einem an Genialität grenzenden Erfindungsgeist ersetzt. Wir bastelten Kugeln aus Lumpen, die, richtig verknotet und gut zentriert, nahezu perfekt gerundet waren. In unserer Schatzkammer sammelten wir das ganze Jahr über Silberpapier aus Zigarettenschachteln und der wenigen Schokolade, die es zum Geburtstag, zu Ostern und zu Weihnachten gab. Daraus ließ sich auf die Schnelle ebenfalls ein spielbarer Ballersatz herstellen. Und wenn alle Stricke rissen, spitzelten wir runde Kieselsteine aufs gegnerische Tor. Das war unser Notanker. Er führte über den Umweg: ruinierte Schuhe – Ohrfeige – Hausarrest – Angst der Eltern vor erneut ruiniertem Schuhwerk zur Einsicht der Mütter und damit zur Herausgabe des Balls. Ich hatte in dieser Beziehung sehr tolerante Eltern. Obwohl meine Klamotten ständig durchgewetzt und aufgerissen waren, übten sie Nachsicht. Mein Vater war selbst der Faszination Fußball erlegen. Wenn er mal am Wochenende zu Hause war, mußten gelegentlich sogar die heißgeliebten Rosen im Vorgarten dran glauben, so wild kickte er dann mit uns.

Warum wollte ich schon als Knirps Torwart sein? Eine einfache Erklärung dafür gibt es nicht. Vielmehr führte eine Reihe von Gründen dazu, daß ich mich zwischen die Pfosten stellte.
Als kleiner Junge schon konnte ich mich einem Bedürfnis nicht entziehen, das ich auch heute – nach 30 Jahren Praxis – nur schwer erklären kann. Der Traum vom Fliegen fesselte mich, die Lust, scheinbar schwerelos im Raum sich zu

bewegen. Der berauschende Verlust der Orientierung für Sekundenbruchteile erzeugte kitzligen Schwindel. Die Flucht aus der Erdanziehung machte mich süchtig.
Ein anderer Grund speist sich aus dem schieren Gegenteil: Jeder Höhenflug endet bekanntlich für den menschlichen Körper auf dem Boden. Mein Hang zur sumpfigen Erdverbundenheit war schon fast sprichwörtlich. Und was kann schöner sein für ein Kind, das sich gern im Schlamm wälzt, als im Kasten einer Fußballmannschaft zu stehen? In dieser Position war jeder Hechtsprung in die Pfütze nicht nur erlaubt, sondern sogar anerkannt.
Verständlichere Beweggründe sind wohl die unvermeidlichen Vorbilder, die auf die Gefühlswelt eines Jugendlichen große Wirkung haben. Ich war von zwei Torhütern fasziniert: von Rösler vom VfR Frankenthal, der für das bodenhaftend Zuverlässige stand und sich mit Vorliebe im Getümmel aufhielt. Andererseits bewunderte ich den »Flieger« Wolfgang Fahrian, den es auch im Mißerfolg stets noch in die Höhe trieb. Er hatte noch etwas besonders Faszinierendes an sich: Bei der Weltmeisterschaft 1962 in Chile trug er eine Nummernkombination auf dem Rücken, die mich fortan auf sämtlichen Pullis und Hemden begleitete: die 22. Dies, gepaart mit dem schon fast mystischen Schwarz des Torwartdresses, zog mich in den Bann.
Eine rationalere Begründung für meinen Platz im Kasten liefert auch heute noch mein älterer Bruder Gunter, der mich, als den »Kleenen«, immer mitzuschleifen hatte. Auf den Rugby-Plätzen der Engländer, die im niedersächsischen Nienburg – einem unserer zahllosen Wohnorte – stationiert waren, haben sie jeden Nachmittag gebolzt. Die Freunde meines Bruders diktierten dann: »Den können wir doch nicht gebrauchen, stell' ihn halt ins Tor.«
Exakt mit dieser Bemerkung begann das, was mir später viele Trainer, Arbeitgeber, Kollegen und nicht zuletzt die Medien als Besessenheit und krankhaften Ehrgeiz ausleg-

Schon als Knirps wollte ich Torwart sein

ten. Schon als Junge ertrug ich es nicht, wenn sich jemand so über mich äußerte. Der Satz, der zur Lebenshaltung wurde, brannte mir fortan auf der Seele: »Wartet bloß ab, euch zeig ich's.« Ich warf mich in jeden Schuß, kein Angreifer war mir zu robust, kein Getümmel zu gefährlich. Der bayerische Komiker Herbert Hiesel muß mich beobachtet haben, bevor er seinen Lacher auf Schallplatte verewigte: »Eckball von rechts – alle hauen drauf – nur ich köpfe.« Meine Knie waren strukturiert wie Reibeisen, meine Schenkel des öfteren blutig umgepflügt.
Bald besaß ich den Ruf, der Verrückte zu sein, der nach allem hechtet, was sich bewegt – selbst auf dem Pflaster. Das brachte mir manchen Erfolg. Der Präsident vom FC Nienburg sprach bei meinem Vater vor und holte mich in die E-Jugend, und zwar als ersten »bezahlten« Spieler. Die Mitgliedsbeiträge wurden gestundet und die Fußballschuhe

vom Verein gestellt. Nur unter diesen Bedingungen wollte mein Vater zustimmen. Für die ersten eigenen Fußballschuhe habe ich vier Wochen lang in einer Gärtnerei Pfähle geschleppt.

Während, von mir unbemerkt, in und um Deutschland der kalte Krieg tobt, tobe ich in einer Fußballmannschaft. Während Walter Ulbricht in stillem Einvernehmen mit Konrad Adenauer die Mauer durch Berlin zieht, mauere ich ganz allein das Tor des FC Nienburg zu. Geschärft durch die kritische, dabei nicht immer solidarische Unterstützung meines Vaters. In einer Halbzeitpause kommt er wortlos auf die Spielertraube zu, durchbricht den Halbkreis um den Trainer und haut mir eine runter, weil ich das einzige Gegentor, »so 'ne Gurke«, hätte halten müssen. Noch einer, dem ich's zeigen muß. Bei jedem Gegentor heule ich. Jedes Ding in den Maschen betrachte ich als persönliche Beleidigung.

Bei einem Besuch bei Onkel und Tante in Hamburg fahren wir am ehemaligen Rothenbaum-Stadion des Hamburger Sportvereins vorbei. Ich presse die Nase gegen die Scheibe und träume laut: »Hier werde ich eines Tages spielen.« Das klappte zwar nicht ganz, aber im Volksparkstadion werde ich später Deutscher Meister. Bis dahin war es allerdings noch ein weiter Weg, der mir schwere Entscheidungen abverlangte. Samstags stand ich im Fußballtor, mittwochs und sonntags hütete ich das Gehäuse des Nienburger Handball-Vereins. Das Fliegen im großen, kreisgesicherten Kasten des Feldhandballs war fast noch schöner als die Abwehr der Schüsse im Getümmel vor dem Fußballtor. Zumindest bei dieser mittlerweile kaum noch gespielten Handballvariante war die Verletzungsgefahr geringer, man kam öfter zum Einsatz, zum Fliegen schlechthin. Der Kreis war weitläufig, die Schüsse mußten aus großer Entfernung ab-

gegeben werden, und mit den Stürmern hatte man kaum Berührung. Die Tore luden ihrer Größe wegen zu herrlichen Paraden ein.
Eines Tages hatte ich mich zwischen Fuß- und Handball zu entscheiden, da in der nächsthöheren Jugendklasse ebenfalls samstags gespielt wurde. Ich tat mich schwer. Ich wußte nicht so recht, was mir besser gefällt. Heute bilde ich mir ein, allein die größere Popularität des Fußballs hat den Ausschlag gegeben. Tatsächlich war es wohl ein bohrender Schmerz, der mir im letzten Spiel der Hallensaison zugefügt wurde:

Ein gegnerischer Abwehrspieler fängt das Leder ab, wirft es über unsere komplette Kreisläuferreihe zu seinem Stürmer, und der läuft allein auf mich zu. Ich verlasse den Kasten bis zum Kreis. Er setzt zum Sprungwurf an, und ich springe ihm mit gespreizten Beinen entgegen. Er trifft – punktgenau – meine Männlichkeit. Damit war Handball für mich passé.

Rockstar Rod Stewart sagte mal mit seiner erotischen Blechstimme: »Du hast nur zwei Möglichkeiten, von der Straße wegzukommen: Fußball und Rock'n'Roll.« Der Glückspilz – ich hatte nur eine, zumal ich auch im Gymnasium auf heftige Widerstände stieß. Vorlaut und trotzig, wie ich dort schon in der ersten Klasse war, flog ich schnell raus.
Verglichen mit dem, was sich heute in den Schulen abspielt, kommt mir zwar nur das Prädikat Waisenknabe zu. Aber für damalige Verhältnisse, in denen Untertanen gezüchtet werden sollten, war ich meiner Zeit auch im schulischen Bereich weit voraus. Ich galt in dieser altväterlich-konservativen Penne als Rebell und Quertreiber. Erst die Studentenrevolte lüftete den Nachkriegsmuff in den Schulen. Die ewigen Ja-Sager und Duckmäuser wurden von aufmuckenden Referendaren und Junglehrern gestellt.

Wenn man einzelne Produkte des heutigen Erziehungswesens betrachtet, Stefan Effenberg und Boris Becker zum Beispiel, die ihre Meinung innerhalb und außerhalb der Sportarenen vertreten, dann ist das sicherlich eine positive Entwicklung. Doch die Vereine sind überrascht und können nicht Schritt halten, weil sie immer noch den gesellschaftlichen und kulturellen Entwicklungen hinterherhinken. Sie haben es plötzlich mit mündigen Bürgern zu tun und zieren sich bis zum Geht-nicht-mehr, die Reife und Verantwortung, die auf dem Platz verlangt wird, auch nach dem Abpfiff zuzulassen. Ich habe ein Leben lang gespürt, daß der Prophet im eigenen Land nichts zählt – und Stefan Effenberg haben sie nachgerade hinausgeekelt.
Cesar Luis Menotti, der argentinische Weltmeister-Trainer von 1976, sagte zu diesem Thema: »Sich anpassen und funktionieren, so hat die Oberschicht auch den Fußballprofi am liebsten. Es ist ihr nur recht, daß auf diese Weise fortwährend Dummköpfe kreiert werden, nützliche Idioten des Systems.«

Zurück in der Volksschule, muß ich als »Versager« in der ersten Reihe sitzen. Ich hülle mich in den Schutz empfundener und gespielter Langeweile und mache den Abschluß gerade mal mit der Note »Vier«. In der weiterführenden Handelsschule spielt mir mein Gerechtigkeitssinn einen Streich. In Englisch schreibe ich drei Einsen und eine Zwei. Andere liefern zwei Zweien und zwei Einsen ab. Ich habe die Zwei im Versetzungzeugnis, die anderen die Eins. Das macht mich fertig. Dann kommt die Lehrerin mit einer Begründung, wie sie Dragoslav Stepanovic nicht anders brachte, wenn er eine bestimmte Spezies von Spielern mit Nackenschlägen motivieren wollte: »Das brauchst du als Ansporn für noch bessere Leistungen.«
Im darauffolgenden Schuljahr lehne ich mich stets pünktlich zu Beginn des Englisch-Unterrichts weit aus dem Fen-

ster, ziehe den Vorhang hinter mir zu und demonstriere der Lehrerin, wie gut ihre erzieherischen Maßnahmen ankommen. Die Brechstangen-Erziehung macht aber auf viel zu viele Menschen leider immer noch Eindruck, weil in sich nicht gefestigte Leute die harte Hand brauchen. Dieser autoritäre Charakter wird uns noch lange begegnen.
Ich habe die Schule zwar noch abgeschlossen und die mittlere Reife nachgeholt, aber für höhere Weihen war ich ordentlich verdorben.

So blieb mir nach einer Lehre als Großhandelskaufmann nichts anderes übrig, als beim damaligen Bundesligisten Arminia Bielefeld auf der legendären »Alm« anzuheuern. Ganz im Gegensatz zu meinem Bruder Gunter, der damals in der Niedersachsenauswahl spielte und vom Erstligisten Rot-Weiß Essen umworben wurde. Er lehnte die Offerte ab und wurde Arzt. Ich hatte keine andere Chance als den Fußball. Ich war froh, in meiner Besessenheit einen Halt zu finden, der mir über all die Klippen, in schulischer und familiärer Hinsicht, hinweghalf. Schließlich hatte ich bis dahin wenigstens zehn Umzüge, den damit stets verbundenen Verlust von Freunden, ewige Schulprobleme und die Scheidung meiner Eltern zu verkraften.

Einfach war der Einstieg in den Fußball-Zirkus allerdings nicht: Kalli Feldkamp, der Arminen-Coach, nahm mich zur Seite und sagte angesichts meiner schmächtigen Statur abfällig: »Stimmt es, daß sie dich als Torhüter eingekauft haben? Na, dann laß uns mal auf dem Nebenplatz trainieren, es muß ja nicht sein, daß du dich vor versammelter Mannschaft blamierst.« Noch einer, dem es was zu zeigen galt.
Dieses »Jemand irgend etwas zeigen müssen« verfolgte mich einfach wie ein Schatten.

Anfang der siebziger Jahre kann ich mir die Rache an der ungerechten Penne nicht verkneifen. Ich brause mit meinem vom ersten Lizenzspieler-Gehalt erstandenen Renault-Alpine A 310, an den schnaubenden Lehrern vorbei, direkt auf den Schulhof des Hölty-Gymnasiums in Wunstorf bei Hannover. Ich grüße freundlich, lasse kurz, aber gewaltig die Pferdestärken wiehern und bedanke mich dafür, daß sie mich vor Jahren aus der Schule geworfen haben. Sonst wäre ich ja nie Bundesligaprofi geworden. In meinem jugendlichen Leichtsinn finde ich keinen anderen Ausdruck meines Protests.

In bestimmter Hinsicht ist die Schule von damals vergleichbar mit den Fußballvereinen von heute. Auch meine Rolle ist im großen und ganzen gleich geblieben. Lediglich die Form meines Aufbegehrens ist überlegter und wirkungsvoller geworden. Ich bin aus den Schulen gefeuert worden, aus Bielefeld, aus der Nationalmannschaft und aus dem Hamburger Sportverein. Trotz bester sportlicher Referenzen bin ich überall abserviert worden, weil ich immer radikal vertreten habe, was ich für richtig halte. Und weil gewisse Formen von Disziplin und blinde Unterwerfung nicht zu meiner Lebenshaltung passen. Heute mache ich es den Vereinsbossen allerdings nicht mehr so leicht. Ich bin erfahrener und feinsinniger geworden. Daneben haben gesellschaftliche Entwicklungen ansatzweise auch schon Spuren bei den Vereinen hinterlassen. Immerhin gibt es ein paar Lichtblikke im Management, die die Notwendigkeiten für einen modernen Bundesligabetrieb erkannt haben.
Ein intelligenter Fußballer wird stets in Gewissenskonflikte geraten, weil er das Leben, das ihm hierzulande immer noch aufgezwungen wird – vom spießig-kleinbürgerlichen Verhaltenskodex bis hin zur entwürdigenden Lagerhaltung bei Weltmeisterschaften –, als unerträgliche Fremdbestimmung empfinden muß. Die Entmündigung, wie sie beispielsweise

Nationalspieler in bezug auf politische Äußerungen erfahren, ist schlicht mittelalterlich. Karl Allgöwer, einer der couragierteren und klügeren Vertreter der Zunft, hat dies recht drastisch verspürt. Als er kurz vor der Bundestagswahl 1986 in einer Zeitung seinen Wunsch nach einer rotgrünen Mehrheit kundtat, drohten die Altvorderen des DFB, angestiftet von einigen Pressezaren, mit einer Sperre.

STEIN DES WEISEN

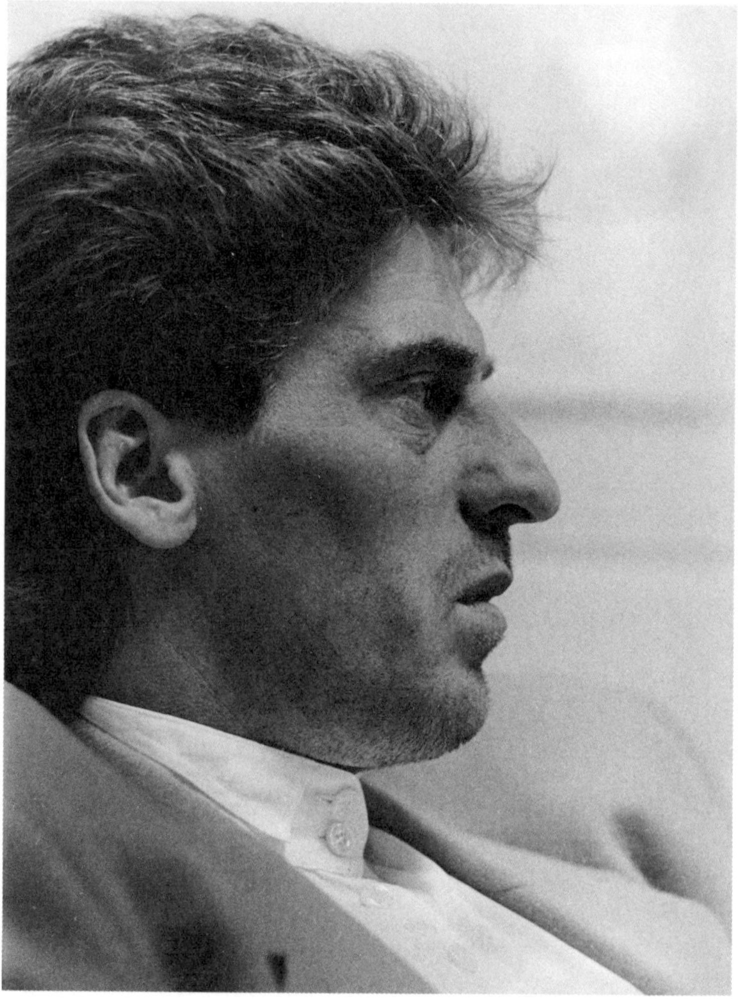

Der Fußball gehört dem Volk

»Der Fußball verdankt seine Existenz dem arbeitenden Volk. Bei den Besitzlosen und Entrechteten entstand er aus einem elementaren Grund: Er ist billig, fast gratis. Viele Menschen können sich überall mit einem Ball vergnügen, und der kann sogar aus Papier und Lumpen bestehen.« So beschrieb der argentinische Weltmeister-Trainer Cesar Luis Menotti einmal die Wurzeln dieses Spiels.

In Europa hat die industrielle Entwicklung das Leben der Armen auf andere Weise gestaltet. Mittlerweile hält die Vergnügungsindustrie für sie billigen Zeitvertreib bereit. Kinder verlieren sich in Computerspielen, Jugendliche treibt es in Spielhöllen, über allem strahlt der Fernseher. Trotzdem können viele Gedanken Menottis auf unsere Verhältnisse übertragen werden.

Wenn man einmal nachliest, wie der Fußball in England, dem Mutterland der Balltreterei, entstanden ist, muß man sogar noch weitergehen. Der Fußball diente auch dazu, den geschundenen Fabrik- und Bergwerksarbeitern ein Feld zum Austoben zu geben. Der fußballbegeisterte Soziologe Dietrich Schulze-Marmeling beschreibt dies in seinem informativen Buch »Der gezähmte Fußball« eindrucksvoll.

Aber auch in Deutschland war der Fußball in erster Linie ein »Proletensport«, wie er heute noch in einigen Kreisen verächtlich genannt wird. Arbeiter und kleine Angestellte haben sich in den 20er Jahren zumeist nicht in den heute bekannten großen Bundesligaklubs organisiert. Sie trafen sich in Turn- und Sportvereinen oder in den damals weit beliebteren Arbeiter-Traditions-Vereinen, wie beispielsweise Rot-Weiß Essen, Borussia Dortmund, Hamborn 07 und, natürlich nicht zu vergessen, im legendären FC Schalke 04. Vor allem im Ruhrgebiet entwickelte sich ein besonderer Nährboden für die Fußball-Leidenschaft, wie Schulze-Marmeling schreibt: »... Die Existenz von geschlossenen Arbeiterkolonien wurde zu Geburtsstätten und Schulen ganzer Spielergenerationen.«

Ähnlich meiner eigenen Geschichte verlief das Leben vieler Arbeiterkinder im Ruhrpott. Sie hatten keine Chance – außer dem Fußball. Die ärmlichen, aber intakten Nachbarschaftskontakte sowie das Fehlen anderer Vergnügungsmöglichkeiten mußten geniale Straßenkicker wie Stan Libuda, Günter Netzer, die Abramcziks und die vielen anderen Virtuosen zwischen Ruhr, Emscher und Lippe hervorbringen. Bis hin zu Frank Mill, der zusammen mit mir wahrscheinlich den letzten Straßenkicker in der Ahnengalerie der heutigen Bundesliga verkörpert.

Schulze-Marmeling formuliert den Zusammenhang von Lebensverhältnissen, Straßenkickern und Dribbelkunst so: »Das dichte soziale Beziehungsgeflecht, das sich in den Kolonien etablierte, äußerte sich bei den Jugendlichen im Vorzug für solche Spiele, bei denen alle mitmachen konnten und niemand abseits stehen mußte.«

Dies ist beim Fußballspiel der Fall, das als ›wildes‹ Spiel eine praktisch unbegrenzte Zahl von Spielern zuläßt.

Zugleich existierte zwischen den Stadtvierteln eine große Konkurrenz. Die Jugendlichen trugen ihre Schlachten um die lokale Vorherrschaft mit dem Fußball aus. Nicht nur im Fall Schalkes förderte der Wettstreit der Kolonien die Qualität des dortigen Fußballspiels.

»Eine weitere Begünstigung erfuhr das Fußballspiel in der Arbeiterkolonie durch deren Anlage. Die Arbeiterkolonien waren meistens abseits der städtischen Zentren mit ihren Geschäfts-, Verwaltungs- und Vergnügungsvierteln erbaut.

Eine solche Randlage bedeutete, daß sie von dem motorisierten Straßenverkehr weitgehend verschont blieben, ein Umstand, der an sich schon für Spiele im Freien der hier wohnenden Halbwüchsigen günstige Voraussetzungen darstellte. Sofern die Kolonien im Stile großer Wohnblöcke angelegt waren, bildeten die geräumigen Innenhöfe für Kinder geradezu ideale Spielplätze, die selbst größeren Spielcliquen ausreichend Platz für das Fußballspiel boten. Aber auch in den Kolonien, die aus Kleinhäusern bestanden, und wo die Häuser nicht um solche Innenhöfe zentriert waren, sondern in lockerer Reihung standen, gab es dazu gute Möglichkeiten.«
Einfacher als Schulze-Marmeling, aber genauso treffend, schildert dies der Vater von Rüdiger Abramczik, dem früheren Schalker »Flankengott« in einem Interview: »Hier bei uns auf dem Hof, da ist praktisch ein Rasen, fast ein Fußballplatz. Die Häuser sind im Quadrat um den Fußballplatz herumgebaut. Und dann haben die Kinder damals miteinander gespielt. Die durften hier spielen, das war nicht so wie heute in verschiedenen Gegenden, daß da steht: ›Betreten des Rasens verboten‹. Also hier konnte man noch echt Fußball spielen. Und dann hat das hier so mit dem Fußball angefangen ... Das ist ja eine Siedlung, die dem Pütt gehört. Und Fußball gehört hier zum Leben dazu. Das ging automatisch, die Kinder hatten keine Langeweile, die hatten Platz gehabt, und automatisch wurde dann hier Fußball gespielt. Das ist hier nicht anders wie überall im Ruhrgebiet ... Die trainierten ja jeden Tag. Wenn auch nicht unter Aufsicht. Erst mal hatten die eine gute Kondition, zweitens waren sie jeden Tag am Ball. Und ein Trick, den man denen mal gezeigt hatte, den haben die hier erst geübt. Der Trick wurde auf dem Hof praktisch zur Vollendung gebracht und erst später im Verein gespielt ... Was er in Schalke nicht machen konnte, das konnte er hier auf dem Hof machen. Und hier hat er, glaube ich, manchmal

mehr gelernt, als bei Schalke, übertrieben gesagt. Die Spiele hier auf dem Hof, die waren praktisch eine Vorübung für die großen Spiele draußen.«

Vater Abramczik spricht Menotti geradezu aus der Seele. Ich muß immer wieder auf diesen klugen Kettenraucher zurückkommen, der sich mit der Geschichte des Fußballs beschäftigt hat wie kaum ein anderer Praktiker.

Für mich persönlich gilt über alle Kulturschranken hinweg, die Lateinamerika von Mitteleuropa trennen, einer der Kernsätze Menottis in besonderer Weise.

Danach ist der »Fußball ein gangbarer Weg, um sich selbst als Mensch zu bestätigen ...« Zwischen den Pfosten konnte ich tatsächlich meine eigene Sprache sprechen, »schlau und listig eine Absicht vortäuschen und eine andere durchsetzen – und all dies mit Freude, Ungezwungenheit, Talent zur Schönheit und der Feinfühligkeit, um diese Schönheit zu genießen«.

Doch diese heile Fußballwelt existiert nicht mehr. Der Fußball ist zu einer Ware herabgewürdigt worden, die jeder kaufen kann, der nur das nötige Geld dazu hat. Nicht nur die italienischen Industriebosse holen sich weltweit Starensembles zusammen, die Münchner Bayern tun dies auf nationaler Ebene, die Frankfurter Eintracht hauptsächlich im zusammengebrochenen Ostblock. Diesem Prinzip wird bis hinunter in die Kreisklasse nachgeeifert, mit Handgeldern und Ablösesummen oder gar mit Naturalien.

»Dennoch«, sagt Menotti zu Recht, »... weckt Fußball noch immer tiefverwurzelte Empfindungen, und wer sich diesem Spiel hingibt, tut dies mit derselben Phantasie und Begeisterung, die schon immer die Hauptakteure dieses festlichen Sportes auszeichnete. Dieser Einfallsreichtum und diese Begeisterungsfähigkeit werden am Ende die Eckpfeiler des Triumphes bilden.«

Seiner Hoffnung muß allerdings die unerfreuliche Tatsache entgegengestellt werden, daß bei weitem nicht alle, die ihr

Geld mit Fußball verdienen, jenen Enthusiasmus an den Tag legen, den Menotti meint.
Die junge Spielergeneration ist abgeklärt und trachtet vor allem nach der Verwertung ihrer Kunst. Viele, auch hochbegabte Kicker sind heute so verbogen, daß sie in erster Linie fürs Geld und erst in zweiter Linie aus Leidenschaft gegen den Ball treten. Der Gedanke an einen bevorstehenden Wechsel oder die Frage nach dessen Zeitpunkt macht die Beine eines Twens oft bleiern, läßt die Muskeln schon nach wenigen Minuten verkrampfen.
Dies hat viel mit dem zu tun, was Menotti unter der »gewaltsamen Veränderung ursprünglicher Werte« durch die sozialen, wirtschaftlichen und kulturellen Entwicklungen versteht. Die totale Konsumgesellschaft fordert ihren Tribut: Fußball ist ein Showgeschäft, seine Athleten Entertainer, die mehr bringen müssen als reine Ballartistik. Sie müssen sich vermarkten. Die Devise lautet heute: Nicht nur gut Fußball spielen, sondern sich auch in den Medien optimal verkaufen.

Der Wertewandel in den vergangenen 20 Jahren wird von drei Spielergenerationen verkörpert: Die Beckenbauer-Netzer-Overath-Dynastie, die als »68er« des Fußballs mit ihrem »Ramba-Zamba« eine wahre (Fußball)Kulturrevolution geschaffen haben; die Zögerer und Zauderer der folgenden Jahrgänge, mit exzellenten Einzelkönnern in ihren Reihen, wie Karl-Heinz Rummenigge, Rudi Völler, Felix Magath, Pierre Littbarski und den Grenzgänger Paul Breitner, die allerdings nie zusammenfanden. Es gab auch keine Anleitung dazu. Mutlos und vergeblich mühte sich Jupp Derwall, deutschen Besitzstand in Kraft und Herrlichkeit zu wahren. Ständig kuschte er vor öffentlichem Erfolgsdruck und dem verordneten Kadavergehorsam der DFB-Gewaltigen. Bis Ende der 80er Jahre erschöpfte sich das Spielsystem im niedrigsten Selbsterhaltungstrieb. Mit dem

Rücken zur Wand wurde mit Kraft und Gewalt reagiert, wenn Spielwitz sie auszuhebeln drohte.
Schließlich die Yuppies der späten 80er Jahre, die einen Pyrrhussieg in Rom landeten. Nach zwei herausragenden Spielen mit schnellen Kombinationen boxten sie sich 1990 mit spitzen Ellbogen bis zur Krönung. Es war der Sieg der Einäugigen über die Blinden. Auf der Strecke blieb mit Kamerun wiederum die Spielfreude. Wie kurzatmig die »Young urban professionals«, wie die Generation des schnellen Erfolgs im Angelsächsischen genannt wird, sein kann, zeigte bereits der Einbruch bei der Europameisterschaft 1992 in Schweden. Ein typischer Vertreter dieser mediengerechten Helden ist Lothar Matthäus. Geschwätzig, scheinbar offen und ehrlich, kritisiert er immer da, wo es nicht weh tut. Zumindest dort, wo es nur den Schwächeren trifft. Er hat sein Fähnlein stets im Wind, kennt die Machtmechanismen hinter den Kulissen, weiß, welche Erwartungen erfüllt werden müssen, weiß, wann man den Verein zu wechseln hat. Er hat Biß, kann ein Spiel herumreißen, mauserte sich vom Dauerläufer zum Weltklassesprinter – und fertig ist der Siegfried. Er hat nichts Geniales, verkörpert aber deutsche Tugenden wie schon lange keiner mehr.

Höchst spannend ist Menottis Vergleich gesellschaftlicher Wertvorstellungen mit dem Spielsystem auf dem Rasen. Logischerweise muß er vage bleiben, wenn derartig umfassende Komplexe gegeneinander gehalten werden. Die behauptete Ähnlichkeit halte ich jedoch für so interessant, daß man sich mit ihr auseinandersetzen sollte.
Maradona-Entdecker Menotti ist überzeugt davon, daß sich im Spielsystem, in der Taktik, ja im Fußball insgesamt, die »... in dieser Gesellschaft gültigen Wertvorstellungen widerspiegeln. Es ist die Art von Fußball, bei der nur der Gewinn zählt, und Gewinn heiligt die Mittel«.

Menotti knöpft sich unsere Wegwerfgesellschaft vor, die ausschließlich mit Erfolg und Siegertypen hausieren geht, in der Werbung, im Geschäftsleben, in der Erziehung, ja selbst im privaten Winkel. Hier finden Ästhetik, Verspieltheit, Menschlichkeit, soziale Fürsorge oder gar Verlierer von Arbeitsplätzen, von Wohnungen, von Sozialbeziehungen keinen Platz mehr. Erfolg wird mit allen möglichen legalen und illegalen Machenschaften angestrebt. Für den Gewinn scheinen die Macher der Ellbogengesellschaft über Leichen zu gehen.

Übertragen auf das Fußballfeld heißt dies: »Gemeint sind nicht nur eine ultradefensive Taktik als Ausdruck von Raffgier und Spekulation, sondern auch die ständigen Verletzungen des Reglements und der Einsatz aller erdenklichen faulen Tricks. Solcher Fußball verleugnet seine eigenen Ursprünge, er verachtet die Begabung und fördert Gewalttätigkeit. Er ist krank und macht krank, weil er, wie alle Konsumartikel, dem Wesen nach hinfällig und vergänglich ist. Was gewinnt, ist gut, weil es sich gut verkauft.«

In der Tat, so scheint es, setzt dieser Mechanismus bereits in der VIP-Lounge im Waldstadion ein. Wenn wir gegen Bayern spielen und gewinnen, suhlen sich die Prominenten aller Couleur zwischen Großbanken und Bahnhofsviertel zu Hunderten im Scheinwerferlicht mit »ihren Helden«. Wenn wir gegen Wattenscheid kicken und einen Punkt abgeben, bleiben der Wirt auf seinem Buffet und wir unter uns sitzen.

Diese Begleiterscheinungen erniedrigen den Fußball, der eigentlich einem kulturellen Ereignis nicht nachstehen müßte. Dagegen muß »... Fußball im Sinne einer Lebensäußerung eine Sache des Talents sein, bei der die Intelligenz an oberster Stelle steht und der Sieg nur soviel taugt wie die Mittel, mit denen man ihn erringt. Er hat die Gefühle der Menschen zu respektieren, weil er zwar auch den Triumph kennt, jedoch keinesfalls auf Kosten des spektakulären Ereignisses, das jedes Fußballspiel zu sein verspricht«.

Mit diesem herrlichen Satz Menottis könnte die Beliebtheit der Frankfurter Eintracht und die von Borussia Dortmund beim echten Fan erklärt werden. Denn diese Vereine waren es, die den häßlichen deutschen Betonfußball der 80er Jahre hin zum ästhetischen Angriffsspektakel reformiert haben. Im Umkehrschluß bleibt zu hoffen, daß die Millionen Fußballfans, die bundesweit mit uns darüber trauerten, daß nicht wir Künstler, sondern die biederen, angepaßten Fleißarbeiter aus Schwaben in der Saison 1991/92 die Meisterschaft gewonnen haben, jenen Anspruch auf lustvollen Fußball auch auf ihr eigenes Leben zu übertragen versuchen.

Es gehört zwar viel Optimismus dazu, anzunehmen, daß der Fußball einen Impuls für das Verhalten im Alltag geben könnte. Doch wenigstens gelegentlich den Kopf über den Tellerrand der Zwangsmaschinerie ›Erfolg-Streß-Karriere-Streß-Reichwerden‹ zu heben, würde viel dazu beitragen, die so sehr verkommenen zwischenmenschlichen Beziehungen wiederzubeleben. Der Ellbogencheck könnte manches mal durch einen Händedruck ersetzt werden.

Wollte man Menottis – zugegeben etwas zu geradliniger – Theorie von der Parallelität zwischen Fußball und Gesellschaft weiter folgen, so hätten wir in Frankfurt zumindest ein Indiz vorzuweisen, das darauf hoffen läßt, daß zukünftig der Erfolg nicht alles ist.

Die Leute lieben uns, weil wir schönen Fußball spielen. Und sie haben uns nicht in die Wüste gejagt, sondern geweint, als wir trotzdem nicht Meister geworden sind. Dank unserer Spielkultur ist der Fußball wieder zum Fest der Sinne geworden.

So gesehen, brauchen wir Fußballer uns nicht hinter den schönen Künsten, den Kulturschaffenden, den Politikern und TV-Unterhaltungsgurus zu verstecken. Die Kultur-,

Wirtschafts- und Politschickeria rangiert von der allgemeinen Wertschätzung her zwar immer noch weit vor uns. Doch wir sind Allroundstars und pressen alle ihre Leistungen wöchentlich in 90 Minuten.

Wir unterhalten genauso gut wie Herr Gottschalk, wir malen genauso ausdrucksstarke Bilder wie Picasso, wir inszenieren genauso spannende Filme wie Alfred Hitchcock, wir sorgen für genauso große Umsätze wie mittelständische Unternehmen. Und wir könnten für eine menschlichere und umweltfreundlichere Gesellschaft glaubwürdiger eintreten als die meisten Berufspolitiker – wenn wir uns nur unseres Stellenwertes bewußt wären.

Will man unterscheiden zwischen einem Fußball, der ausschließlich gewinn- und erfolgsorientiert das Spiel kaputt und unansehnlich macht (Beispiel: deutsche Nationalmannschaften zwischen 1978 und 1988), und dem eigentlichen, faszinierenden, der über die Spielkunst begeistert, muß man auch über die Rolle der Akteure reden.

Während die Mitglieder des destruktiven Erfolgsfußballs zu Marionetten und Werkzeugen spielvernichtender Abwehrschlachten werden, sind die Spieler eines erfrischenden Angriffsfußballs ungleich mehr zu Eigenverantwortlichkeit, Kreativität und zum Denken aufgefordert.

Dies wird zwar immer noch durch die autoritären Strukturen und von den konservativen Altvorderen in den Vereinsführungen behindert, die den Spielern außerhalb des Platzes jedwedes politisches und gesamtgesellschaftliches Engagement am liebsten verbieten würden. Es wird sich aber durchsetzen müssen, will man den modernen Spielertyp pflegen, der sich nicht aufspalten kann in einen verantwortlichen, kreativen Fußballer einerseits und einen angepaßten Leisetreter andererseits.

Leider gibt es aber in den Vereinen und großen Sportverbänden immer noch zu viele Machtbesessene, die die Sportler wie Zirkusaffen halten wollen, damit sie das Volk un-

terhalten, und um sie hinterher wieder brav in den Käfig zu sperren. Man benutzt sie – außerhalb des Spielfelds –, um sie als Beispiel für den sozialen Aufstieg vorzuführen, der in diesem »wunderbaren System« der Anpassung und des Maulhaltens scheinbar so leicht ist.
Alle Wahljahre wieder werden die Münchner Bayern beispielsweise zum Gruppenfoto für die CSU zusammengetrieben. Nur gestandene Mannsbilder, wie beispielsweise Klaus Augenthaler, verweigern die billige Parteipropaganda.
Unser heutiges Polit- und Gesellschaftssystem hat zwar nichts mit dem Faschismus gemein, doch verlangt gerade die Demokratie kritisches Mitdenken und Verhalten. Und dazu gehört, daß wir Heroen aus den Arenen, die wir inzwischen ein so nachhaltiges Medienspektakel erzeugen, nicht einfach alles nachbeten, was uns von oben verordnet wird. Andernfalls könnte es schnell passieren, daß wir uns eines Tages fragen lassen müssen, was wir gegen aufkeimende Ausländerfeindlichkeit und rechtsradikale Tendenzen unternommen haben.
Wie viele prominente Sportler bereits mit großem Erfolg als Kronzeugen unheilvoller Diktaturen eingesetzt wurden, zeigt ein flüchtiger Blick in die Ahnengalerie: Max Schmeling, Bernd Rosemeyer, Rudolf Caracciola, Fritz Szepan und Ernst Kuzorra werden noch heute von der aussterbenden Nazi-Generation als Beweise für ein ruhmreiches Deutschland gehandelt.
Als Massenphänomen ist der Fußball stets den Versuchungen der Regierenden ausgesetzt, für ihre politischen Interessen eingesetzt zu werden. Haarsträubend nahmen sich die Machenschaften der Naziherrscher aus. Sie setzten beispielsweise alles daran, die Arbeiter für sich zu gewinnen, indem sie den FC Schalke 04 sponserten – auf Teufel komm raus. Während sich die mehr oder weniger zwangseingegliederten Österreicher mit der Tatsache abfinden mußten, daß ihre Fußballstars in den Krieg geschickt wurden, er-

freuten sich die Schalker Größen allesamt der Wehrdienstbefreiung.
Der Grund: Die »Großdeutschen Fußballmeisterschaften« durften nicht länger von Austria oder Rapid Wien gewonnen werden. Diese Siege wurden nämlich von Tausenden österreichischen Fußballfans zum Anlaß genommen, für ihre Unabhängigkeitsbestrebungen und gegen das Nazireich zu demonstrieren. Als die einen an der Front und die anderen im Stadion schießen mußten, erzielte Hitler schließlich sein Wunschergebnis: Schalke wurde Abonnementsmeister und die Interviews des unpolitischen, aber populären Ernst Kuzorra wurden zu Lobgesängen auf Hitler-Deutschland umgedichtet.

Daß es die Diktatoren nicht immer so leicht hatten mit der Verabreichung von »Brot und Spielen« und dem »Opium fürs Volk«, wie nicht ganz so intelligente Kritiker den Fußball oft verschreien, zeigt das Beispiel Argentinien. Dort führte eine begrenzte taktische Zusammenarbeit von Trainer Menotti mit dem Militärdiktator Videla Mitte der 70er Jahre zu ganz anderen Resultaten:
General Videla versuchte mit der Austragung der Fußball-WM 1978, sein ramponiertes Image in der Weltöffentlichkeit zu verbessern. Darüber hinaus wollte er die geschundene eigene Bevölkerung auf unblutige Weise wieder für sich gewinnen. Die Weltmeisterschaft im fußballverrückten Südamerika schien dafür das geeignete Spektakel.
Das Ganze endete mit einem Sieg der argentinischen Nationalmannschaft, der die Niederlage der Militärjunta auf den Fuß folgte.
Schulze-Marmeling interpretiert den erfreulichen Vorgang etwas verklärt als »... Sieg des Volkes, das über die WM und das Abschneiden ihrer Mannschaft einen Teil der von den Herrschenden geraubten Selbstachtung und Menschenwürde zurückerobern konnte«. Die Fans forderten immer-

hin lautstark: »Argentinien wird Weltmeister – Videla an die Wand.«

Der Trainer des Weltmeisters wurde von der Junta mit erheblicher Machtfülle und einem für die damalige Zeit astronomischen Gehalt ausgestattet. Nach dem WM-Sieg verweigerte Cesar Luis Menotti beim offiziellen Empfang der Mannschaft General Videla den Händedruck und geriet später auch durch harsche Kritik am Regime in die Schlagzeilen.

»Für mich sind diejenigen, die glauben, daß in Argentinien alles zum besten bestellt sei, weil jeder wenigstens genug zu essen hat, unserer Gesellschaft unwürdig.« Und: »Das Volk und die Geschichte werden diejenigen zu richten haben, die über das Gewissen der Argentinier hinweggehen; diejenigen, die in ihrer schrecklichen Gefühllosigkeit die Not der Bevölkerung nicht wahrnehmen«, diktierte er beispielsweise furchtlos in die Blöcke der Journalisten.

Jeder andere Argentinier wäre wahrscheinlich verschleppt oder ermordet worden. Aber der Wegbereiter des argentinischen WM-Sieges wurde zu einem Sprachrohr der Opposition, das die Junta wegen seiner großen Popularität nie zum Verstummen bringen konnte.

Seine öffentlichen Äußerungen über die Mißstände im Land versetzten die Diktatoren stets aufs neue in helle Aufregung. Ohne die Bereitschaft Menottis, mit der Junta in der Vorbereitungsphase der WM zu kungeln, was ihm oft als Unterstützung der Militärs ausgelegt wurde, wäre dies alles kaum möglich gewesen.

Als sich das argentinische Volk fünf Jahre später von der Militärdiktatur befreien konnte, war dies auch ein Verdienst von Cesar Luis Menotti.

Im Grunde sollte es eine Selbstverständlichkeit sein, den Fußballstars das Recht einzuräumen, das zunehmend mehr Bürger mit demokratischem Selbstverständnis in Anspruch nehmen.

»Der Fußballspieler ist ein Bürger wie jeder andere, er ist Bestandteil einer Gesellschaft, für die er gemeinsam mit seinen Mitmenschen verantwortlich ist. Deshalb muß er innerlich bereit sein, seine Funktion als Bürger voll auszuschöpfen, mögen gewisse Leute noch so sehr darauf bedacht sein, ihn wegen seiner Publikumswirksamkeit daran zu hindern. Ein Spieler darf sich jedoch nicht aus dem Bereich der Politik verdrängen lassen. Niemand sollte das mit sich geschehen lassen«, sagte Menotti und handelte konsequent danach.

Immer mehr Menschen mischen sich ein in die Politik, die ihr Leben bestimmt. Sie organisieren sich in Initiativen gegen Atomkraft, für Frieden, gegen Ausländerfeindlichkeit, für Verkehrsberuhigung, gegen Tierversuche und so weiter. Nimmt aber ein Fußballstar dieses Bürgerrecht für sich in Anspruch, äußert er sich gar öffentlich zu politischen Themen, ist das Geschrei gleich groß.

An der Politik teilhaben heißt aber auch, sich für die Vorgänge um einen herum zu interessieren. Das heißt, wissen zu wollen, warum der Frieden in dieser Welt von Tag zu Tag bedroht ist, warum sich große Teile dieser Welt »in den Händen von ein paar Irren mit Jagdschein« befinden, wie es der katalanische Sänger Manuel Serrat so trefflich formulierte. Der Golfkrieg, Somalia und nicht zuletzt der Balkankrieg sind erschreckende Beispiele dafür, mit welcher Brutalität und mit wie wenig Intelligenz Menschen sich begegnen.

Verantwortlich sich einzumischen bedeutet auch, begreifen zu müssen, warum gewisse Leute und Industrien die Natur zerstören, und warum sie als Lebensgrundlage insbesondere für unsere Kinder verteidigt werden muß.

Die Industrie schert sich meist einen Dreck darum, in welchem Maße sie die Umwelt schädigt. Hauptsache die Produktion ist billig, der Profit hoch. Die skandalösen Zustände beim Chemie-Riesen Hoechst in Frankfurt zeigten dies deutlich, als im Frühjahr 1993 nicht weniger als 13mal die Alarmglocken schrillten. Unter anderem wurde auch hochgiftiges Dioxin freigesetzt. Und uns erzählen sie immer: »keine Gefahr für die Anwohner.«

Menotti geht sogar so weit, daß er Engagement auch in diesen Fällen verlangt: »Es gilt, in den alltäglichen Angelegenheiten zu intervenieren, zugunsten eines besseren Daseins an der Durchsetzung berechtigter Ansprüche mitzuwirken und für die Rechte der anderen zu kämpfen. Der Fußballspieler hat die Pflicht, sich als Mensch für diese Rechte zu interessieren.«

Allerdings leben wir immer noch in einer Zeit, in der wir froh sein müssen über jeden Bundesligaspieler, der überhaupt den Mund aufmacht. Das Kuschen vor den Verbänden und Arbeitgebern ist leider Gottes noch die Regel. Die Mehrheit dieser opportunistischen Aufsteigertypen hat nicht begriffen, daß dieses Verhalten in der konkreten Konkurrenzsituation schnell auf sie selbst zurückschlägt.

Die Leute sollten sich darüber im klaren sein, daß sich auch Fußballer auf ihrem Gebiet viel besser entwickeln können, je liberaler, gerechter und menschlicher das Umfeld ist, in dem sie sich bewegen.

Menotti schließt den Kreis wiederum deutlich und fordernd zugleich: Gerade dem Spitzenfußballer »... steht nicht nur das Recht zu, an der Politik teilzuhaben, sondern er ist als Sportler sogar dazu verpflichtet, wenn er als Mensch über sein eigenes Geschick bestimmen will«.

Gemeinsam mit diesem großen Theoretiker und Praktiker des Fußballs glaube ich an das Durchsetzungsvermögen der hohen Spielkultur und an die Leidenschaft, die an der Wiege dieses wunderbaren Spiels standen.

Ich wünschte, daß die unfähigen Stümper, die Gauner mit ihrem pseudowissenschaftlichen Gehabe, die Feiglinge, von denen es in der Welt des Fußballs wimmelt und die sich selbst als Führergestalten bezeichnen, nicht länger Verwirrung stiften könnten. Wenn sie tatsächlich mal gewinnen, wie die deutschen Equipen von 1978 bis 1988, deren Antifußball durch das Erreichen von Endspielen scheinbar noch bestätigt worden ist, darf dies nicht zu Verblendung führen. »Der Fußball der Zukunft muß sich wieder auf die Lehren seiner großen Meister besinnen«, möchte man mit Cesar Luis Menotti betonen: di Stefano, Puskas, Sivori, Suárez, Overath, Pelé, Beckenbauer und andere wirkliche Künstler, die sich die Freiheit genommen, die Knebel abgestreift und Kultur kreiert haben. Sie haben unsere Gefühle und unser Denken geprägt. Sie wirken in heutigen Spielern weiter, wie beispielsweise in Maradona, Gullit, van Basten, Bein, Romario, Baresi und vielleicht auch in Andreas Möller.

GRUNDSTEIN

Sturm und Drang in der Norddeutschen Tiefebene

Ein Spätsommerabend im Jahr 1971 in Nienburg: Die Luft steht bleiern über der Kleinstadt. 28 Grad im Schatten. Stöhnend halten die Menschen Ausschau nach dem ersehnten Gewitter. Plötzlich steigt der Vorhang vor der offenen Balkontür bis zur Zimmerdecke. Windböen schieben die Wolken zusammen. Kugelblitze verirren sich im nahen Wald. Türen schlagen. Spaziergänger versuchen sich schnellen Schrittes in Sicherheit zu bringen. Draußen klingelt jemand Sturm. Der Luftzug reißt mir die Türklinke aus der Hand.

Vor mir steht der Neue aus Berlin, bewaffnet mit angsteinflößender Gerätschaft: »Hier, du Strich in der Landschaft, jeden Abend eine Stunde quälen, sonst bist du bald weg vom Fenster.«

Hometrainer, Expander und Gewichte sollten mich ab sofort martern, meinen zierlichen Körper zur Athletenfigur aufblasen. Schließlich hatte ich viel Talent, »eine Wahnsinnsreaktion«, wie Günther Blume, unser neuer Trainer im benachbarten Wunstorf, der gerade vom Zweitligaklub Tasmania Berlin eingekauft worden war, sofort registrierte. Im Strafraum jedoch haben sie mich 17jähriges Fliegengewicht stets umgepustet. Bei Eckbällen kam es nicht selten vor, daß mich die wuchtigen Mittelstürmer gleich mit ins Tor geköpft haben.

Also habe ich »gepumpt« wie ein Verrückter. Lange hat es gedauert, bis ich die Feder überhaupt richtig durchbiegen konnte. Dann baute ich aus. Jeden Tag mehr, jeden Tag auch ein paar Kilometer mehr auf dem Fahrrad. Ich empfand das nicht mal als schlimm. Es war damals völlig neu, das Muskelwachstum so zu beschleunigen – anfangs konnte ich richtig zuschauen, wie die »Muckis« tanzten. Irgendwie bin ich wohl auch ein bißchen süchtig danach geworden. Nach einem bestimmten Quantum – wenn ich den »inneren Schweinehund« überwunden hatte – überkam mich stets das Gefühl, das sich der Schriftsteller Milan Kundera vermutlich unter der »Leichtigkeit des Seins« vorstellte. Die Hormone, die laut moderner Wissenschaft angeblich dabei freigesetzt werden, die müssen in mir vor 22 Jahren schon in rauhen Mengen geflossen sein.

Außerdem war Blume für uns Bezirksliga-Kicker eine Autorität. Ein Mann aus dem Profigeschäft, der wußte, was richtig ist. Täglich fuhr ich in meinem Schrott-Opel mit zunehmender Begeisterung die 40 Kilometer von Nienburg nach Wunstorf. In aller Herrgottsfrühe hin zur Lehrstelle beim Autohändler Kramer, spät nachts wieder zurück vom Training des Klubs.

Die Schinderei und die Erfahrung des Tasmanen zeitigten schnelle Erfolge, die sich in einer unglaublichen Siegesserie niederschlugen. In vier Jahren stiegen wir zweimal auf. Das Kleinstädtchen mit seinen 20.000 Einwohnern geriet ins Fußballfieber. Der Zuschauerschnitt schnellte innerhalb zweier Jahre von 200 auf 1.500 hoch. Und genau hier durchlitt ich erstmals, was sich als Déjà-vu-Erlebnis 18 Jahre später in Rostock wiederholen sollte: Im Aufstiegsknüller bei Atlas Delmenhorst hätten wir gewinnen müssen, gegen den hochfavorisierten, mit Ex-Profis von Werder Bremen gespickten Gastgeber. Wir führten bis zur 87. Minute 1:0 und erlebten doch noch den Weltuntergang durch den unglücklichen Ausgleich.

Nach heftiger Trauer wurde klar, daß es ohne Handgeld und unterschiedliche Leistungsprämierung nicht ging. In der Folge investierten die beiden Vorsitzenden unseres Vereins die eine oder andere Mark. Die Mannschaft wurde verstärkt durch Spieler vom ehemaligen Regionalligisten OSV Hannover. Auch mein Bruder Gunter, der viel bessere Voraussetzungen für eine große Karriere im offensiven Mittelfeld mitbrachte als ich, verstärkte uns mit tödlichen Pässen und Traumtoren. Durch Sponsorships, die heute oft Zwietracht und Neid bereits in den unteren Klassen bewirken, kam eine Supertruppe zusammen. Die einen rackerten für ein Schnitzel, die anderen spitzelten den Punkt für 50 Mark nach Hause. Bei uns jedoch sonnten sich alle im Erfolg, die Kameradschaft blieb intakt. Vor allem, weil viele nicht scharf auf das Zubrot waren, sondern die Woche über als Handwerker oder Angestellte gut über die Runden kamen. Nicht zuletzt aber auch deshalb, weil alle Spaß am Kicken hatten und so ihren Teil zum Erfolg beitrugen.

Bei Aufstiegsspielen in die Verbandsliga drängten sich nicht selten 4.000 Leute um den Platz. Der Fußball zog in seiner Gunst locker an »Sex and Crime« vorbei und avancierte nicht nur an Wunstorfs Stammtischen zum Thema Nummer eins. Bei uns im Betrieb beispielsweise herrschte Euphorie. Mein Chef war zweiter Vorsitzender, mein Abteilungsleiter selbst Fußballer, und bis zum »einfachen« Mitarbeiter stand fast die gesamte Belegschaft sonntags auf der Gegengerade. Von unseren ausgedehnten Siegesfeiern bis in den frühen Montagmorgen erholte ich mich nicht selten in den geräumigen Kotflügel-Versandkisten, die mit Styropor und Schaumgummi ausgepolstert waren. Das war zwar nicht sehr bequem, aber immerhin die bestgetarnte Schlafgelegenheit im Ersatzteillager, das mein Reich als Kaufmannslehrling war. Manches Mal wurde ich von dem alles durchdringenden Schrei nach »Steeeein« aus dem Tiefschlaf gerissen, nachdem ich schon Stunden als vermißt galt. Der Weckruf kam zumeist aus dem Chefbüro von Kramer persönlich. Alle dachten dann: »Oh weh, jetzt geht's rund.«

Doch weit gefehlt. Der Boß wollte nur wissen, mit welcher Taktik der nächste Gegner gepackt werden könnte.
Man lebte von Sonntag zu Sonntag. Dazwischen galt es, das Einerlei zu verwalten, Unannehmlichkeiten zu vermeiden, Auffälligkeiten zu verhindern. Die Anekdoten hielten sich lange im Gespräch, weil sonst wenig passierte.
Eine harte Herausforderung verlangte mir der Betreiber einer Imbiß-Bude gegenüber der Firma ab. Schon seit Wochen erzählte er auch denjenigen, die es nicht hören wollten: »Den Torwart vom FC werde ich mal richtig testen.«

Von den Kollegen gut vorbereitet, gehe ich also mit, bestelle eine Currywurst und lasse den ab Mittag stets angetrunkenen Mann hinter dem Tresen nicht mehr aus den Augen. Just in dem Moment, in dem ich verträumte Gedankenlosigkeit vortäusche, zieht er blitzschnell aus der Hüfte – Clint Eastwood hätte seine Freude daran gehabt – nicht etwa eine Knarre, sondern eine handliche Flasche bitteren Kräuterlikörs und wirft sie in meine Richtung. Mit einer Hand fange ich sie auf und stelle sie lächelnd auf seinen fettverschmierten Schanktisch. Die Prüfung ist bestanden, der Wirt übernimmt die Runde. Und die sieben folgenden auch, so begeistert ist er von meinen Fangkünsten. Gewöhnlich gehen die Gäste verdutzt in Deckung, wenn der Flachmann geflogen kommt. Mit dem klirrenden Geräusch der zersplitternden Flasche haben sie dann verloren und müssen zahlen.
Jedoch hatte auch ich zwei Runden in diesem Weltmeisterschaftssommer 1974 zu spendieren. Die erste, weil mein Dream-Team Brasilien schon frühzeitig aus dem Turnier in Deutschland geflogen war. Ich hatte gewettet, daß diese von mir schon seit frühester Kindheit geliebten Künstler wenigstens bis ins Endspiel kommen. Ich mußte nicht nur löhnen, sondern auch heulen vor Wut und Mitgefühl. Sie

hatten es einfach nicht verdient, **gegen** irgendwelche britischen Zehnkämpfertypen und wegen ihrer notorischen Torhüterschwächen vorzeitig auszuscheiden.
Pelé, Jairzinho, Didi, Vava, Zico, Socrates: diese Namen klangen wie Musik in meinen Ohren. Solchen Spielern zuzuschauen, war stets ein Fest. Da gab es keinen Platz für nationale Gefühle, auch dann nicht, wenn die Brasilianer gegen Deutschland jonglierten. Und wenn, wie jetzt im Winter 1992/93 geschehen, der Berti-Vogts-Experimentier-Torso gegen diese, zu alter Stärke aufgelaufenen Zauberer gnadenlos untergeht, dann muß dies als grandioser Sieg des Fußballs gefeiert werden.
Die zweite Runde mußte ich schmeißen, weil ich die WM-Krone 1974 gern auf dem Haupt von Johan Cruyff, diesem begnadeten holländischen Spielmacher, gesehen hätte, der jedoch durch Bernd Hölzenbeins Elfmeter-Schwalbe von der Siegerstraße gedrängt wurde. Mir tat es immer leid, wenn große Könner wie Cruyff oder auch Eusebio aus Portugal nie den ganz großen Erfolg genießen durften. Mit ihnen habe ich wirklich gefeiert und gelitten, bis mir die Tränen kamen.

In der Saison 1974/75 überschlugen sich auch bei uns in Wunstorf die sportlichen Ereignisse. Ich hatte das Gefühl, aus einem langen Dornröschenschlaf zu erwachen:

In einem Testspiel gegen die Niedersachsenauswahl liegen wir in der Halbzeit überraschend 1:0 vorne. Trainer Blume, der alte Fuchs, kommt in die Kabine und schlägt mir schlitzohrig vor, mich auswechseln zu lassen. »Draußen sitzen Dutzende von Spähern und sind alle begeistert von dir. Wenn wir in der zweiten Halbzeit konditionell einbrechen und sie dir den Laden vollhauen, ist der ganze gute Eindruck weg. Also geh duschen!« bedeutet er mir augenzwinkernd. Mich überkommen Größenwahn und Heldenmut zugleich: »Von wegen, jetzt gehe ich raus und zeig' denen, wie man als Torwart ein Spiel ganz alleine gewinnt«, höre ich mich noch heute sagen. Gesagt, getan. Ich halte wie ein Weltmeister, wir gewinnen 2:1, und nicht nur in den Lokalblättern komme ich groß raus. »Neuentdeckung Stein blamiert Niedersachsenauswahl«, titelt eine große Boulevard-Zeitung.

Die Einladung in nämliche Auswahl ließ nicht lange auf sich warten. Doch zurück blieb erst mal nur beißender Frust, denn ich war anfangs lediglich zweiter Mann.
Dreimal muß ich die Ersatzbank drücken, dann vibriert die Halsschlagader. Mit einem Tritt hebe ich die Kabinentür fast aus den Angeln. Sie fliegt auf und reißt den Papierkorb um. Er rollt in die Mitte des Raumes und hinterläßt eine unansehnliche Spur von ausgequetschten Salbentuben, flekkigen Mullbinden, abgerissenen Schnürsenkeln und Papier. Meine Torhüter-Handschuhe klatschen gegen die Wand. Der Pulli fliegt hinterher. »Das war's meine Herren, mich braucht ihr nie wieder anzurufen. Diese Ersatz-Nummer ist für mich abgefeiert«, schreit es aus mir heraus. Auf dem Weg zum Parkplatz folgt mir der Trainer der Niedersachsenauswahl, Hannes Kirk, und beschwört mich: »Ich verspreche dir, das nächste Mal kommst du zum Einsatz, hundert Prozent.«
Er reicht mir die Hand, ich schlage ein, mit dem Zusatz: »Wenn du mich nur ködern willst, erlebst du ein blaues Wunder.«

Verantwortlich für diesen Zwischenfall war die Entscheidung, den alteingesessenen Abwehrblock des VfL Wolfsburg beizubehalten. Inklusive des Torhüters schienen die Jungs – ziemlich unabhängig von der aktuellen Leistung – ein Jahresabo in der Auswahl gebucht zu haben. Dies war das dritte Mal, daß ich auf der Bank saß und der Schluß-

mann aus Wolfsburg drei Dinger kassierte, die ich mit der Mütze geholt hätte.
Wie dem auch sei: Kirk gab mir die Chance, wir gewannen 1:0 und marschierten 1975 zur deutschen Amateurmeisterschaft.
Im Endspiel besiegten wir die Bayernauswahl in Würzburg mit 1:0. In 540 Minuten des deutschen Amateurländerpokals mußte ich nur einmal hinter mich greifen.

Die Prinzen schlugen sich durch die dornige Hecke, um mich wachzuküssen. Angebote von Göttingen 05, Bad Kreuznach und anderen Zweitligisten flatterten ins Haus. Tschik Cajkovski, der damals Hannover 96 trainierte, kam gleich mit vier Mann aus dem Präsidium bei uns zu Hause vorbei und wollte mich für 'nen Appel und 'n Ei einsäckeln. Doch da war unser Trainer Günther Blume vor, der mit auf der Couch saß. Er machte mich auf die Tricks aufmerksam, mit denen man mich über den Tisch zu ziehen versuchte.
Sogar der Traum vom HSV schien nicht mehr nur Phantasterei. Ich bestand das Probetraining mit Bravour. Allerdings sollte ich zweiter Hüter hinter Rudi Kargus werden, der gerade mal zwei Jahre älter als ich und in Bombenform war.
Selbst Schiedsrichter, die unsere aufsehenerregenden Spiele pfiffen, vergaßen zeitweilig ihren Status und wollten mich mit Bundesligavereinen verkuppeln. Einer hatte gar den »heißen Draht auf die Bielefelder Alm« und säuselte mir im Kabinengang ins Ohr: »Ich werde Sie empfehlen, Sie halten ja wie der Teufel. Und die suchen händeringend einen Keeper.«
Tatsächlich war Gerd Siese, der damalige Arminen-Torhüter, schon 35 Jahre alt und ich hungrig wie ein junger Wolf. Spielen vor Kassieren wurde zur jugendlichen Maxime. Deshalb ignorierte ich sogar das doppelt so hohe Salär meines Traumvereins, des HSV, denn auf der »Alm« witterte ich die Chance auf einen Stammplatz.

Bevor ich diesen Schritt tat, mußte ich allerdings noch einige Male in mich gehen. Der Gedanke, erstmals allein in die Fremde zu ziehen, löste ein Grummeln in der Magengegend aus. Schließlich war ich es gewohnt, bei Muttern zu wohnen, mich dort verpflegen zu lassen, in einer Großfamilie mit vielen Geschwistern zu leben. Darüber hinaus gab es auch rationale Gründe, die mich in Zweifel stürzten: Sollte ich einfach weg von der Sicherheit des in Aussicht gestellten Filialleiter-Postens, weg von all den Leuten, die mir diesen Aufstieg im Alltag so leichtgemacht hatten? Eigentlich hatte ich nur einen Vorteil gegenüber anderen Jungs in meinem Alter: Ich war ohne Freundin und hatte auch sonst nichts mit Frauen zu tun, die mich hätten halten können. Selbst mit 20 Jahren sei mir – so behaupten gute Freunde heute noch – nicht so recht klar gewesen, daß es Menschen zweierlei Geschlechts gibt. Ich lebte für den Fußball. Das einzige Laster, das ich seit meinem 14. Lebensjahr mit mir herumschleppe und bis heute nicht in den Griff bekommen habe, ist das Rauchen. In Diskos oder ähnlichen Etablissements fühlte ich mich unsicher und fehl am Platz. Wenn ich einmal mit meinem älteren Bruder und seinen Kumpels mitging, saß ich neben ihnen wie ein Schluck Wasser in der Kurve und hielt mich buchstäblich am rettenden Strohhalm in der Cola fest. Ich hatte damals die Ausstrahlung eines häßlichen Entleins – blaß, schmächtig, verstockt, und beim Tanzen versagte die Motorik.

Insbesondere mein Chef Wilhelm Kramer, der als Gönner stets unspektakulär, aber herzlich und wegbereitend aufgetreten war, half mit flankierenden Maßnahmen. Er schaffte auch diesmal wieder Bedingungen, die den Sprung ins befürchtet kalte Wasser abfederten. Er sah für mich eine reelle Chance und sicherte mir dennoch für den Fall des Scheiterns zwei Jahre lang die Stelle eines Filialleiters in einem seiner Autohäuser zu.

Leute seines Formats, die nicht mal erwähnt werden wollen, waren die eigentlichen Wegbereiter meiner Karriere. Ich hatte das Glück, einigen dieser ehrlich Fußball-Begeisterten zu begegnen. Ohne sie wäre das »Stehaufmännchen Stein« möglicherweise ganz woanders gelandet.

Pünktlich zum Antritt in Bielefeld fiel mein Kadett-Caravan, den sie mir bei Kramer in der Werkstatt sozusagen als Recycling-Modell aus Gebrauchtteilen zusammengeschweißt hatten, vollends auseinander. Ich brauchte ein neues Auto und eine Wohnung. Mein erster Vertrag bescherte mir als »Olympia-Amateur« gerade mal 3.000 Mark brutto. Offiziell war ich als Großhandelskaufmann angeheuert. In den ersten beiden Jahren mußte ich Geld drauflegen, damit ich das Tor auf der »Alm« hüten konnte.
Zum Einleben in der neuen Stadt bot mir der inzwischen verstorbene Manager Willi Nolting ein Zimmer in seinem Reihenhäuschen an. Anfangs war ich ganz glücklich über den Familienanschluß in der Fremde. Doch nach einem Vierteljahr auf zehn Quadratmetern Bielefeld – ein Bett, ein Schrank, ein Stuhl, ein Nachttisch – fiel mir die Decke auf den Kopf. Ich kannte niemanden, traute mich nicht, allein wegzugehen, Glotze gab es auch keine, und sonst wollte mir nichts einfallen. Stundenlang saß ich in der Kammer und zählte die Karrees der Gardine oder starrte Löcher in die Tapete. Das war Einsamkeit – mit das Schlimmste, was ich je erlebt habe. Aufgelöst wurde der deprimierende Gemütszustand meist erst ab 23 Uhr durch die Überdosis Müdigkeit, die das ungewohnt harte Training mit sich brachte.
Die Noltings meinten es gut. Insbesondere Willis Frau konnte man auf Schritt und Tritt anmerken, wie gern sie einen Sohn wie mich gehabt hätte. Frühstück, Mittagessen, Abendessen wurden serviert wie im Kinderheim: »Mensch, so ein junger Mann wie Sie muß doch mehr essen«, sorgte sie sich täglich mehrmals um mein Wohl. Mindestens zwei-

mal die Woche rauschte sie mit Putzeimer und Schrubber durch mein Kabuff. Zusätzlich erschwert wurde meine Einbürgerung in Bielefeld durch die Verzögerung der Freigabe vom Niedersächsischen Fußball-Verband. Monatelang war es mir nicht vergönnt, auch nur in Freundschaftsspielen die Fäuste zu recken, obwohl meine Trainingsleistungen optimal waren.

Kurz vor Saisonauftakt, im belgischen Trainingslager, kam endlich der Bescheid. Mein erster Einsatz im Testspiel gegen Preußen Münster verunsicherte Trainer Karlheinz Feldkamp erheblich. »Mensch, der Kalli weiß nicht, was er machen soll, du hältst ja unglaubliche Sachen«, erklärte mir Manager Nolting und verriet, wie Feldkamp sich mit der Entscheidung quälte, ob er den alten oder den jungen Almhüter aufstellen sollte. Die Herzen der Fans eroberte ich im Sturm.

In dem Maße, in dem mir sportliche Anerkennung zuteil wurde, wurde ich auch privat flügge. Doch hat dies Frau Nolting in arge Sorge gestürzt. Selbst wenn ich erst zu fortgeschrittener Morgenstunde nach Hause kam, stand sie noch am Fenster und führte Buch. In einer Nacht- und Nebelaktion zog ich in eine andere Wohnung.

Dieser Wechsel sollte nicht der einzige bleiben. Jedenfalls wechselten auch die Figuren im Bielefelder Torgehäuse. Zur Saisoneröffnung hatte Feldkamp, das ausgebuffte Schlitzohr, sein Wanken zwischen dem bisherigen Stammtorhüter Siese und mir folgendermaßen ins Lot gebracht: Angesichts der zu erwartenden Niederlage gegen den haushohen Meisterschaftsfavoriten Alemannia Aachen auf dem berüchtigten »Tivoli«, konnte er sich das Experiment mit dem jungen Stein leicht leisten. Wäre es schiefgegangen, hätte ihm das keiner übelgenommen, und die Woche darauf hätte er einfach den Altbewährten wieder zwischen die Pfosten gestellt. Es ging aber gut, und so stand er als mutiger Erneuerer da: Vor 25.000 begeisterten Zuschauern, der bis dahin

größten Kulisse meiner Laufbahn, erwehrten wir uns 90 Minuten lang erfolgreich eines gewaltigen Ansturms und schossen sogar noch ein Kontertor. Mit mir geschah etwas Sonderbares: Ich fiel in einen Sinnesrausch. Er verwandelte jeden Beifall für den Gegner in eigene Stärke. Die Jubelstürme der entfesselten gegnerischen Anhänger lösten in mir eine bisher nicht gekannte Körperlichkeit aus. Nicht die Fäuste gingen zum Ball, sondern die Handkanten. Das Leder jaulte unter meinen Hieben und suchte das Weite bis zur Mittellinie. Meine Abschläge flogen zu immer neuen Bestmarken. Der Stein wuchs zu einem unüberwindbaren Gebirge. Wir siegten. Ich war die Nummer eins, und es begann eine sensationelle Serie von sieben Spielen, in denen ich nur durch zwei Elfmeter bezwungen wurde.
Was mich aber ebenso beeindruckt hat wie der sportliche Erfolg, war die Reaktion meines Vorgängers Gerd Siese, der gern noch eine Saison gespielt hätte, meine Leistung aber neidlos anerkannte. Während großzügiger Esseneinladungen stärkte er mir mit ehrlichem Rat den Rücken. Normal ist das nicht in diesem Geschäft, das weiß ich heute. »Bully« Siese begnügte sich noch zwei Jahre mit der Ersatzbank und hatte so auch mehr Zeit für sein florierendes Malergeschäft.
Auf Anhieb wurden wir dritter in der 2. Liga Nord und mußten gegen 1860 München das Aufstiegsspiel in die höchste deutsche Spielklasse bestreiten. Wiederum als krasser Außenseiter fertigten wir die 60er auf der Alm im Hinspiel mit 4:0 ab. Das war die größte Überraschung im abgelaufenen Fußballjahr. Über uns brach eine Woge der Begeisterung und des Medienrummels herein, was nur die wenigsten verkraften konnten. Wir wurden von Modezaren öffentlich neu eingekleidet, hier zu Fototerminen gereicht, dort zu Presseeinladungen verschubt und sollten in Hänschen Rosenthals »Dalli, Dalli«-Fernsehsendung präsentiert werden. Keiner hatte mehr alle Sinne beieinander, zumin-

dest nicht beim Fußballspiel. Das Ende vom Lied: Bereits in der 60. Minute des Rückspiels im Olympia-Stadion von München lagen wir 0:4 hinten. Die Löwen hatten so viel Schaum vorm Maul, daß unseren Leuten beim bloßen Anblick schon anders wurde. Die 60er traten auf alles, was sich bewegte, und bei uns hatten zu viele Spieler bereits zu gute Verträge mit Erstligisten abgeschlossen, als daß es ihnen einleuchten wollte, warum sie hier die Knochen noch hinhalten sollten. Wenigstens brachten wir das 4:0 über die Runden und erreichten noch das dritte Entscheidungsspiel im ausverkauften Frankfurter Waldstadion. 60.000 Zuschauer waren allerdings für so manchen Bub von der Alm zuviel. Roland Peitsch, unser beinharter Innenverteidiger, verlor schon nach 20 Minuten die Nerven, sah »Rot«, und wir schlichen mit zehn Mann 2:0 geschlagen vom Platz.

Mein Zwischenspiel bei der Olympia-Auswahl unter Jupp Derwall als damaligem Coach sorgte auch für Aufregung. Nach etwa vier Einsätzen in Vorbereitungsspielen hatte ich die Nase voll. Meine Künste waren nämlich nur dann gefragt, wenn Jupp Koitka von der Frankfurter Eintracht verletzt oder anderweitig nicht abkömmlich war. Diese Geringschätzung verkraftete meine Eitelkeit nicht. Ich konnte überhaupt nicht damit umgehen, wenn einer bevorzugt wurde, bloß weil er von einem namhafteren Verein oder aus der Bundesliga kam. Und wenn die Leistungsbeurteilung, wie in diesem Fall, so kraß daneben lag, dann konnte man mich auch mit dem Adler auf der Brust nicht mehr ködern.

Als die Amateur-Nationalmannschaft kurz vor Ende der Saison 1976/77 ein Testspiel in Bielefeld zu absolvieren hatte, lehnte ich die Einladung ab, obwohl mein Einsatz laut Derwall fest eingeplant war. Ich hatte den Eindruck, als Publikumsmagnet mißbraucht zu werden, allein deshalb im Aufgebot zu sein, um das heimische Publikum anzulokken. Die Lokalzeitungen titelten bereits voll Stolz: »Bielefeld endlich wieder mit Nationalspieler.« Schönfärberische Portraits vom »jungen, zornigen Mann im Tor der Arminia, dem es längst gebührt, die deutschen Farben zu vertreten«, konnten mich nicht umstimmen. Ich blieb bei meiner Absage. Der Lehrgang begann sonntags, ich verbrachte das spielfreie Wochenende in der Pampa. Als ich montags ins Training zur Arminia auf die Alm kam, rannte Nolting auf mich zu: »Wo steckst du denn, die suchen dich schon mit der Polizei.«

Das gesamte Präsidium war angetreten, sich persönlich um den Fall zu kümmern. »Das geht nicht, daß du einfach vom DFB-Lehrgang wegbleibst, der Derwall ist total sauer«, redeten sie auf mich ein.

Eine Stunde später saß ich doch im Auto des Präsidenten. Ich hatte mich breitschlagen lassen, mit Derwall wenigstens zu reden. Jupp empfing mich, wie man es von ihm kennt. »Aber Uli, ich würde nie einen einladen, der es nicht verdient hat. Und nur als Zuschauermagnet, das kommt schon gar nicht in Frage. Nein, du stehst zwischen den Pfosten, weil du meine Nummer eins bist«, schmierte er mir soviel Honig um den Mund, daß ich selbigen nicht mehr aufbekam.

Mich überkam Müdigkeit, ich konnte das Gähnen kaum mehr unterdrücken und stimmte nickend zu, damit wenigstens die unerträgliche Sülzerei ein Ende fand. Beim Hinausgehen drehte ich mich allerdings noch einmal um und rief ihm hinterher: »Ich komme aber nur, weil es sowieso das letzte Spiel ist. Nächste Saison unterschreibe ich einen Profi-Vertrag.« Diesen Auftritt hat mir Jupp Derwall während seiner anschließenden Zeit als Trainer der Nationalmannschaft nie verziehen. Eigentlich war dies der Anfang vom Ende meiner internationalen Karriere.

Hitzig und ergriffen vom Berufsfußball, all seinen Windungen und Eitelkeitsgefechten, lebten wir unter einer Käseglocke, die irgend jemand über die »Alm« gestülpt zu haben schien. Es gab nichts, was einen außerhalb der Kickerei berührte. Klar war ich empört über die kaltblütigen Killer der RAF bei der Schleyer-Entführung. Natürlich hatte ich die Atomkraftgegner zu ihren vorwiegend norddeutschen Zielen ziehen sehen. Gerade in Bielefeld organisierten sich große Gruppen, die die Bauplätze in Brokdorf und Grohnde »wieder zu Wiesen machen« wollten. Aber so richtig unter die Haut ging mir das damals alles nicht. Für die RAF war schließlich die Polizei zuständig. Und der Strom kam bei mir zu Hause immer noch aus der Steckdose. Die Probleme am Arbeitsplatz beherrschten das Denken eines 22jährigen Fußballspielers bis hinter die Ohren. Da war kein Platz für irgendwelche Gedanken über die Energiepolitik.

Meine Unfähigkeit, Kränkungen zu vergessen, bewirkte auch in Bielefeld jene Spannungen, die Trainern und Präsidien viel Ärger bereiteten und der Presse viel Unterhaltsames boten.
Als hoher Favorit standen wir nach der Hinrunde 1976/77 auf dem enttäuschenden 5. Platz. Meinungsverschiedenheiten mit Kalli Feldkamp führten zu meiner Verbannung auf die Ersatzbank beim Rückrundenstart. Das war die Chance, dem Trainer den Spott zurückzugeben, den er bei meinem Antritt über mich gekübelt hatte (»Laß uns auf dem Nebenplatz trainieren, damit du dich nicht gleich vor versammelter Mannschaft blamierst«):

Nach der Spielersitzung bittet er mich, dazubleiben, und will anheben, warum, weshalb, wieso ich nicht berücksichtigt werde. Ich winke ab und versuche, mit überlegener Geste ihm zu bedeuten: »Sie brauchen mir nichts zu erklären, nächsten Sonntag stehe ich sowieso wieder im Tor.«
Verständnislos schaut er mich an: »Was soll das heißen?« fragt Kalli, wirklich um Aufklärung bemüht. Und die blase

ich ihm schonungslos ins Gesicht: »Na, ist das denn so schwer? Wir sind auf den 5. Platz zurückgefallen, obwohl die Erwartungen ganz klar auf Meisterschaft stehen. Das sind schon mal drei Beine vom Trainerstuhl. Sollten wir jetzt ohne mich das Auftaktspiel zur Rückrunde auch noch verlieren, haben Sie sich das vierte selbst abgesägt.« Feldkamp geht wortlos. Die Fans dürfen zwei Tage später mit Freude die Stadionansage vernehmen: »Nummer eins: Uli Stein.«

Das war der Startschuß für eine Rückrunde, die ihresgleichen sucht. Hitchcock hätte sie nicht spannender inszenieren können. Vor dem letzten Spieltag hatten noch vier Mannschaften die Möglichkeit, Meister zu werden und somit direkt ins oberste Fußballhaus aufzusteigen. Wir mußten bei Fortuna Köln, dem damaligen Tabellenzweiten, antreten. Die Hitzeschlacht im glühenden Oval der dortigen Radrennbahn bleibt unvergessen. Wir gewannen 2:0 und wurden Meister. Nichtsdestotrotz: Kalli Feldkamp hatte drei Monate vorher beim 1. FC Kaiserslautern unterschrieben.

Damit begann ein Trainerkarussell, das uns durch die erste Liga purzeln ließ. Relativ umstandslos landeten wir auf dem harten Boden des Klassenunterschieds und leuchteten nach sieben Spielen mit der roten Laterne. Miroslav Beljin kam und wurde gegangen, Otto Rehhagel kam und landete einen Blitzsieg, der den Abstieg allerdings auch nicht verhindern konnte. Seine Kurzzeitwirkung reichte immerhin für den sagenhaften Durchmarsch von Platz 18 auf Platz 9 und einen Erfolg im Münchner Olympia-Stadion gegen die Bayern mit 4:0. Von dieser Wolke sind wir nicht mehr runtergekommen, bis wir abgeworfen wurden – in die zweite Liga. Wir verloren sechs Spiele hintereinander und kamen aus dem Keller nicht mehr raus. Otto ging nach Düsseldorf, und wir heuerten Dieter Tippenhauer an.

Davor wurde ich allerdings von meiner Frau »kennengelernt« – ein Ereignis, das ebenso aufregend wie mein sonstiges Leben verlief.
Ab und an traf sich die Fußballer-Clique im Bielefelder »Gesellschaftshaus«. Dort waren mehrere Diskos, Restaurants und eine Bar unter ein Dach gepfercht.
Ich bevorzugte die Disko im Keller, weil dort nicht der hämmernde Diskosound, sondern mitreißender Soul und Reggae aus den Boxen dröhnte: »With a little help from my friends« in der Joe-Cocker-Version oder »Get up, stand up« vom legendären Bob Marley, an den mich heute Ruud Gullit so sehr erinnert, gingen mir unter die Haut.

Wie ich mit meiner unvermeidlichen Cola – inzwischen allerdings ohne Strohhalm – so in der Ecke stehe, kommt ein stadtbekannter Boutiquen-Besitzer auf mich zu: »Stein, hör zu, du magst die raffiniertesten Flugbahnen von Bananenflanken erkennen. Du magst Knaller noch gegen die Sonne richtig berechnen, und du magst von mir aus auch die angeschnittensten Eckbälle mit deinem Röntgenblick hypnotisieren. Aber wenn es um Frauen geht, bist du der blindeste Sack, den ich je erlebt habe.«
Das saß. In der Tat, ich hatte bis dahin noch nie eine Frau mit dem Wunsch nach einer Liaison angesprochen, noch nie einer ernsthaft den Hof gemacht. Nicht, daß mir keine aufgefallen wäre, nur wußte ich nicht, wie ich es anstellen sollte, und außerdem war es mir nicht so wichtig.
Fast manisch setzt der abgeblitzte Boutiquen-Mensch nach: »Daß ausgerechnet ich, der ich verrückt bin nach dieser Frau, zu dir kommen muß und dir das vermitteln soll, ist eigentlich ein schlechter Scherz. Ich weiß auch nicht, warum ich das tue, aber geh jetzt rauf in die andere Disko, da steht die Conny und möchte dich gern kennenlernen. Ich bin seit Jahren hinter dieser Frau her. Sie gibt mir nur Körbe, und neuerdings spricht sie nur noch von dir. Also geh'.«

Verunsichert schaue ich an mir herunter, ob auch alles in Ordnung ist. Mit Zeige- und Mittelfinger prüfe ich, ob das Hemd hinten richtig sitzt, ziehe die Hose noch ein bißchen hoch und setze mich langsam in Bewegung. Wir treffen uns auf dem Balkon, wo wir wenigstens das eigene Wort verstehen können. Sie war mir schon länger aufgefallen. Wir schauen uns flüchtig in die Augen. Aber dann ... Das romantische Gesülze ist nicht mein Ding. Als mir nichts mehr einfällt, was so eine tolle Frau interessieren könnte, ich mir schon einen eleganten Rückzug überlege, stolpere ich unversehens in meine erste Offensive: »Übrigens, am Wochenende spielen wir in Düsseldorf und gehen anschließend in die Altstadt, hast du nicht vielleicht Lust ...«
Conny ist nicht eben begeistert von der Vorstellung, mit einem Haufen Fußballer ins Rheinstadion zu fahren. »Mal seh'n«, läßt sie mich zappeln. Ich verabschiede mich schnell und bin erst mal froh, aus der kitzligen Situation raus zu sein. Erst als ich müde im Bett liege, beginne ich zu fragen: »Kommt sie, kommt sie nicht? Mann, es wäre doch ganz schön ... die Frau ist echt gut. Wie war ich eigentlich? Was hab' ich denn genau gesagt? Was denkt die wohl von mir? Eigentlich könnte ich mal wieder zum Friseur ... warum bin ich nicht von mir aus auf sie zugegangen?«
Sie geht mir nicht mehr aus dem Kopf. Selbst während des Matches in Düsseldorf beschäftigt mich der Gedanke, ob sie wohl mit den anderen Frauen nachgekommen ist.
Der Ärger über die Niederlage weicht der Aufregung über ihr tatsächliches Erscheinen. Elegant hergemacht, steht sie hinter der Haupttribüne. Schweißhände – wann hatte ich die je – schnell abgewischt am Hosenbein, bevor ich sie begrüße.
Danach beziehen wir das Hotel-Quartier. Einer aus der Spieler-Clique hat uns ein Doppelzimmer besorgt, au Backe. Conny und ich gehen hoch, sehen uns wortlos um, entdecken das französische Bett. »Hör mal, ich meine,

»Da steht die Conny und möchte dich kennenlernen«

hmmh ...« stottere ich, »ich hab' das nicht arrangiert, das waren die anderen.«
Conny lächelt errötend. Ich reiße die Vorhänge auf, als wollte ich der Öffentlichkeit zeigen, daß wir nichts zu verbergen haben: »Hör mal, ich bin nicht so einer, ich tu' dir nichts, ich schlafe auf dem Sofa.«
Conny lächelt erneut, immer noch peinlich berührt.

Danach ziehen wir stundenlang vergnügt durch die Altstadt. Die längste Theke der Welt, wie sich das bierselige Viertel brüstet, verleitet uns zu einem Marathon durch die Nacht. Als Conny müde wird, trage ich sie kurzerhand auf meinen Armen bis zur nächsten Pizzeria. Irgendwie werde ich den Verdacht nicht los, daß wir beide nicht nur, weil es so lustig ist, die Nacht im Freien verbringen. Jahre danach haben wir uns gegenseitig gestanden, daß der Gedanke an die komplizierte Aufteilung des Doppelzimmers und die geheime Erwägung, ob oder ob nicht, uns auf der Straße gehalten hat.

Zurück in Bielefeld, gehen wir noch kurz mit den anderen Kaffeetrinken, und dann wird's heiß, im doppelten Sinn. Aufgedreht, übernächtigt und mit einem Gefühl im Bauch, als hätte ich einen Schwarm Schmetterlinge verschluckt, gestikuliere ich an einem winzigen Tisch, an dem wir uns zu sechst drängen, zum Thema Schiedsrichterleistungen. Weit ausholend imitiere ich die Zeichensprache beim Feldverweis, fahre herum und wische im Handstreich zwei Kännchen heißen Kaffee vom Tisch – direkt auf die Oberschenkel der Freundin eines Mitspielers. Das war das Zeichen für die Beendigung des Vereinsausflugs und gleichzeitig der Startschuß für unsere mittlerweile 14jährige Beziehung.

Sportlich betrachtet, reihte sich das Jahr 1978/79 nahtlos in die Arminen-Schaukel ein. Nach dem sang- und klanglosen Abstieg im Vorjahr standen wir bereits fünf Wochen vor Saisonschluß wieder als Meister der 2. Liga Nord fest.

Der nächste Autoritätskonflikt bahnte sich an. Wie üblich waren Lappalien der Anlaß. Trainer Tippenhauer und ich gerieten uns in die Haare. Er machte mir ein Gegentor zum Vorwurf, ich empfand dies als Demütigung. Das Ganze schaukelte sich hoch, bis der Trainer weinerlich zum Präsidium lief und die Gretchenfrage stellte: »Der oder ich.«

Meine Stellungnahme im erlauchten Kreis trug ebenfalls nicht zur Heilung der verletzten Eitelkeiten bei: »Wenn ihr glaubt, mit diesem Heuler richtig zu liegen, dann macht weiter so.« Wohl wissend, daß uns die Meisterschaft nicht mehr zu nehmen war, wurde ich mit sofortiger Wirkung suspendiert. Ich durfte nicht einmal mehr das Vereinsgelände betreten.

Nach zweiwöchigem »Hausarrest« klingelt nachts um halb eins das Telefon. Ich geh' nicht ran, weil ich das um diese Zeit eine Unverschämtheit finde und eh nichts Positives erwarte. Der schrille Ton verebbt ungefähr nach dem 17. Mal. Aufatmend wende ich mich wieder dem Spätkrimi zu. Tatort: »Der Augenzeuge.« Mitten ins falsche Alibi eines Verdächtigen hinein klingelt das Telefon erneut. Ich halte es nicht mehr aus, reiße den Hörer vom Apparat und brülle: »Was ist denn los?« Spielervermittler und Ex-Nationaltorwart Wolfgang Fahrian entschuldigt sich am anderen Ende der Leitung für die späte Störung, »aber hör' zu, Uli, du brauchst dir keine Gedanken zu machen, ich habe einen neuen Verein für dich«. Mir stockt der Atem. Ich denke, der will mich verarschen, doch bevor ich reagieren kann, sagt er geheimnisvoll: »Frag' jetzt nicht nach dem Namen, ich kann dir nur sagen, die spielen im Europapokal.«
Perplex lege ich auf. Mir ist sofort klar, es gibt nur eine deutsche Mannschaft, die noch im internationalen Wettbewerb ist – der HSV. Das kann ich nicht glauben.
Zwei lange Wochen gehen ins Land. Ich höre nichts mehr von Fahrian. Dann, in der Nacht nach dem Endspiel im Europapokal der Landesmeister, das der HSV gegen Nottingham Forest 0:1 verlor, klingelt das Telefon: »Hier Günter Netzer.« Eine Mischung aus Überschwang und Ungläubigkeit läßt mich antworten: »Wer bist du, ich laß mich doch nicht veräppeln!?«
HSV-Manager Netzer unbeirrt: »Uli, wie geht es dir?« Jetzt

erkenne ich ihn an der Stimme: »Beschissen, die lassen mich nicht mehr mitspielen, nicht mal mehr trainieren.« Das ist ihm schon zugetragen worden: »Ich weiß«, sagt er ruhig und spinnt das Märchen von Wolfgang Fahrian weiter: »Mach dich nicht verrückt, wir holen dich nach Hamburg.« Mein Puls rast. »Das ist ja toll«, bekomme ich gerade noch heraus, bevor mich der HSV-Manager mit einer einzigen Frage wieder auf den harten Boden der Realität fallen läßt: »Was kostest du eigentlich?«
Ich weiß nur, daß meine Ablösesumme nach Ablauf der Vertragsfrist, und auch nur für den Fall, daß wir nicht in die erste Liga aufsteigen, bei 500.000 Mark festgeschrieben ist. Mit beidem kann ich nicht dienen. Mein Vertrag läuft noch ein Jahr, und aufgestiegen sind wir auch. Netzer beruhigt mich und will die Sache mit dem Arminen-Präsidium »schon schaukeln«.
Drei endlose Tage und Nächte vergehen. Kindheitsträume, Phantastereien und immer wieder die Szene im Auto meines Onkels, als ich mir und der Welt beim Anblick des HSV-Stadions schwor: »Hier werde ich eines Tages spielen«, treiben mich um. Bis der schrille Ton des Telefons erneut die Stille zerschneidet. »Die spinnen«, vermeldet Netzer knapp. »Die wollen eine Million für dich, das ist zuviel.« Mir platzt der Kragen: »Das ist doch wohl das allerletzte. Die wollen mich rausschmeißen, aber noch schnell eine Million abkassieren.« Netzer, mit allen Wassern gewaschen: »Paß auf, ich seh' noch eine Chance. Du hast doch eh Krach mit denen, mach' ihnen klar, daß sie keine Freude mehr an dir haben, wenn sie dich behalten wollen. Hau' mal ordentlich auf den Putz, vielleicht verringert das deinen Marktwert noch um ein paar hunderttausend Mark.«
Auf meine höfliche Bitte nach einem Gespräch mit der Vereinsführung empfängt mich das komplette Präsidium und will mir in wenigen Worten klarmachen, daß alles Vergangene nicht mehr zählt, sie mich nicht gehen lassen

wollen und in der neuen Saison in der ersten Bundesliga fest mit mir rechnen. Mir wird schwindlig. Sie scheinen keine Selbstachtung zu besitzen. Wo setze ich an? Auf eine Verletzung ihrer Eitelkeiten reagieren sie nicht mehr. Die HSV-Anfrage hat sie schwer beeindruckt. Sie wissen wieder, was sie an mir haben.

Ich gerate in Panik, werde trotzig: »Wissen Sie was, das können Sie sich alles an den Hut stecken. Ich spiele für einen Verein, der mich so mies behandelt hat, kein einziges Spiel mehr.«

Die alten Männer heben erstaunt die Augenbrauen. Aufgeregtes Getuschel erzeugt eine Geräuschkulisse wie bei einem Mordprozeß, bei dem der Angeklagte wider Erwarten seine Schuld bekennt. Einer, der sich am schnellsten im Griff hat, entgegnet: »Das können Sie nicht machen, Sie haben einen gültigen Vertrag.«

»Dann bin ich die ganze kommende Saison verletzt. Wenn Sie mir den Weg zu meinem Traumverein versperren, werden Sie keine Freude mehr an mir haben, das verspreche ich Ihnen. Dann kracht's hier jeden Tag.« Und wie zum Beweis, drehe ich auf dem Absatz um, gehe durch die Tür und lasse sie scheppernd ins Schloß fallen.

Wieder vergehen die Tage nicht. Ich laufe durch die Wohnung wie ein Tiger im Käfig, fahre raus aufs Land, spaziere kilometerweit, ohne auch nur einen Baum, eine Wiese, einen Bach wahrzunehmen; meine Gedanken kreisen nur um den Wechsel zum HSV. Dann erlöst mich endlich Günter Netzer: »Die sind runter auf 750.000, ich komme morgen und mache den Vertrag.«

STEINBRUCH

BP

Hamburger mit und ohne Ketchup

»Willste mal 'n richtiges Fußballspiel sehen?« fragt mich der Wirt in meiner Bielefelder Stammkneipe grinsend über den Tresen gebeugt. »Ich habe leider keine Zeit, nach Brasilien zu fliegen«, gebe ich dem Lokal-Patrioten zurück. »Ohne Scheiß, wir fahren nächsten Mittwoch nach Hamburg zum Europacup-Halbfinale gegen Real Madrid, haste keinen Bock?«

Und wie ich den hatte, zu so einem Anlaß »meiner« Stadt die Aufwartung zu machen. Außerdem war ich gerade in Bielefeld suspendiert worden und hatte viel Zeit.

Das Hinspiel in der spanischen Hauptstadt hatte der HSV 0:2 verloren. Also mußte er alles auf eine Karte setzen. Das wird ein Krimi, dachte ich.

Ohne jede Ahnung, was wenige Wochen später folgen sollte, plazieren wir uns mittwochs auf der Haupttribüne des Volksparkstadions. Von wegen unterkühlte Hamburger Fischköpfe: Eine auf Rädern montierte Orgel reicht aus, um die 60.000 auf ihren Verein einzustimmen. Während der Organist vor dem Match auf der Aschenbahn seine Runden dreht und aus seiner Tastatur stets dieselbe Frage herausquält: »Wer wird Deutscher Meister?« schwappt die Antwort wie eine Flutwelle von den Rängen: »Der Ha, Ha, Ha-Es-Vau«.

Wieder spüre ich Gänsehaut hinaufziehen. Wieder fühle ich, wie ich meine Nase an einem Autofenster plattdrücke, wieder sehe ich das alte Stadion am Rothenbaum und höre mich sagen: »Hier wirst du eines Tages spielen.«

Es kommt über mich wie der Flashback in einem Psycho-Thriller, der mit verwirrenden Rückblenden arbeitet. Die Szene im Auto meines Onkels steht überdeutlich vor meinen Augen. Erst der Einmarsch der Gladiatoren, der das Stadion-Oval in ein blau-weißes Fahnenmeer verwandelt, holt mich wieder in die Realität zurück.
Der HSV fegt wie ein Orkan über den Rasen und führt nach 70 Minuten mit 4:1. Im Stadion traut sich aber noch keiner, an das Weiterkommen gegen die Königlichen aus Madrid zu glauben. Es herrscht eine seltsam gespenstische Atmosphäre. Die Madrilenen sind nämlich stets für den Anschlußtreffer gut, und dies hätte bei den Europapokalbestimmungen nicht das Unentschieden, sondern das Ausscheiden der Hamburger bedeutet. Denn Auswärtstore zählen bei Gleichstand doppelt.
Insbesondere Standardsituationen, wie Eckbälle und Freistöße ab 40 Meter vor dem Hamburger Kasten, lösen immer wieder den kollektiven Atemstillstand aus. 60.000 Kehlen sind trocken. Manchmal dauert es minutenlang, bis der Ball aus der Gefahrenzone kommt. Viele, die die Spannung nicht aushalten, oder schlicht die Luft nicht so lange anhalten können, drehen sich weg wie Kinder, die sich in einen Horrorfilm geschlichen haben.
Vor allem Rudi Kargus, der Torhüter, wird zum Antihelden des einheimischen Star-Ensembles. Ihm trauen sie auf der Linie alles, im Fünfmeterraum wenig, im Sechzehner gar nichts zu. Bei Eckbällen irritiert stets das Phänomen, das ich nur von der Tennisanlage am Rothenbaum her kannte: Beim Anlauf des madrilenischen Eckenschneiders drehen ganze Tribünenreihen die Köpfe von rechts nach links in den völlig verwaisten gegnerischen Strafraum. »Ist es vorbei, ist der Ball weg?« richtet sich mancher Nervenschwache verzweifelt an den Nebenmann. Und erst, als entspannter Jubel aus dem Hardliner-Fanblock aufbrandet, schwenken die Köpfe wie am Schnürchen gezogen wieder

zurück in die Hamburger Hälfte. Die Erlösung: Der HSV schießt das befreiende Kontertor zum 5:1, und Rudi Kargus wird am Ende der Saison nach Nürnberg verkauft.

Durchgeschwitzt und angetörnt fahren wir zurück nach Bielefeld. Den krampfhaften Versuch meiner Begleiter ignorierend, die Bielefelder Arminia am HSV messen zu wollen, ordne ich die Beine zwischen Handschuhfach, Schalthebel und Türpolster. Der Wirt besteht darauf: »In einer Position sind wir den Hamburgern weit voraus – die brauchen nämlich einen guten Torwart, und in Bielefeld spielt der beste.« Mir tut das gut, ich gebe mich wilden Phantasien hin. Angenehme Heldenträume, vernebelt im Qualm von einem halben Dutzend Zigaretten. Wäre ich vor vier Jahren zum HSV gegangen, hätten sich die Zuschauer heute genüßlich zurücklehnen und den Ansturm von Real ruhig mir überlassen können. Morgen würde die internationale Sportpresse mit einem »Steinbruch für Real« aufmachen.
Aus Visionen wird Klarheit: Rudi Kargus hat den Zenit überschritten. In der Strafraumbeherrschung haperte es bei ihm schon seit eh und je.
Am Ende wird es existentiell: Kreisendes Blaulicht, Feuerwehrsirenen und rotbeleuchtete Polizeikellen lassen mich ins Hier und Jetzt zurückkehren. Im Schrittempo passieren wir eine Unfallstelle. Die Opfer werden gerade von der Feuerwehr aus den bis zur Unkenntlichkeit verbeulten Fahrzeugen geschweißt: So schnell kann alles zu Ende sein. Also, wie lange läuft der Vertrag noch? Mein Gott, diese und die nächste Saison! Und wer würde mich schon rauskaufen aus dem teuren Machwerk, bei der astronomischen Ablösesumme? Warum habe ich diesen Vertrag nur unterschrieben?

Während sich der Verkehr auf der Autobahn normalisiert, läuft die Erinnerung an die filmreife Vertragsverlängerung vor einem Jahr an meinem geistigen Auge vorbei:

Langsam kommt das Fahrzeug auf dem Parkplatz vor dem Trainingsgelände ins Rollen. Wir wollten zum letzten Bundesligaspiel der Saison 1978/79 nach Dortmund starten. Plötzlich werden meine 80 Kilo aus dem Sitz gerissen. Der Fahrer steht auf der Bremse und flucht. Eine Handbreit vor ihm hat sich eine dunkle Limousine mit quietschenden Reifen quergestellt. Der Chauffeur springt heraus, rennt um den Bus, bis er mich am Fensterplatz ausgemacht hat. In seiner riesigen schwarzen Sonnenbrille spiegelt sich mein verdutztes Gesicht. Er klopft heftig ans Fenster und verlangt brüllend: »Stein, kommen Sie raus!«

Aufgebracht von der plötzlichen Vollbremsung, beschimpfen die Mitspieler die dunkle Gestalt. Die Autonummer ist von meiner Position aus nicht zu erkennen, die Insassen verbergen sich hinter heruntergelassenen Jalousien. »Was willst du?« brülle ich verärgert durch die Scheibe. Er deutet auf den Schlitten mit mindestens acht Zylindern und antwortet: »Die Herren wollen Sie sofort sprechen.«

Jetzt muß Licht ins Dunkel dieser Terror-Aktion. Wer sind die? »Jungs, wenn ich in zwei Minuten nicht wieder da bin, umstellt die Zuhälter-Karosse!« rufe ich beim Hinausgehen, nicht wissend, ob scherzhaft oder ernst, den Kollegen zu.

Der Chauffeur reißt die linke Hintertür der Edelkarosse auf. In Sekundenbruchteilen wird mir klar, was da auf mich wartet. Es gibt kein Zurück mehr, ich muß einsteigen. Mit einer kurzen Handbewegung bedeute ich den Mitspielern im Bus, besser nichts zu meiner Befreiung zu unternehmen. Kaum, daß ich im Plüsch versinke, hämmern die Herren im Nadelstreif auf mich ein: »Was wollte der Udo Klug aus Frankfurt von Ihnen?«

Kleinlaut gestehe ich die telefonische Geheimverhandlung vom Vorabend. Ich gebe die Verhandlungsstrategie der Eintracht ebenso preis wie die angebotenen Summen.

Die Entführung artet zum Kreuzverhör aus. Dem geständigen Angeklagten, dem Abwanderungsgelüste angelastet

werden, räumen sie mildernde Umstände ein. Er wird mit einem Gegenangebot in gleicher Höhe mundtot gemacht. Die beiden Bielefelder Vorstände haben mich auf der Fahrt zum Schatzmeister weichgekocht.
Wenige Stunden später unterschrieb ich die Vertragsverlängerung in der Sauna des Schatzmeisters, der das weit höhere Salär ungewohnt freundlich mitzeichnete. Der Manager von Eintracht Frankfurt, der von einem sicheren Wechsel an den Main ausging, begriff die Welt nicht mehr, und ich war zwei weitere Jahre an den Bundesliga-Absteiger Arminia Bielefeld gekettet.
Aus der Traum. »Hey, Uli, wach' auf, wir sind wieder zu Hause«, reißt mich der Wirt meines Stammlokals unsanft vor meiner Bielefelder Wohnung aus meinen düsteren Erinnerungen.

Daß ich drei Wochen später doch beim HSV landete, verdankte ich also der cleveren Intervention von Günter Netzer im Zusammenspiel mit meiner grenzenlosen Liebe zu Hamburg im allgemeinen und zum HSV im besonderen. Wenn es noch eines Beweises meiner besonderen Zuneigung für diese Stadt bedarf, zumindest für die spätere Gefühlsentwicklung, hier ist er: Ich wurde in der Hansestadt geboren, habe dort Laufen und Brabbeln gelernt und vor allem schon im zartesten Alter an der Waterkant gegen steife Brisen ankämpfen müssen. Die ersten drei Lebensjahre habe ich in dieser herrlichen Stadt verbracht, dann begann die Odyssee durch deutsche Lande. Wem das nicht ausreicht zur Erklärung meines Faibles, das mir die Stadt zum Mythos erwachsen ließ, dem kann ich leider auch nicht weiterhelfen.
Jedenfalls reichte es aus, um mir die Kraft zu einem derart überzeugenden Auftritt zu geben, in dem ich dem Bielefelder Arbeitgeber glaubhaft versicherte, daß er keine Freude mehr an mir haben werde, ließe er mich nicht ziehen.

Nur, wo geriet ich hin, in der Saison 1980/81? Vom Regen in die Traufe. Was wurde aus meinem Kindheitstraum? Eine Seifenblase. Ein ganzes Jahr, 365 Tage und Nächte, 8760 Stunden lang, suchte ich meine Identität. Ich verbrachte mehr Zeit auf dem Tennis- als auf dem Fußballplatz, zumindest was die Spieleinsätze anbetraf. Günter Netzer habe ich noch im Ohr, wie er, um mir den Wechsel schmackhafter zu machen, das Flehen und Bitten des damaligen HSV-Trainers Branko Zebec nachäffte: »Günter, kaufe mir einen Torwart, bitte, kaufe mir einen Torwart.« Als Nummer 1 angeheuert, landete ich auf der Ersatzbank – ausgerechnet wieder hinter Jupp Koitka.
Begonnen hatte die Misere mit einer Verletzung am Finger der linken Hand. Zwei Tage vor Saisoneröffnung trainierte ich wie besessen. Reckte und streckte mich nach allem, was geflogen kam, und rutschte mit gespreizten Fingern den Flachschüssen entgegen. Ich strotzte vor Kraft. Meinen Reaktionen konnte nur mit Überschallgeschossen getrotzt werden. Kurzum, ich war im Fieber und konnte den Saisonbeginn kaum erwarten. Mein Selbstbewußtsein schien grenzenlos. Meine Naivität allerdings auch.

Felix Magath schlenzt einen trockenen, aus dem Fußgelenk geschlagenen Paß steil vor mein Tor. Horst Hrubesch und ich haben denselben Weg zum Ball. Ich stürze aus dem Tor, hechte dem Leder und dem Mittelstürmer entgegen. Hart ist die Landung auf dem umgepflügten Trainingsplatz. Ich begrabe den Ball unter mir und schlittere weiter. Die linke Hand ist zwischen Grasnarbe und Körper eingeklemmt. Der kleine Finger bleibt zwischen Grasbüscheln hängen. Die Wucht des ganzen Körpers rauscht über ihn hinweg. Rasend sticht der Schmerz vom Finger über den ganzen Arm bis in die Schulter. Mit verzerrtem Gesicht renne ich in die Kabine, die linke Hand schützend unter der rechten Achsel versteckt. Als ich eine halbe Stunde später mit einem ordentli-

chen Paket Eiswürfel um den geknickten Finger den Heimweg antrete, fragt mich ein Pressefotograf, ob er den Iglu kurz fotografieren dürfe. Offen und treuherzig präsentiere ich die Verletzung im schönsten Spätsommerlicht und gehe nach Hause, im Glauben, anderntags wieder fit zu sein.
Freitags komme ich ins Training und werde einen neuen Mannschaftskameraden gewahr. Er trägt langes Beinkleid, einen Pulli und Handschuhe. Bevor ich fragen kann, ob dies ein Torhüter sein soll, kommt Branko Zebec wild gestikulierend auf mich zu: »Was machst denn du hier? Hab' ich in Zeitung gelesen, du bist verletzt. Hab' ich neue Torwart bestellt.«
Ich schlage die »Bild-Zeitung« auf und begreife, warum dieses Blatt so heißt: Mein kleiner krummer Finger »on the rocks« in Überlebensgröße. »Stein fällt verletzt aus«, wird sinngemäß die Mannschaftsaufstellung diktiert. Ich falte das Blatt nicht eben ordentlich zusammen und gebe dem Trainer zu verstehen, daß ich weder verletzt bin noch ausfallen werde: »Solange ich mich nicht krank melde, bin ich einsatzfähig.« Zebec versucht, mich zu beruhigen, schickt den Neuen nach Hause, mich aber dennoch auf die Ersatzbank. Mein kleiner Krüppelfinger zeugt noch heute von dieser unvergeßlichen Zeit.

Der HSV erwischte einen guten Start in die Saison. Koitka hielt fehlerlos. Ich schmorte Woche für Woche am Rand des Geschehens. In Düsseldorf schien eine unverhoffte Wende einzutreten. Mein früherer Arminen-Coach Otto Rehhagel fragte mich bestürzt, was aus mir geworden sei. Als ich ihm keine richtige Begründung für das Schattendasein geben konnte, zeigte er sich wild entschlossen, mich zu erlösen: »Das ist doch unmöglich, einen solchen Tormann auf der Bank versauern zu lassen, ich hole dich nach Düsseldorf.« Ich bin ihm fast um den Hals gefallen: »Sofort, ich will spielen, ich halte das Nichtstun nicht mehr aus.«

Montags, kurz vor dem Training, fliegt die Kabinentür auf. Mit großem Gepolter treten Zebec und Netzer auf mich zu. Ohne die anderen eines Blickes zu würdigen, machen sie ihnen klar, sich zu verdrücken. Zebec schaut mir tief in die Augen: »Wie alt bist du?«

Ich: »25.«

Zebec: »Wie lange hast du noch Vertrag?«

Ich: »Zwei Jahre.«

Zebec: »Also was willst du, hast du noch viel Zeit, kannst du noch warten.«

Als ich wieder Worte finde: »Ich habe aber keine Lust, auf der Bank alt zu werden, ich ...«

Zebec: »Kannst du Verein nicht wechseln, hast du noch Vertrag.«

Günter Netzer mimt den beleidigten Gönner: »Du Idiot, ich hole dich aus Bielefeld, bin überzeugt von dir, und jetzt hintergehst du uns.«

Nach einer Viertelstunde etwa hatten sie mich so klein gemacht, daß ich unter der Tür durchpaßte.

Eine Woche später probierte es Otto wieder und rief Netzer nochmals an. Erneut schneite das Überfallkommando in die Kabine: »Der hat schon wieder angefragt. Du fällst uns in den Rücken und verarschst uns noch.«

Überrascht und hilflos zugleich entgegnete ich nur: »Was kann ich denn dafür, ich weiß von nichts.«

Wieder schoben sie mich zusammengefaltet unter der Tür durch.

Otto Rehhagel hat daraufhin seine Abwerbeversuche und ich meine Ambitionen aufgegeben – bis zum Europapokalspiel gegen AS St. Etienne mit dem damals schon legendären Michel Platini.

Zu Hause gingen wir mit 0:5 ein. Ein Tor war zwar schöner als das andere und keines haltbar. Dennoch kam Branko auf mich zu: »Jupp braucht Pause, muß fünf Dinger verarbeiten, jetzt hast du Chance.«

So stand ich die restlichen vier Bundesligaspiele bis zur Winterpause zwischen den Pfosten. Allenthalben attestierte man mir gute Noten. Wir wurden Herbstmeister mit drei Punkten Vorsprung. Die Welt war wieder in Ordnung – bis mich der Ehrgeiz gleich zweifach an der falschen Stelle packte.
Kurz vor dem Pokalspiel gegen den Lokalrivalen Eintracht Braunschweig zog ich mir eine Leistenzerrung zu. Voller Angst vor einem neuerlichen Reservistendasein, verheimlichte ich diese erhebliche Behinderung und lief in der Woche vor Weihnachten in Braunschweig auf. Das Resultat war eindeutig: 4:3-Niederlage des haushohen Favoriten HSV, gewürzt mit drei Gurken, die mir durch die Hosenträger geschnippelt wurden. Aleksandar Ristic, der Nachfolger des vorzeitig wegen Alkoholmißbrauchs entlassenen Branko Zebec, hat mir das nie verziehen.
Im Trainingslager in Cannes hänselte er mich, wo er nur konnte: »Na, du Trainingsweltmeister, hier hältst du alles und im Spiel nichts?« und »Stein ist kein Flieger, sondern Taucher, wie es der Name schon sagt« waren Demütigungen vor versammelter Mannschaft, begleitet von verächtlicher Gestik, was mich zur Weißglut brachte. Die Nerven lagen blank in der glitzernden Filmstadt. »Denn er weiß nicht, was er tut«, hämmerten unsägliche Metaphernschmiede in ihre Schreibmaschinen, anspielend auf James Dean und seine unverstandenen Kombattanten. In Cannes schienen sich alle gegen mich verschworen zu haben. Natürlich auch der Schiedsrichter. Der Allmächtige in Schwarz, mit dem Heiligenschein der grellen Januarsonne ums Haupt, richtete fälschlich über mein Tun und sprach dem Gegner einen unberechtigten Elfmeter zu. Ich war fertig mit der Welt und kehrte dem ungerechten Herrscher über 22 erwachsene Männer meine Rückseite zu. Die vorübergehende Beurlaubung schaffte ein bißchen Distanz. Das erste halbe Jahr ließ ich hundertmal Revue passieren.

Manchmal konnte ich sogar wieder lachen, wenn mir beispielsweise Szenen mit dem gefeuerten Branko Zebec einfielen:

Der schwer alkoholkranke Trainer entläßt uns zum Heimspiel gegen den Karlsruher SC aus der Kabine mit der Frage, wo wir denn hin wollten, das Spiel sei doch zu Ende. Die komplette Truppe rauscht kopfschüttelnd an ihm vorbei in die mit 30.000 Augenzeugen besetzte Arena. Das Spiel geht in die 20. Minute – vom Trainer keine Spur. Plötzlich schallt grobes Gelächter durch das Volksparkstadion. Ich drehe mich instinktiv zum Marathon-Tor, das exakt in dem Moment die Sicht auf einen in sich zusammengesunkenen, alten Mann im Wintermantel freigibt – Zebec. Er kann sich nur mit Mühe auf den Beinen halten. Der Trainer benötigt geschlagene fünf Minuten und die gesamte Breite der Aschenbahn, um zur Bank zu gelangen. Er läßt sich fallen und schläft ein. In der Halbzeit – wir sitzen gerade ein paar Minuten beim Pausentee – kommt er in die Kabine getorkelt, klatscht in die Hände und befiehlt: »Jungs, was macht ihr hier? Los, raus an die frische Luft!« Kaum ausgesprochen, stolpert er und fällt direkt in den geöffneten Trikotkoffer.
Vor dem Anstoß eines anderen Spiels gibt Zebec die Liste der Mannschaftsaufstellung ab. Heinz-Josef Koitka, Manfred Kaltz, Jürgen Groh, Holger Hieronymus, Caspar Memering, Werner Dreßel, Bernd Wehmeyer und Willi Reimann. Mit acht Spielern, dafür aber sehr offensiv mit nur einem Abwehrspieler, zwei Mittelfeldstrategen und vier Stürmern will er in die Schlacht.
Unsere vergessenen Superstars Franz Beckenbauer, Horst Hrubesch, Jürgen Milewski, Felix Magath, Jimmy Hartwig, Dietmar Jakobs und Thomas von Heesen ziehen sich dennoch »vorsichtshalber auch mal um«, wie Horst Hrubesch scherzhaft bemerkt. Es ist ein kurzes Lachen, das einem im

Hals steckenbleibt, angesichts des Verfalls einer solchen Größe.

Der Rückrundenstart fand ohne mich statt. Ich ließ mich zum ersten Mal richtig hängen. Ehrgeiz, Selbstwertgefühl, Motivation waren wie weggepustet. Kleine Verletzungen gerieten zu psychosomatischen Störungen, die mich wochenlang außer Gefecht setzten. Ich hatte keinen Antrieb mehr. Ich versuchte, mich mit der Perspektive des Aussitzens über Wasser zu halten. Nur noch ein Gedanke beherrschte mich: Vertrag auslaufen lassen und weg.
Eine Vorahnung dessen, was sich später erst bewahrheiten sollte, überkam mich. Die Liebe zum HSV haben sie mir genommen, aber die Liebe zur Stadt können sie mir nicht nehmen. Es war ein Trost für Conny und mich, in der wunderschönen Hafen-Metropole so viel Lebensqualität, architektonische Schönheit, Weltläufigkeit und einen Menschenschlag zu finden, der die Ochsentour am Ochsenzoll, dem Vereinsgelände, oftmals vergessen ließ. Flanierend an der Innen-Alster – sowas hatte ich zuvor nicht über mich gebracht –, beschaulich im Straßencafé, mit Neugier Kunstausstellungen und Theatervorstellungen besuchend, so verbrachten wir Wochen. Diese Zeit brachte mir wichtige Erfahrungen, die sogar etwas wie Gelassenheit bewirkten, vor allem aber das Anfangskapital für spätere Entwicklungen bildeten. Einerseits die harte Erkenntnis, daß es auch ohne mich geht, ich nicht alles durchsetzen kann, was ich will und wie ich es gewohnt war. »You can't always get, what you want«, wie es die Rolling Stones so schön schauerlich hinausschrien.
Andererseits entkrampfte mich die entstandene Distanz zum Fußballspiel: Ich sah die Dinge nicht mehr so eindimensional. Die Welt war nicht mehr hinter den Eckfahnen zu Ende.

Währenddessen büßte der HSV Punkt um Punkt ein, verlor selbst zu Hause vermeintlich leichte Spiele und fing sich eine 6:2-Packung in Dortmund. Im entscheidenden Match gegen den Erzrivalen Bayern München im Volksparkstadion mußte noch ein Punkt abgegeben werden, trotz einer Halbzeitführung von 2:0. Am Ende hatten die Bayern knapp die Nase vorn und wurden Meister. Der vorletzte Spieltag hatte bereits die Entscheidung gebracht, und so durfte ich zum bedeutungslosen Saisonende gegen die Münchner »Löwen« auflaufen. Laut Boulevard-Presse kam mein Einsatz den HSV teuer zu stehen. »Stein kostet den HSV 25.000 DM«, prangte am Montag in fetten Lettern auf der Sportseite. Mehr hatten meine Freunde von der Presse nicht dazu zu sagen. Der eigentliche Grund: Ich hielt einfach alles und kurz vor Schluß noch einen Elfmeter. Für den Verein in der Tat eine nutzlose Punktprämie, die er für das torlose Unentschieden an die Spieler ausschütten mußte.
Sturmtank Horst Hrubesch stand der Ärger über die entgangene Meisterschaft noch Wochen danach im Gesicht. Ich frotzelte: »Ihr seid selber schuld. Hätte ich im Tor gestanden, wärt ihr Meister geworden.« Ich konnte mich gerade noch rechtzeitig in Deckung bringen, bevor er mich mit seiner mächtigen Klebe erwischte. »Stein, du Arsch!«, brüllte er in der ihm eigenen Direktheit. »Das kannst du nächstes Jahr beweisen. Ich setze mich für dich ein, aber wehe, du enttäuschst mich.«
Im Spielerrat saß neben Hrubesch und Manfred Kaltz auch Franz Beckenbauer, der als PR-Gag, aber auch als echte Verstärkung, mit 35 Jahren nochmals reaktiviert worden war. Die kaiserliche Erscheinung strahlte, und wir gewöhnlichen Kicker sahen zu ihm auf. Er verkörperte eine Legende. Seine Glanzzeit kannten die meisten von uns zwar nur aus dem Fernsehen. Doch ein Mythos wurde in Hamburg wieder lebendig. Die Medien und seine Werbeverpflichtungen rundeten den Heiligenschein. Der Rummel um seine

Person war für uns etwas bis dahin nie Erlebtes. Er trat mit uns Normalsterblichen nur im Training und im Spiel in Kontakt. Beckenbauer war von einer anderen Welt, obwohl er in den Niederungen der Übungsstunden ganz aus Fleisch und Blut zu sein schien. Er fluchte über mißlungene Doppelpässe, freute sich über schöne Tore, präsentierte sich in diesen wenigen Stunden richtiggehend als einer der unsrigen. Wenn auch nicht mehr der Schnellste, brillierte er durch Spielverständnis, Balltechnik, Intuition und Erfahrung. Wir besaßen in Dietmar Jakobs, Manfred Kaltz und Jimmy Hartwig gute Abräumer in der Abwehr, die ihm den direkten Zweikampf und die Laufduelle abnahmen. So konnte er seine Genialität in der Weite des Raums ausspielen, obgleich ihm die Spritzigkeit abhanden gekommen war. In der Bundesliga der 80er Jahre sorgte dies immer noch für Furore. Er gab uns Sicherheit und motivierte den einen oder anderen ganz enorm. Es war geradezu eine Ehre für den Rest des HSV, gemeinsam mit diesem in die Jahre gekommenen Weltstar in einer Mannschaft kicken zu dürfen. Blieb er im Sprint gegen flinke Stürmer nur zweiter Sieger, hat ihm das jeder verziehen. Eine Demontage, wie es in den Medien später kommentiert wurde, war seine Rückkehr in die Bundesliga keinesfalls. Über seine persönlichen Beweggründe, für die er immerhin die Zerstörung eines Mythos riskierte, äußerte Beckenbauer sich nie. Wer ihn genauer beobachtete, mußte allerdings zu dem Schluß kommen, daß neben dem lukrativen finanziellen Aspekt die »Angst vor der Leere, vor dem Loch nach der aktiven Spielzeit«, wie er es kurz vor seinem Wechsel nach New York im »Spiegel« formuliert hatte, nicht unbedeutend war. Er war Fußballer mit Haut und Haaren und hat erst 1982 nach einer schweren Verletzung das Zepter abgegeben.

Mit Beginn der Saison 1981/82 wendete sich das Blatt zu meinen Gunsten. Hrubesch sorgte im Spielerrat für Einstimmigkeit, und der neue Trainer Ernst Happel entschied sich nach den Vorbereitungsspielen kurz und schmerzlos mit einem Fingerzeig ebenfalls für mich: »Der da« soll es sein. Begründet hat er solche Entscheidungen nie, zumindest den Betroffenen gegenüber nicht. Ein paar Tage vor dem ersten Match las ich in der Zeitung, warum ich sein Vertrauen besaß: »Der Stein ist meine Nummer eins, weil der besessen ist, weil der einen Kopfschuß hat.«

Die Frage, was er denn damit meine, beantwortete Happel, der eine feine Beobachtungsgabe hatte, so: »Wenn der ein Tor kriegt, läßt er den Kopf hängen und guckt wie auf einer Beerdigung. Es fehlt eigentlich nur noch, daß er heult.«

Wichtiger für mich, der ich nach diesem furchtbaren ersten HSV-Jahr ziemlich verunsichert dahinsiechte, war seine Rückendeckung. Ich würde Stammtormann bleiben, auch wenn ich mal einen schlechten Tag hatte. Jene von Happel zwar wortkarg, aber glaubhaft vermittelte Versicherung baute mich langsam wieder auf. In diesem Jahr sind wir zwar Meister geworden, ich persönlich hatte aber noch heftig mit den Nachwehen der ersten Saison zu kämpfen, so nachhaltig hatte mich das Dasein auf der Ersatzbank mitgenommen.

Meine Auftritte schwankten zwischen Welt- und Kreisklasse. Damals konnte sich der HSV glücklicherweise auch einen schwachen Torwart leisten. Ließ ich zwei durch die Hosenträger, schossen sie halt eins mehr. Außerdem ist das Forechecking, das Ernst Happel in Hamburg einführte, nicht unbedingt einfach für einen Tormann. Entweder bekommt er nichts zu tun, weil Ball und Gegner im Griff sind. Oder aber er sieht sich durch die offensive Spielweise bei Konterangriffen unversehens in der Rolle des Liberos. Für mich war das völlig neu. Die Ruhe und Gelassenheit, mit der ich heute bei der Frankfurter Eintracht gelegentlich als zweiter Libero auch Bayern-Stürmer entnerve, fehlte mir vor zwölf Jahren.

Wie dem auch sei, Happel zog mir die Korsettstangen ein, lockte meinen Biß und Ehrgeiz. Er baute mich als den auf, der fortan in den Hitlisten der Fachzeitungen stets ganz oben rangierte. Mit einer Selbstverständlichkeit, die schon an Langeweile grenzte, spielten wir uns zur Meisterschaft. Nach dem Abpfiff des letzten Spiels hatten wir beinahe vergessen, was das Besondere an diesem Tag sein sollte, da wir schon Wochen zuvor als Champions feststanden. Den Witz an diesem Tag produzierte ich im Dialog mit Horst Hrubesch: »Na Langer, zuviel versprochen? Wir sind Meister.« Hrubesch: »Ach Stein, du Großmaul! Glück gehabt.« Ich: »Nix Glück, jetzt kommt der zweite Streich, wir werden Europapokalsieger.« Es wurde kein Treppenwitz der Sportgeschichte, sondern, wie der interessierte Leser längst weiß, zehn Monate danach süße Wahrheit.

Davor taten sich allerdings noch ein paar tiefe Gräben auf. Im UEFA-Cup-Endspiel gegen IFK Göteborg beispielsweise gingen wir vor 60.000 Hamburgern sang- und klanglos ein. Wir spielten auf ein Tor und kassierten drei Kontertreffer. Die Schweden führten uns vor wie Schuljungs. Das Gespött der Leute während der Siegerehrung klingt mir heute noch in den Ohren: »Geht ordentlich arbeiten, damit ihr wißt, wo das Geld herkommt.«

Wo die Prämien herkommen, war uns schon klar. Nur manchmal gerieten einem angesichts des schnellen Erfolgs und der totalen Überlegenheit, zumindest gegenüber der deutschen Konkurrenz, die Zusammenhänge durcheinander.

Als wir vor einem Turnier im nordspanischen Bilbao direkt nach dem sechsstündigen Flug in der Gluthitze mit dem Lauftraining beginnen sollen, steigert sich die Unlust bis zur Arbeitsverweigerung. Ich bin schlapp. Entsprechend verharre ich in Nichtbewegung. Allenfalls die Suche nach Schatten treibt das Blut durch die Adern. Bereits die Lokkerungsübungen – abwechselnd müssen die Fingerspitzen am ausgestreckten Arm mal links, mal rechts bei gleichzeitig durchgestreckten Knien den Boden berühren – bereiten mir Höllenqualen. Ich gehe in die Knie wie ein gichtgeplagter Rentner und kitzle den Klee. So ähnlich stelle ich mir die Ballett-Inszenierung des sterbenden Schwans vor.

Nach zweiwöchiger harter Saisonvorbereitung im Trainingslager will es mir nicht in den Kopf, daß der Wochenendausflug an die baskische Küste etwas mit Arbeit zu tun haben soll. Happel beobachtet das Treiben eine Weile, schlendert dann zu mir herüber: »Was ist, wenn dir's nicht paßt, schnür dein Bündel und hau ab.«

Den Ernst der Lage immer noch nicht erkennend, den Ton von Happel als nicht angemessen empfindend, beiße ich zurück: »Wenn's Ihnen nicht paßt, dann kaufen Sie sich doch einen anderen Torwart.«

Erst der magische Blick unter den buschigen Augenbrauen macht mir schlagartig klar, Sensibilitäten mit der Axt traktiert zu haben. Er wendet den Blick von mir und sagt leise: »Stein, verschwinde.« Dann, an den Manager gewandt, mit lautem Gebrüll: »Günter, buch' ihm den Rückflug.« Netzer knallt mir das Ticket auf den Tisch: »Morgen früh sitzt du in der Maschine.«

Es ist nicht die spanische Hitze, die mir das Wasser aus den Poren treibt. Es ist auch nicht der in rauhen Mengen genossene Kaffee, der mir den Schlaf raubt. »Was hab' ich bloß gemacht?« klage ich leise am offenen Fenster. Ich geh' ins Bett, steh' wieder auf, kratze unaufhörlich imaginären Dreck unter den Fingernägeln hervor. Ich geh' duschen. Selbst eiskaltes Wasser prasselt wirkungslos an mir herunter. Diffuse Ängste treiben mich um. Ich beuge mich über mein Leben. Eines wird mir nach stundenlangem Grübeln klar: Es bewegt mich mehr als nur die Furcht vor Suspendierung, Disziplinar- oder Geldstrafe. Dieser Blick taucht immer wieder vor mir auf. Ich drehe mich von rechts nach links und wieder zurück. Zum ersten Mal habe ich richtig Angst vor meiner Zukunft. In sportlicher wie persönlicher Hinsicht. Läßt er mich fallen, auch als väterlicher Freund und anerkannte Autorität? Was ist los mit mir? Seit wann fresse ich einem Trainer aus der Hand? Wieso kann er diese Gefühle auslösen?

Die Verwirrung will nicht weichen. Auch mit dem Morgengrauen kommt nicht mehr Licht ins Dunkel meiner Empfindungen. Es passiert etwas in und mit mir, was ich nicht unter Kontrolle habe. Es muß etwas geschehen.

Bis sieben Uhr liege ich wach und warte auf einen Auftritt, zu dem mir allerdings kaum etwas einfallen will. Was soll ich ihm sagen? Während die anderen noch schlafen, schleiche ich mich vor seine Zimmertür. Minutenlang stehe ich davor, ohne den Mut, anzuklopfen. Dann gebe ich mir den Ruck, den Klippenspringer wahrscheinlich brauchen, um sich aus schwindelerregender Höhe in die Brandung zu stürzen. Nach geschlagenen 20 Minuten geht die Tür auf: »Was ist los?«

Mir rutscht das Herz in die Hose. Alles, was ich mir notdürftig zurechtgelegt habe, ist wie aus dem Kopf geblasen: »Ich, äh, ich will mit Ihnen reden, Herr Happel«, bekomme ich gerade noch heraus, bevor mir die Luft ausgeht. »Ja, ja, geh' runter und mach' schon mal Kaffee«, murmelt er verschlafen. Mir fällt ein Stein vom Herzen. Hätte er mich hereingebeten, ich wäre wahrscheinlich verstummt wie ein Fisch.

Eine Viertelstunde später kommt er nach. Plötzlich laufe ich über, es sprudelt aus mir heraus: »Es tut mir leid, wie ich mich gestern verhalten habe, gerade Ihnen gegenüber. Sie haben immer zu mir gehalten, mich aufgebaut, mich zu dem gemacht, der ich heute bin.« Happel hebt langsam den Arm und läßt ihn mit einer wegwerfenden Geste wieder auf den plastikbezogenen Tisch fallen. »Nichts habe ich. Du hast dich selbst aufgebaut, durch gute Leistungen. Glaube

ja nicht, daß ich aus irgendeinem anderen Grund hinter dir stand.«
Happel steht auf und geht. Ohne erkennbare Regung revidiert er seine Entscheidung: »Du bleibst jetzt hier und strengst dich an. Klar?!« Ohne auch nur einmal an seinem Kaffee zu nippen, läßt er mich, gefangen von seiner Aura, sitzen und verschwindet wieder im Bett.

Das hat mir imponiert an dem Mann. Wie vor und nach ihm keiner, hat er ohne große Worte, pädagogische Fingerzeige oder pathetische Schwärmereien immer klare Orientierung gegeben. Er verkörperte die ideale Mischung aus Gefühl und Härte. Vor allem war er stets für Überraschungen gut, hochdosiert mit feinfühliger Menschenkenntnis. Billige Effekthascherei war ihm fremd. Auf dem Platz und in der Öffentlichkeit mimte er den Grantler, im Einzelgespräch war er der wortkarge Freund, privat lebte er den zurückgezogenen Zocker – im Kaffeehaus beim Karteln, im Spielcasino mit »Black Jack«.
Ein faszinierender Mensch, der für mich, der ich mir immer einen Vater gewünscht hatte, zu dem ich aufschauen und dem ich mich anvertrauen konnte, alle Schlüsselreize barg. Er war ähnlich gestrickt wie ich, nur eben erfahrener, perfekter. Aus all den Fehlern, die solche Typen erst stählen, hatte er längst gelernt. Happel pflegte seinen Stil, wußte, was er wollte, ließ das Rudel laufen, das stets mit den Wölfen heult. Auch die Presse hat ihn nicht sonderlich beeindruckt, was in diesem Geschäft ungewöhnlich ist. Oft ertappte ich mich bei dem Gedanken, daß ich mich selbst gern so sehen würde. Meine Frau ausgenommen, war er unbestritten der Mensch, der mich als Erwachsener am meisten geprägt hat. Kurzum, er hätte wirklich mein Vater sein können – und irgendwo war er es auch.
Mit dem Gestus des enttäuschten und gekränkten Patrons, drohte Happel dem renitenten Sprößling mal mit Raus-

schmiß »aus der HSV-Familie«, mal mit Kürzung des »Taschengelds«, mal mit »Liebesentzug«. Happel holte mich immer wieder auf den Boden zurück, mal sanft, mal hart, wenn mein Temperament mit mir durchging oder mich Übermut packte. Er vermittelte, daß Schiedsrichter einen fast nie persönlich beleidigen wollen mit ihren Fehlentscheidungen oder peitschte einem ein, daß auch Freundschaftsspiele nicht 0:5 verlorengehen dürfen. Selten, dann aber mit aufrichtiger Teilnahme, stand er auch für private Probleme zur Verfügung.
Eine dieser privaten Geschichten hätte mich fast das Leben gekostet.

Kurz vor Weihnachten 1982. Nieselregen, der zarte Hauch von Melancholie weht wie immer an diesen Feiertagen um den Adventskranz. Conny und ich streiten, wie so oft, um Beziehungsansprüche, verletzte Eitelkeiten und die Machtfrage. Es wird lauter. Türen knallen. Conny rennt mit einer Reisetasche aus dem Haus. Der Motor ihres Wagens heult auf, und weg ist sie. »Was will sie, was mache ich falsch?« Zweifel und Selbstzweifel plagen mich. Kaffeedampf und Zigarettenqualm hängen schwer im Raum. Müdigkeit und Nervosität paaren sich zu erschöpfter Unruhe.
Vielleicht ist sie zu Freunden gefahren? Ich schwinge mich in mein Coupé und rase durch die Stadt. Gedankenfetzen schießen durch den Kopf. Aggression, Angst und Hektik mischen sich zu einem teuflischen Gebräu. Was ist, wenn sie mich verläßt? Der Gasfuß wird hippelig. Die Fahrbahn spiegelt sich in der Nässe des Dauerregens. Wäre sie wirklich dazu fähig? Hohe Bordsteine begrenzen die Straße in dem Vorort. Am Rand sind die Wassermassen zu kleinen Seen zusammengelaufen. Ich schiebe die Kassette von Percy Sledge ein: »When a man loves a woman«. Plötzlich huscht ein Schatten über die Straße. Ein Schlag reißt mir das Steuer aus der Hand. Krachend kippt der Wagen um. Äste

knirschen. Die Frontscheibe splittert. Zentrifugale Kräfte schleudern mich auf den Beifahrersitz. Schwerelosigkeit wie im Raumschiff. Filmriß.

Als ich wieder aufwache – morgens um halb sechs Uhr – gelingt die räumliche Wahrnehmung nur mit Mühe. Unten oder oben, hinten oder vorne – alles im Eimer. Dicht neben mir hat sich das Dach in den Fahrersitz gebohrt. Unverhoffte Klarheit blitzt im Angesicht des Todes auf: Das ist einer der seltenen Fälle, in denen ein angelegter Sicherheitsgurt einen direkt ins Leichenschauhaus befördert hätte.

Ich klettere aus dem Wrack, schleppe mich die Böschung hoch und gehe mechanisch die waldgesäumte Straße entlang. Dunkle Tannen biegen sich im Wind. Der Regen rinnt vom Nackenhaar den Rücken hinunter. Drei Telefonzellen helfen nicht weiter: Immer, wenn ich den Hörer in die Hand nehme, entfallen mir sämtliche Nummern, auch die der besten Freunde. Nach anderthalb Stunden erreiche ich eine Tennisanlage, in der ein paar Verrückte Frühsport treiben. Ich setze mich in das Hallenrestaurant und nippe fröstelnd am Kaffee. Freunde, deren Nummer die Auskunft verriet, holen mich ab und verfrachten mich zum Mannschaftsarzt. Er diagnostiziert einen noch anhaltenden Schock und überweist mich in die neurologische Abteilung der Uni-Klinik. Dort wird »Gehirnerschütterung und Schleudertrauma mit schwerem Schock« attestiert. Bei Bekannten falle ich in tiefen Schlaf, während die Polizei mit großem Aufgebot das Vereinsgelände absucht und bei Mannschaftskameraden recherchiert. 24 Stunden nach dem Unfall melde ich mich. Die einschlägige Presse ist schneller und titelt mit »Stein auf der Flucht«.

Das Verfahren bei der Staatsanwaltschaft verläuft im Sande. Unfallursache: ein Kaninchen. Conny kommt erschrokken zurück.

Happel war der erfolgreichste Vereinstrainer der Welt. Was seine eigentliche Qualität auf diesem Gebiet ausmachte, verdeutlichte die Vorbereitung auf das Europapokalendspiel der Landesmeister gegen den 10:1-Favoriten Juventus Turin im Mai 1983 in Athen.
Während der Teambesprechung auf einem Golfplatz nahe des Flughafens, vormittags vor dem Match, kippte die leichte Blässe der Mitspieler in gespenstisches Weiß. Beim Anblick der Alitalia-Flotte, die in zweiminütigem Abstand die italienischen Tifosi einflog, verschlug es selbst Horst Hrubesch die Sprache. Irgendein Edelreservist verglich die ohrenbetäubende Szenerie gar mit einer »Luftbrücke ins Kriegsgebiet«.
Die wenigen HSV-Fans flüchteten sich in unser Hotel und standen wie begossene Pudel ums Haus herum: »Oh, das wird ein Hexenkessel.« Vom Flughafen und vom Bahnhof aus bauten sich endlose Marschsäulen Richtung Stadion auf, schwarz-weiß uniformiert in den Farben von »Juve«. Die griechische Hauptstadt geriet innerhalb weniger Stunden unter italienische Besatzung: Sprechchöre, Kampfgesänge, Schlachtlieder.
Als wir zwei Stunden vor dem Anstoß den Rasen testeten und uns dem gnadenlosen Pfeifkonzert der 50.000 fanatischen Tifosi stellen mußten, geschah etwas Verblüffendes, das wir vom Minimalisten Ernst Happel nie erwartet hätten. Er, dessen Mannschaftsbesprechungen kaum jemals länger als zehn Minuten dauerten, erzählte uns vor dieser furchterregenden Kulisse ausgelassen eine wunderbare Geschichte:

»Das hier ist wie in Graz. Die haben uns gehaßt wie der Teufel das Weihwasser. Eine typische Szene in Graz war zum Beispiel: Der Ball wird von einem ihrer Verteidiger blind auf die Ränge gedroschen. Wir haben Einwurf. Das Publikum gibt den Ball nicht heraus. Es dauert mindestens fünf Minuten, bis sie ihn wieder hergeben, und dann kommt er geflogen, nicht zu meinem Mannschaftskameraden, der bereitsteht zum Einwurf, sondern meilenweit an ihm vorbei. Der Ball kommt zu mir. Ich nehme ihn volley und schieße ihn direkt ins Publikum zurück. Wenn den einer an den Kopf bekommen hätte, wäre ihm vom Hals an aufwärts alles weggeflogen. Jetzt werfen die Grazer Steine auf uns, reißen die Sitze raus. Ein paar von uns Wienern ziehen ihre Hosen runter im Stil von ›Ihr könnt uns mal‹. Der Schiedsrichter rettet das Ganze mit dem vorgezogenen Halbzeitpfiff. Wir liegen 0:3 zurück. Da kommt die Polizei in die Kabine und will uns verhaften wegen Aufruhr und Verstoßes gegen die Sittlichkeit. Ich pack' den ersten Polizisten und schmeiß' ihn mit Geschrei durch die Tür: ›Erst kriegt's ihr a Packung, dann könnt's uns verhaften.‹ Ganz gepackt haben wir die Grazer an diesem Tag nicht mehr. Aber immerhin ein 3:3 ist noch herausgesprungen«, endet Happel, wohl wissend, was er mit der Geschichte bewirkt hat: Groh, Hrubesch und ich liegen auf dem Rasen und wälzen uns vor Lachen. Die Turiner Supertruppe beäugt uns ungläubig. Der technische Direktor der Italiener fragt, ob er »vielleicht bei der falschen Veranstaltung« sei.

Das Spielchen begann anderthalb Stunden später erst richtig lustig zu werden. Ein Tanz auf dem Vulkan hätte nicht heißer sein können. Rotglühende Lavamassen schienen sich über die Ränge auf den Platz zu schieben – unzählige bengalische Feuer nebelten das Spielfeld ein. Das jüngste Gericht, mit Orkanen aus italienischen Sprechchören, ließ keine Verständigung mehr zu. Doch David zog die Steinschleuder aus der Gesäßtasche: Felix Magath versetzte mit einer Körpertäuschung die gesamte Millionen-Abwehr und zirkelte in der 8. Minute den Ball zum Tor des Jahres ins lange Eck. Die Weltmeister Zoff, Gentile, Tardelli, Cabrini, Rossi und ihre millionenschweren Zutaten Platini

und Boniek erholten sich davon nie mehr. Das war's beinahe.
Der Gerechtigkeit halber muß erwähnt werden, daß, nach all den Benachteiligungen durch vorurteilsbeladene Schiedsrichter, der Mann in Schwarz diesmal auf meiner Seite stand. Eine Viertelstunde vor Schluß hob Platini einen Ball schön über mich hinweg, wollte mich umlaufen und einschieben. Im Nachspringen riß ich ihn zu Boden. Trotz wütender Proteste der Spieler und Zuschauer ging die Pfeife nicht zum Mund. Der versagte Elfmeter brach den Turinern vollends das Genick.
Die Künstler hatten gegen die tapferen Handwerker verloren. Das Stadion verwandelte sich in ein Tollhaus. Die Sturzbäche der weinenden Tifosi überschwemmten die Aschenbahn. Trainer Happel sorgte mit einem Temperamentsausbruch für das endgültige Glück auf Erden. Er bescherte uns Spielern den Eindruck, Weihnachten und Ostern seien auf einen Tag gefallen. Dem introvertierten Grantler platzte das Ventil. Er ließ sich gehen mit einer Demonstration, die vorher für so unwahrscheinlich gehalten wurde wie ein öffentlicher Auftritt des Papstes in der Badehose. Er entlud seine ganze Anspannung in einer Ehrenrunde mit der Mannschaft durch das Stadion!
Stellvertretend für die Beurteilung meiner eigenen Leistung sollen hier die Kommentare im »Corriere dello sport« und im »Daily Mirror« am anderen Tag genügen: »Mit Stein hätten wir auch gewonnen« und »Zoff konnte nur neidisch auf Stein sein.«

Das alles konnte einen deutschen Bundestrainer natürlich nicht so richtig beeindrucken. Wahrscheinlich litt Jupp Derwall immer noch unter dem Bielefelder Alm-Trauma. Da bedurfte es schon der Schonung des Kölner Torhüters Toni Schumacher für ein Pokalspiel, um mir die Einladung zum Jubiläumsspiel gegen Jugoslawien zu ermöglichen. Mit

der Selbstsicherheit des Europapokalsiegers und des neuerlichen Deutschen Meisters stellte ich vor dem Spiel klare Bedingungen, die Derwall in dieser Deutlichkeit wahrscheinlich selten vorgetragen bekam: »Ich komme nicht dorthin, um mich auf die Bank zu setzen. Ich will vorher wissen, was Sache ist. Ich komme nur, wenn ich wenigstens eine Halbzeit spiele. Dies dürfte wohl keine Schwierigkeit sein, da Schumacher eh für das Pokalfinale geschont wird.«
Anläßlich des 100jährigen Jubiläums des Luxemburgischen Fußballverbands durfte ich dann in der zweiten Halbzeit unter Beweis stellen, daß ich die Qualitäten eines würdigen Ersatztorhüters hinter Schumacher hatte. Denn laut Derwall ging es von vornherein um nichts anderes als »um die Position der Nummer 2«.
Das Fiasko nahm seinen Lauf, noch ehe ich richtig zwischen den Pfosten stand. Nach einer 2:0-Halbzeitführung wurde ich für den Bremer Keeper Dieter Burdenski eingewechselt. Das Spiel schien so leicht, daß in der zweiten Hälfte selbst Leute wie die Förster-Brüder einfach nach vorne stürmten. Unversehens stellte sich das fatale Gefühl ein, alle, auch die eigenen Abwehrspieler, spielten gegen mich. Mutterseelenallein durften die »Jugos« zu dritt oder viert, je nach Belieben, auf mich zumarschieren. Drei Konter, zwei Tore gegen mich. Das Rennen um Platz zwei war entschieden, ohne reelle Chance.
Diese Leiden des jungen Stein machten die schönsten Erfolge vergessen. Der sensationelle Europapokalsieg war wie ausgelöscht, und selbst über die wenige Tage zuvor am hochdramatischen letzten Bundesligaspieltag errungene zweite Deutsche Meisterschaft legten sich schnell dunkle Schatten. Es lastete ein Fluch auf dem Trikot mit dem deutschen Adler.
Als Gefangener im Netz gab es keinen Frieden. Die Schlachten beschäftigten Körper und Kopf gleichermaßen. Betriebsblind reduzierte sich die Welt von der Kugel auf das Stadi-

on-Oval. Daß es draußen ebenfalls keinen Frieden um den Frieden gab, rauschte in den 20-Sekunden-Sequenzen der Tagesschau-Bilder am Großhirn vorbei. Die Nachrüstungsdebatte, die Aufstellung der neuen Atomraketen im Herbst 1983 beunruhigten auf einer eher abstrakten Ebene. Selbst dies wurde von der Knochenmühle Bundesliga im Alltag schnell wieder verdrängt. Die Demonstrationen von Hunderttausenden, die Menschenketten auf der Schwäbischen Alb und die Blockaden der Atomwaffendepots fanden zwar meine Zustimmung, aber getan habe ich nichts zu deren Unterstützung. Es waren nur wenige, wie beispielsweise Allgöwer und Lienen, die sich entschieden an die Öffentlichkeit wagten. Die große Mehrheit der deutschen Berufsfußballer sah die einzig wirkliche Gefahr von den Bombern des FC Bayern München ausgehen.

Geradlinig war meine Hamburger Zeit nie. Die Hochs und Tiefs mit Steilwandaufstiegen und senkrechten Abstürzen glichen eher einer Achterbahn. In der Folge wurden Schlagzeilen und Texte produziert, die aus einem hitzköpfigen Gerechtigkeitsfanatiker ein »enfant terrible« machten. Die brisante Mischung aus Mißerfolg der Mannschaft, dem Sensations- und Unterhaltungszwang der Medien und meinem nicht zu bändigenden Ehrgeiz war gut für manchen Pausenfüller.

Im ewigen Stein-Steckbrief, der sich wie ein einziges Vorstrafenregister liest und in regelmäßigen Abständen in irgendwelchen Gazetten auftaucht, ist selbst ein Engagement vermerkt, das den Zuschauern Spaß und der Kinderkrebshilfe ein bißchen Geld gebracht hat. Eine Schnaps-Firma spendete für diesen guten Zweck 5.000 Liter Rum. Sepp Maier, der Weltmeister-Torwart von 1974, und ich spielten um diesen symbolischen Preis einen langen Satz Tennis. Unter den Augen mehrerer hundert Fans gewann Maier 9:6 und durfte den Preis an die Krebshilfe überrei-

chen. Wenig später belegten etliche Regenbogen-Blätter meinen schlechten Charakter mit »Ausschweifungen des Zockers Uli Stein, der Tennis sogar um 5.000 Liter Rum spielt«.
Halbwahrheiten wurden verbraten und Mücken zu Elefanten aufgeblasen, etwa, wenn es um Reibereien mit Schiedsrichtern ging.
In Israel stellte ich mich mit dem Rücken zum Schützen, in Uerdingen lehnte ich mich demonstrativ gegen den Pfosten, bis ich »Gelb« sah. Es waren hilflose Proteste gegen diese Allmacht, der man auf Gedeih und Verderb ausgeliefert ist, ohne jemals korrigierend eingreifen zu können. Es ist die Hitzköpfigkeit eines Torhüters, der immer auf 180 zu sein hat, um in Sekundenbruchteilen richtig zu reagieren. Wie soll er runterkommen in Situationen, in denen er so gedemütigt und um den Lohn seiner Mühe gebracht wird? Man vergißt einfach, daß der Schiedsrichter auch nur ein Mensch ist, wenn er selbstherrlich Fehlentscheidungen trifft, wie damals in Uerdingen, wo der angeblich gefoulte Spieler hinterher sogar der Presse gestand, daß er »eine rote Karte wegen Schauspielerei befürchtete«. Da können einem schon mal die Sicherungen durchbrennen. Doch das interessiert keinen der Haie auf dem Boulevard. Sie sammeln nur Belege für ihre Rambo-Geschichten. So werden Geldstrafen addiert, Drohungen mit fristlosen Entlassungen aus den Fingern gesogen und Abmahnungen erfunden. Sie lügen ein Mosaiksteinchen ans andere, bis er fertig ist, der Querulant.

Das Interview, das ich nach dem Gezänk in Uerdingen gegeben habe, macht die Unterschiede deutlich: Auf die Frage, ob der HSV nach einigen Niederlagen in Folge in der Krise stecke, gab ich zur Antwort: »Wir haben keine Krise, wir spielen die ganze Saison schon so, mit diesem Forechekking, das die Abwehr anfällig macht.«

Gedruckt las es sich so: »Wir haben keine Krise. Der HSV spielt die ganze Saison schon so schlecht. Bei dieser Abwehr sind die vielen Gegentore kein Wunder.«
Kleine Veränderungen, die sich wie Pfähle ins Fleisch von Vorständen, Trainern und Spielern bohren.
So beschloß ich, mich der Presse gegenüber etwas zugeknöpfter zu geben. Jürgen Groh entpuppte sich seinerzeit als Abfangjäger, nicht nur in der HSV-Abwehr, sondern auch gegenüber der Öffentlichkeit, die sich auf mich eingeschossen hatte.
Auf die Frage, warum ich so ausflippe, antwortete er dem »kicker sportmagazin« treffend: »Ach, das fand ich gar nicht so schlimm, daß er sich da demonstrativ an den Pfosten gelehnt hat. Da sind Toni Schumacher schon ganz andere Dinger untergekommen. Wenn ich mich an das Bild erinnere, auf dem Schumacher vor Zorn Nase an Nase mit einem Schiedsrichter zu sehen war ... Man muß den Uli verstehen. Er ist sehr ehrgeizig. Da hält er in der Vorrunde wie ein Weltmeister, legt eine Superrunde hin – und dennoch verlieren wir wichtige Spiele, und er selbst taucht nicht einmal im Kader der Nationalelf auf. Ich finde das unmöglich. Besser als er kann ein Torhüter nicht halten.«

Nichtsdestotrotz folgte die Strafe mit einem Automatismus, der jegliches Einfühlungsvermögen vermissen ließ. Meine Leistung wurde nicht honoriert, dafür meine Überreizung buchhalterisch bemessen. Mit 2.000 Mark Geldstrafe und – in diesem Falle tatsächlich – der Drohung mit fristloser Entlassung. Das traf um so härter, da ich auf dem Weg zur Topform war. Oder war es vielleicht umgekehrt? Es gibt bekanntlich nicht wenige, die mir unterstellen, unter Druck erst richtig heiß zu werden.
Jedenfalls schrieb das »kicker sportmagazin« nach dem wichtigen 2:1-Sieg gegen Bayern eine Woche später über mich: »Es ist das unverwüstliche Selbstbewußtsein, das die-

sen Torhüter so auszeichnet. Kein Zweifel: Nur mit einem solchen Rückhalt ist der erneute Griff nach der Bundesligakrone möglich. Uli Stein gibt der Mannschaft die Ruhe und Kraft, auch schwächere Phasen zu überstehen.«
Ganz von der Hand zu weisen ist die Dampfkessel-Theorie wohl nicht, wonach ich erst richtig pfeife, wenn's kocht.
Das eigentliche Endspiel in der Saison 1984/85 gewannen wir dann mit 1:0 beim VfB Stuttgart. Leider waren es vier Treffer zu wenig, um das viel bessere Torverhältnis der Schwaben auszugleichen.

Bierernst ging man mit mir ins Gericht, als sich während der Vertragsverhandlungen ein Ölscheich zwischen mich und den HSV schob. Die Fata Morgana aus der Wüste tauchte hier auf und wurde da gesehen, bot mir diese und jene Summe. Irgendwann nahm man die nicht ganz ernstgemeinte Offerte für bare Münze. Insbesondere die Presse sorgte sich sehr um den angeblichen Saudi, den sie nie zu fassen bekam. Ich schwieg mich süffisant lächelnd dazu aus, statt zu dementieren. Die Fans reagierten stocksauer. Herr Klein, der HSV-Präsident, und Günter Netzer ließen sich gar so entnerven, daß sie mich auf die Transferliste setzen wollten. Ein Öl-Magnat war ihnen eine Nummer zu groß.
Erst das persönliche Gespräch räumte alle Widrigkeiten aus. Sie präsentierten mir eine Vertragsverlängerung, die meine sportlichen Glanztaten wieder mehr ins rechte Licht rückte. Letztlich hatte ich es geschafft, eine Gehaltserhöhung durchzudrücken.

In der Folgezeit überschritten wir unseren spielerischen Zenit. Mit dem Weggang von Lars Bastrup und Horst Hrubesch verloren wir die Speerspitzen. Wolfram Wuttke und Dieter Schatzschneider, ihre Nachfolger, konnten sie nie ersetzen. Der HSV sackte in der Saison 1985/86 bis auf den 7. Tabellenplatz ab.

Die Tragödie Wolfram Wuttke tut mir heute noch weh. Er war eines der wenigen Genies des Rasenschachs, das diese Republik je hervorgebracht hat. Doch wie so oft: Die durchaus liebenswerten, aber unproduktiven Macken haben ihm nur kurzfristig Anerkennung verschafft. Am Ball konnte er alles. Das Leder schien ihm auf den Außenrist gewachsen zu sein. Seine Ironie, sein Gehabe als Prinzessin auf der Erbse, die Selbstverständlichkeit, mit der er die Wasserträger losschickte, ihm den Ball zu bringen, seine sprichwörtliche Faulheit und seine große Klappe – Happel sah ihm alles nach, weil er immer verliebt war in Künstler wie ihn. Dem Trainer lachte das Herz – selbst bei Auftritten »Wuttis«, die schon an Demütigung der Mitspieler grenzten.
Beispielsweise hatte er eine Nummer drauf, die jeder kannte und der trotzdem kaum einer entkam. Wuttke führte den Ball langsam und provozierend an seinem krummen Außenfuß. Wenn der Verteidiger noch nicht in Reichweite war, stellte er sich wie ein Feldherr auf die Kugel und bedeutete mit rhythmisch auf die Handflächen klappenden Fingern ›Komm doch, du Feigling‹.
Wenn der Angreifer wutschnaubend reingrätschte, zog Wuttke den Ball blitzschnell unter der Sohle nach hinten, stellte sich wieder auf den Ball, beobachtete mit einer Seelenruhe, wo der Gegner hinrutschte, und fragte spöttisch: »Ja, wo willst denn du hin?«
Seine bissig-intelligente Ironie setzte er häufig am falschen Platz ein. Er versteckte sich hinter ihr, wenn er seiner Lustlosigkeit und Faulheit wegen kritisiert wurde, bis bei anderen der Geduldsfaden riß. Am Ende verweigerten ihm sogar die biedersten Wasserträger die Gefolgschaft. Wäre er im Training vorneweg gelaufen statt hinterhergetrottet, hätte

er sich auch mal zerrissen, um ein verlorenes Spiel umzubiegen, hätte er seine Unlust, sich zu quälen, nicht allzu deutlich gezeigt, wäre er mit seinen Laufburschen pfleglicher umgegangen – hätte, wenn und aber …
Wie so oft im Leben, ziehen enttäuschte Lieben besonders harte Konsequenzen nach sich. Happel ließ ihn nicht einmal mehr im Trainingsspiel auflaufen. Während wir uns vergnügt das Bällchen zuschoben, zog er endlose Bahnen einsam um den Platz – wie ein orientierungsloses Raumschiff in der Galaxis.

Drei Jahre nach meinem Unfall samt Schleudertrauma überwältigte mich fast auf den Tag genau erneut ein Ereignis mit solcher Wucht, wie ich es wohl kaum mehr erleben werde.

11. Dezember 1985, nachts, 23 Uhr. Conny hüllt sich in ihr Nachtgewand und steigt zu mir ins Bett. Todmüde gibt sie mir den obligatorischen Gute-Nacht-Kuß, macht das Licht aus und bettet sich zum Einschlafen. Kurz bevor ich ins Reich der Träume abwandere, knipst mich irgend etwas wieder an. Es ist, als stünde ich unter Strom. Conny liegt regungslos, aber kurzatmig neben mir. »Kannst du auch nicht schlafen?« fragt sie unvermittelt. »Nein, ich bin zu nervös«, antworte ich knapp, immer noch in der Hoffnung, den Absprung gleich zu schaffen.
Doch dann ist Schluß mit der Illusion. Ein Schrei erfüllt das Schlafzimmer, die Wohnung, das ganze Haus. Ich werfe die Decke zurück, hechte zum Lichtschalter. Connys Gesicht im grellen Schein der Deckenlampe läßt Schlimmes ahnen. Knapp stößt sie heraus: »Die Fruchtblase ist geplatzt.« Mit zittrigem Zeigefinger stochere ich auf der Wählscheibe die Nummer der Hebamme zusammen. »Fahren Sie gleich in die Klinik«, erhalten wir die Order. Hupend rauschen wir über alle roten Ampeln hinweg mit 100 Sachen ins Krankenhaus.

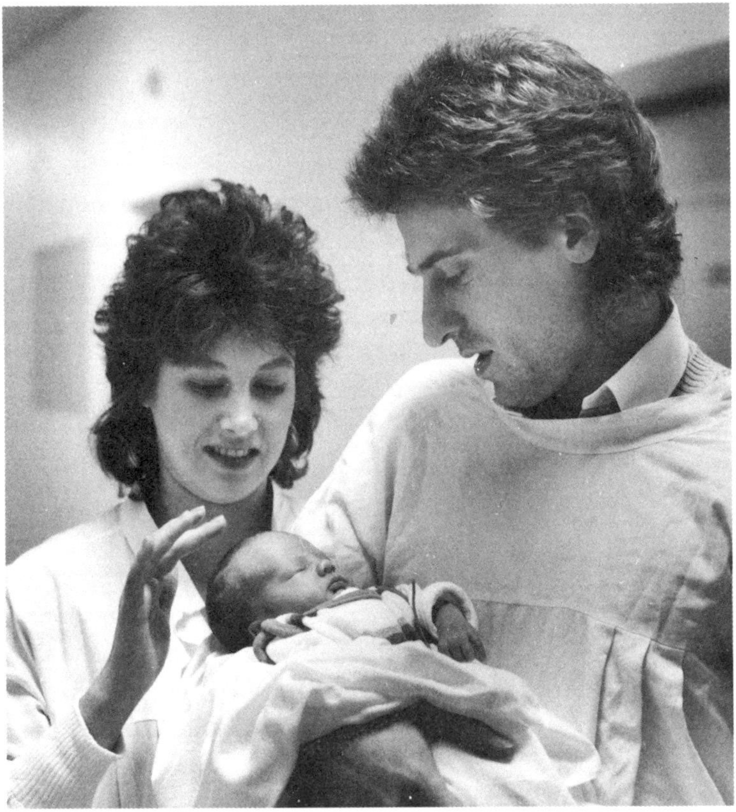

Conny, Jenny und ich: Ich habe eine Familie

Die Wehen setzen ein und verebben wieder. Der Gebärmuttermund öffnet sich nicht weit genug. Im gleißenden Scheinwerferlicht des Kreißsaals erlebe ich meine Frau völlig neu. Zwei Extreme halten mich in Bann: Gänzlich fremd und zugleich nah wie nie zuvor ist sie mir. Ich will ihr unbedingt helfen – ihr etwas abnehmen. Das Absurde dieses Wunsches, sie so unterstützen zu wollen, fällt mir nicht sofort auf. Das hilflose Verlangen ist aus der Überwältigung geboren. Tatsächlich sind die Möglichkeiten bescheiden. Männer werden wohl nie wirklich verstehen können, was da eigentlich abläuft.

Unterdessen ist es Donnerstag, der 12. Dezember, 21 Uhr. Die Wehen lassen wieder nach. »Unregelmäßige Herztöne«, bildet sich ein Arzt ein. Conny ist erschöpft. Der Chefarzt kommt hinzu. »Wir geben ihr noch zwei Stunden«, irritiert er mich. Was hat das zu bedeuten? Ist sie in Gefahr? Wie geht es dem Kind? »Es wird knapp«, stößt er hinter dem Mundschutz hervor. »Entweder das Kind schafft sich jetzt durch, oder wir müssen es vor Mitternacht mit der Glocke holen. Länger können wir nicht warten.«
Ich zucke zusammen und bekomme endlich Aufklärung: »Morgen ist Freitag, der 13., da holen wir keine Kinder.«
Während der Preßwehen gräbt Conny ihre Fingernägel tief in meinen Arm. Blutige Kratzer zeugen von der Heftigkeit der Geburt unseres Kindes und der Wiedergeburt unserer Beziehung. Dr. Uli Stein, mit Mundschutz, Arztkittel und großen, staunenden Kinderaugen, ist überwältigt von seiner neuen Rolle. Das Mienenspiel von Conny spricht Bände, und trotzdem kann ich nicht annähernd nachvollziehen, in welchen Sphären sie sich bewegt. Die Verbindung zwischen Mutter und Ungeborenem ist symbiotisch bis in den feinsten Nervenstrang. Es kommt. Die Schädeldecke, beschützt von der geschmeidigen Hand einer Hebamme, dreht sich langsam heraus. Die Schultern flutschen nach. Schreie, erzeugt von Schmerz und Freude zugleich, empfangen den kleinen Wicht. Mein Verstand schaltet sich aus. Gefühle rauschen vom Kopf in die Beine und zurück. Ich zittere. Wo sie der Schweiß noch nicht verklebt hat, stehen mir die Haare senkrecht am Körper. Das Glücksempfinden läßt alles bisher Erlebte weit hinter sich. Es ist der Durchbruch in eine neue Welt. Vater, Mutter, Kind. Ein kurzer Blick auf den ganzen Kerl, der jetzt mit dem Kopf nach unten zum Luftholen animiert wird. Eindeutig, es ist ein Mädchen. 20 Stunden, die meine Welt veränderten. Ich habe eine Familie. Alles ist gut – zumindest fünf Monate lang.

GALLENSTEIN

Allofs und ich: Faule Urlauber am Swimming-Pool?

Die mexikanische Herausforderung

Ende April 1986. Zehn Kilometer Zähflüssigkeit auf der Autobahn zwischen Kassel und Hannover. Herrliches Frühsommerwetter lockt zahllose Ausflügler auf die Asphaltpiste. Kein Durchkommen weit und breit. Zehntausend Pferdestärken gefangen im Stau. Das offene Schiebedach macht das Stop and Go auch nicht erträglicher. Mal geht es auf der Überholspur vorwärts, mal auf unserer. Die Insassen der Fahrzeuge liefern bei Tempo 15 Szenen, die gewöhnlich in dieser Überzeichnung nur aus den spitzen Federn guter Karikaturisten fließen. Die Mienen und Gesten offenbaren vom handfesten Ehekrach über das Familiendrama mit Kindesmißhandlung bis hin zur neuen Stau-Erotik fast die gesamte Palette zwischenmenschlicher Regungen.

Der hr3-Moderator bemüht sich, die Leute bei Laune zu halten. Mit »Summer in the city« beschwört er angenehmere Lagen. Jennifer, unser Baby, kann das alles nicht berühren. Sie liegt auf dem Rücksitz und schläft selig. Ihre Gelassenheit steckt uns an, läßt mich über das Glück auf Erden sinnieren: »Mensch, was brauchst du mehr?« frage ich halblaut mit einem Zwinkern Conny. »So einen Wonneproppen auf die Welt gebracht zu haben, und in drei Wochen fahre ich zur Weltmeisterschaft nach Mexiko.«

Conny greift mit gespielter Empörung ein: »Hast du eben gesagt, du hättest das Kind zur Welt gebracht?« Sie ereifert sich: »Überhaupt, seit Jennifer da ist, hast du keine Augen mehr für mich.«

Langsam wende ich mich ihr ganz zu, lasse das Steuer los, strecke beide Arme nach ihr aus: »Sag' bloß, du merkst nicht, wie ich dich anhimmle?«
Conny reißt die Augenbrauen hoch ob des führerlosen Autos: »Bist du verrückt, willst du die ganze Familie umbringen?«
Erst als ich mit beiden Händen wieder zum Lenkrad greife, lächelt sie und seufzt erleichtert. Wir blinzeln verträumt in die Sonne.
Plötzlich wird das Musikprogramm jäh unterbrochen: »Achtung! Hier eine Warnmeldung des hessischen Umweltministeriums: Holen Sie Ihre Kinder in die Wohnung, duschen Sie sie sorgfältig ab. Tragen Sie keine Dreck- und Sandpartikel in die Wohnräume. Kleinkinder sollten vorerst nicht im Freien spielen. Durch die Niederschläge der vergangenen Nacht sind weite Teile der Bundesrepublik mit Cäsium und Strontium belastet.«
Wie von der Tarantel gestochen, fährt Conny herum. »Weißt du, was das heißt?« fragt sie, und antwortet aufgeregt selbst: »Das sind radioaktive Stoffe, die Krebs erregen.«
Während ich sofort an die Atombombe oder wenigstens an Atomwaffentests denke, ist sie informierter: »Das wird aus Tschernobyl herübergeweht. Das Atomkraftwerk ist doch gestern explodiert.«
Der Schock sitzt tief. Wie soll man sich nun ernähren? Wo kann man mit dem Baby noch hin? Wie lange dauert das? Kann man der Strahlung überhaupt entkommen?

Anderntags streiten sich die Politiker in den Medien über den Gefährdungsgrad. Die Grünen schreien zetermordio. Ihr hessischer Umweltminister Joschka Fischer empfiehlt sogar, die Sportanlagen zu meiden. Die SPD sagt mal dieses, mal jenes. Und die CDU sieht alles nur in der kommunistischen Schlamperei begründet.

Auch während der Tauffeier von Jennifer, drei Tage später, ist die Strahlenkatastrophe Gesprächsthema Nummer eins. Beunruhigte Nachbarn schellen aufgeregt an der Haustür: »Schauen Sie mal, die gelbe Wolke! Ob das wohl die von dem Atomkraftwerk ist?«
Die unsichtbare Gefahr regnet am Nachmittag tatsächlich auch in Hamburg vom Himmel. Die ersten Strahlenwerte kommen eine Woche später per Zeitung auf den Frühstückstisch. Warnungen vor dem Verzehr von frischem Obst und Gemüse sowie von Milchprodukten nehmen den Appetit.
Die Verwirrung ist heillos. Die öffentliche und private Diskussion macht uns die existentielle Bedrohung wenigstens in den gröbsten Zügen klar. Das Schweigegelöbnis der Fußballer-Zunft zu allgemeinpolitischen Fragen interessiert mich nicht mehr. Immer mehr Bürger, die vorher nie auf die Idee gekommen waren, sich politisch zu engagieren, schließen sich in Bürgerinitiativen zusammen. Anfangs, um sich über Ernährungsmöglichkeiten und sonstigen Schutz zu informieren. Später, um Forderungen nach alternativen Energieformen zu erheben.
In einem Interview der »Hamburger Morgenpost« antworte ich auf die absurde Frage, was ich ändern würde, wenn ich für einen Tag Kaiser von Deutschland wäre: »1. Für effektiven Umweltschutz sorgen. 2. Tierversuche abschaffen. 3. Frieden schaffen.«
Dabei wollen sie alle nur hören, daß ich die Nummer eins bei der WM in Mexiko beanspruche.
Heute wissen wir sehr genau, welch hoher Strahlung wir ausgesetzt waren und immer noch sind. Vor allem wissen wir inzwischen von zu vielen Störfällen, als daß einen diese unbeherrschbare technische Entwicklung kaltlassen könnte. Angst und bange wird mir beim bloßen Gedanken daran. Schließlich haben wir mit dem Umzug von Hamburg nach Frankfurt lediglich die Vorhöfe von Brunsbüttel und Biblis getauscht.

Doch die Schnellebigkeit der Zeit verhinderte ein größeres Engagement. Obwohl Begriffe wie Cäsium, Strontium, Jod und Halbwertzeit in unser tägliches Vokabular Einzug hielten, überlagerte die unmittelbar bevorstehende Weltmeisterschaft vorübergehend alles. Zum Nachdenken blieb keine Zeit. Wir reagierten nur noch. Der Termindruck ließ einen nicht zur Besinnung kommen. Zumal das Unternehmen Mexiko eine neunwöchige Trennung von der Familie bedeutete.

Franz Beckenbauer, der nach seinem verletzungsbedingten Ausscheiden beim HSV überredet wurde, Teamchef der Nationalmannschaft zu werden, holte mich zurück. Als ehemaliger HSV-Teamgefährte hat er sich vermutlich meiner Qualitäten erinnert. Einen besonderen persönlichen Bezug, außer der Tatsache, daß ich ihm bei seinem Umzug nach Kitzbühel das altenglische Wohnzimmer abgekauft habe, gab es jedenfalls nicht.

Lange schien unumstößlich, daß ich mit der Nummer zwei hinter Toni Schumacher vorliebzunehmen hatte. Nach dem Vorbereitungsspiel gegen Holland in Dortmund, wo der Stern von Ruud Gullit aufging und ich mich in seinem hellen Glanz nicht weniger funkelnd präsentierte, sah es die Presse allerdings erstmals anders: »Stein oder Schumacher?« Zunehmend häufiger wurde an Tonis Vormachtstellung gekratzt.

So fuhr ich Mitte Mai mit langsam aber heftig aufkeimenden Ambitionen auf die Nummer eins zu den Vorbereitungslehrgängen nach Malente und Kaiserau.

Ich schaffte es, mich auf den Punkt genau zu konzentrieren. Matthäus, Rummenigge, Augenthaler, Völler, und wie die Scharfschützen alle hießen, verzweifelten an meinen Reaktionen ebenso wie an meiner tollkühnen Strafraumsicherung.

Mit mir waren viele der Überzeugung, daß ich der bessere Torhüter sei. Nur die Trainer und Funktionäre des DFB

schienen in der Torwartfrage blind zu sein. Nichts bewegte sich. Verdammt zur ewigen Nummer zwei.
Toni Schumacher witterte jedoch Gefahr, er zog alle Register des Psychoterrors, inklusive persönlicher Diffamierungen in den Medien, um die Hausmacht zu behalten. Die Situation eskalierte.
Ich verlor die erste Runde um die Position der nationalen Nummer eins bereits auf deutschem Boden, indem ich offen aussprach, was ich dachte: »Ich habe nicht das Gefühl, daß es in der Nationalmannschaft nur nach Leistung geht.«
Dieser Satz ging durch deutsche Lande – und schien Hochverrat gleichzukommen. Die Fußball-Nation spaltete sich in zwei Lager. Die Hysterie gipfelte in der postalischen Morddrohung eines anonymen »Toni-Schumacher-Fans«, die ich, feinsäuberlich aufbewahrt, tunlichst verschwiegen habe. Ich befürchtete, daß sie zum Anlaß genommen werden könnte, mich erst gar nicht zu nominieren – aus Sicherheitsgründen, versteht sich.
Derart angeheizt, flogen wir nach Mexiko, wo die siebenwöchige Lagerhaltung mit der totalen Entmündigung der Spieler den idealen Nährboden für eine aufsehenerregende Provinzposse bilden sollte.
Zunächst trug auch Beckenbauer dazu bei, daß sich die mörderische Konkurrenz zwischen mir und Schumacher von Training zu Training steigerte. Er ließ die Frage nach der Nummer eins nicht nur offen, sondern bestätigte mir via Medien »Trainingseinsatz bis zum Umfallen«.
Im Trainingsspiel hütete ich zwar immer nur das Tor der B-Mannschaft, dafür aber um so spektakulärer. Die Bataillone versammelten sich hinter den Duellanten. Der Showdown war in aller Munde: Wir fieberten dem ersten WM-Spiel gegen Uruguay entgegen. Beckenbauer gab die Aufstellung bekannt. »Im Tor spielt der Toni ...« Krampfhaft versuchte ich, meinen Frust zu unterdrücken. Ein fruchtloses Unterfangen. Im Gespräch mit dem Reporter

der »Hamburger Morgenpost« brach es aus mir heraus: »Jetzt trainiere ich seit vier Wochen wie ein Wilder. Ich habe die Schnauze gestrichen voll.«
So schön im Zorn, legte ich gleich noch einen nach: »Sowas habe ich noch nie erlebt, wir werden behandelt wie kleine Kinder. Für jedes Mittagessen außerhalb des Camps mußt du dir eine Genehmigung holen, wie bei der Bundeswehr. Wenn mir einer ein Ticket beschafft, fliege ich nach Hause.« Da rauschte der Blätterwald, und die Präsidialen trauten ihren Augen nicht.

Der zweite Akt begann mit dem Anpfiff des Vorrundenspiels gegen Uruguay. Die Reservisten zwängten sich auf die enge Ersatzbank. Diejenigen, die sowieso nicht mit einem Einsatz rechneten, schafften sich kurze Zeit später etwas mehr Platz, indem sie auf den Rasen auswichen. Die Beine ausgestreckt auf der Wiese, machten wir uns wenigstens das Zuschauen bequem. Spätestens nach der Halbzeit saßen fast alle in dieser legeren Haltung, die die Gluthitze einigermaßen erträglich machte. Die Boulevard-Blätter lösten jedoch bloß mich als lümmelnden Trotzkopf aus der Masse heraus und titelten: »Stein nur noch Mexiko-Tourist«.
Um diesen Eindruck zu belegen, schreckten manche Blätter nicht davor zurück, Fotos zu manipulieren. Den Rest der Mannschaft schnitten sie mehr oder weniger säuberlich weg, damit ich als Außenseiter gebrandmarkt werden konnte. In einem Fall mußte sogar mein linker Arm dran glauben, damit Klaus Allofs nicht zu erkennen war und ich als fauler Urlauber am Swimming-Pool durchging, »während die Mannschaftskameraden im Training schwitzten«.
Beckenbauer und seine Assistenten Berti Vogts und Horst Köppel holten den verletzten Olaf Thon, den unzufriedenen Matthias Herget und mich zum Rapport. Olaf mit seinen 19 Jahren beeindruckte durch Standhaftigkeit. Auf den Bek-

kenbauer-Rat, besser vor Ort zu bleiben und sich ein paar Spiele anzuschauen, weil er dabei viel lernen könnte, entgegnete Thon trocken: »Nein, ich fahre nach Hause, ich glaube nicht, daß ich hier noch was lernen kann.«

Das saß.

Doch es kam noch besser. Beckenbauer wandte sich mit sehr versöhnlicher Stimme, mit fast kumpelhaftem Unterton, an mich: »Uli, ich weiß, daß du frustriert bist.« Verlegen kratzte er sich am Lockenkopf: »Ich weiß, du bist in der Form deines Lebens. Es gibt überhaupt keinen besseren Torhüter bei dieser WM.«

Nach dem Zuckerbrot folgte die Peitsche: »Aber hier kannst du nicht spielen.« Kein »Schaun mer mal« oder »Mit Sicherheit« federte das Urteil ab. Das war's.

Erstmals fehlten mir die Worte. Der Atem stockte. Normalerweise nicht auf den Mund gefallen, saß ich geschlagene zehn Minuten da, nach Luft und Worten gleichermaßen ringend, und brachte nichts heraus. Ich verstand nur noch Bahnhof. Der kleine Thon kam mir in den Sinn. Der hatte Rückgrat bewiesen mit der Buchung seines Rückflugtickets. Ich aber haderte mit dem Schicksal. Ich wollte verstehen, was da ablief. Hin- und hergerissen zwischen Trotz und Wißbegierde, schlich ich unsicheren Schritts ungläubig davon.

Tage brauchte ich, um zu realisieren, was Beckenbauers Worte bedeuteten. Annähernd eine Woche stand mir Blutleere im Gesicht. Dann erst erbarmten sich DFB-erfahrene Mannschaftskollegen und öffneten mir die Augen. Es waren wohl rein wirtschaftliche Gründe, die meinen Einsatz verhinderten. Adidas sponsorte das deutsche Team im allgemeinen und einzelne Spieler im besonderen. Es handelte sich dabei um Privat-Verträge, die einige Mannschaftskollegen und Funktionäre des DFB mit dem Sportausrüster aus Herzogenaurach vor der Weltmeisterschaft abgeschlossen hatten. Als mir darüber hinaus noch zugetragen wurde, daß sowohl Toni Schumacher als auch Franz Beckenbauer zu den Werbeträgern gehörten, ging mir ein Licht auf: Es funktionierte alles nach der Logik der heutigen Konsumgesellschaft. Der Hauptsponsor wollte vor allem seine wandelnden Litfaßsäulen im Fernsehen haben. Ich hatte keinen Privatvertrag, also hatte ich auch keine Chance – egal, welche Hundertprozentigen ich aus der Ecke fischte, egal, wie sehr ich mich anstrengte. Niemand interessierte mehr das vielgerühmte Leistungsprinzip. Es war einfach verlogen, wenn von der »gesunden Konkurrenz« gesprochen wurde. Millionen diskutierten zu Hause erregt über Mannschaftsaufstellungen, nichts ahnend von dieser Kulissenschieberei. Die Freizeitindustrie diktierte die Mannschaftsaufstellung. Eine Welt brach zusammen. Mein gesamtes Wertgefüge geriet ins Wanken. Mein Kapital: Ehrgeiz, Nervenstärke, Reflexe und Strafraumbeherrschung, schien nutzlos.

Zutiefst betroffen beschloß ich, diese Mechanismen zu ächten. Ich war fertig mit dem Verein und trug mich mit dem Gedanken, meinen innerlich bereits vollzogenen Rücktritt aus der Nationalmannschaft an Ort und Stelle zu verkünden. Ich wollte sofort nach Hause. Dieser inneren Stimme nicht gefolgt zu sein, war der größte Fehler, der mir in Mexiko unterlaufen ist.

Der Kadavergehorsam verbot es mir, meiner Empörung zügellos Ausdruck zu verleihen. Ich bat Beckenbauer um ein Gespräch unter vier Augen. Nachdem ich ihm meinen Rücktrittsentschluß mitgeteilt hatte, schlug ich vor, Eike Immel, die aktuelle Nummer drei, gleich beim anstehenden Spiel gegen Marokko auf die Bank zu setzen und mich dafür in den Schatten der Tribüne zu entlassen. Beckenbauer hatte nichts dagegen einzuwenden. Das brachte viel Distanz und den Blick nach vorn. Die Gedanken huschten oft über den Teich, nach Hamburg, zu meinem Töchterchen und meiner Frau. Dem HSV galt nunmehr mein ganzer beruflicher Ehrgeiz. Dort wenigstens war ehrliche Leistung noch Richtlinie für Mannschaftsaufstellungen.

Auch im Lager kehrte wieder mehr Lebenslust ein. Dietmar Jakobs, Dieter Hoeneß, Klaus Augenthaler, gelegentlich auch Karl-Heinz Rummenigge – wenn er nicht gerade bei seiner Frau weilte – und ich wuchsen zu einer verschworenen Truppe zusammen. Wir erkundeten das andere Mexiko, das einheimische.
Aber auch diese wahrlich multikulturellen Begegnungen blieben nicht ohne Fallgruben und Fußangeln.
Die kontaktfreudigen Einwohner von Queretaro drängten sich täglich in Scharen um das Trainingsquartier, um die »Alemáns« zu bewundern. Sie luden uns des öfteren in ihre ärmlichen, aber hübsch eingerichteten Häuser zum Essen ein. Wenngleich wir anfangs ein wenig zurückhaltend waren, so überwog schließlich die Neugierde, sicherlich auch dadurch verstärkt, daß wir wie in einer Kaserne gehalten wurden. Wir mußten raus, andere Gesichter sehen, bevor uns die Decke auf den Kopf fiel. Und nachdem wir einmal mit diesen offenen, unkomplizierten Menschen zusammengekommen waren, gab es kein Halten mehr. Wir wurden zu Stammgästen bei ihren Fiestas. Sie feierten mit einer Gastfreundlichkeit und Ausgelassenheit, die uns in Mitteleuropa fremd ist.

Ein Abend sollte mir besonders im Gedächtnis haftenbleiben:
Stundenlang werden Fotoalben gewälzt, die Familiengeschichte auf spanisch erzählt, die Nachbarn dazugeholt. In der Küche klappert das Geschirr, würzige Dämpfe durchziehen die niedrigen Räume. Der kleinste der vier Söhne fährt stolz das neue Fahrrad ins Wohnzimmer, und zu allem spielt immer jemand auf der Gitarre. Sie lachen, singen und reden durcheinander, ohne jedoch die Aufmerksamkeit

Hoeneß, Jakobs, Augenthaler und ich erkunden das andere Mexiko

für die Gäste zu verlieren. Das Essen steht im Mittelpunkt. Gänge mit Taccos, Enchiladas, Chili con carne folgen aufeinander, dazu werden erlesene Getränke des Landes gereicht, ohne daß es in Völlerei oder zum Trinkgelage ausartet. Zwischendurch muß zur besseren Verdauung ein Tequila, der berühmte Kartoffelschnaps, getrunken werden. Das wird zelebriert wie das Abendmahl in der Kirche: Dort, wo in Bayern der Schnupftabak versenkt wird, streuen die Mexikaner eine Prise Salz hin, lecken mit der Zungenspitze daran, führen sofort eine frische Zitronenscheibe zum Mund und nippen dann erst am Schnäpschen.
Ein Schwager, der in den USA arbeitet und somit wesentlicher Ernährer der Großfamilie ist, erzählt auf englisch, wie hart der Bauernalltag in der Region ist. Stunden sitzen wir vier bei den Leuten und lassen uns von ihrer aufrichtigen Freude überwältigen. Jetzt bin ich richtig froh darüber, nicht frühzeitig zurückgeflogen zu sein. Ich staune

über den Familienzusammenhalt, lerne von Leuten, wie man sie bei uns nicht trifft. ›Im Grunde ist es eine herrliche Zeit, wenn nur der Fußball nicht wäre‹, blitzt es mir manchmal durch den Kopf.
Immer wenn wir aufbrechen wollen, kommt wieder etwas Neues auf den Tisch. Kaffee und Kuchen halten unsere Gastgeber für eine deutsche Tradition, weshalb sie keine Mühe scheuen, letzteren in der vermeintlich urdeutschen Form zu besorgen: einem Gugelhupf. Wir sind gerührt, bleiben sitzen und lösen damit den nächsten Skandal aus. Die Uhr ist mittlerweile auf zwei Stunden nach Mitternacht vorgerückt. Unser Passierschein reicht aber nur bis 23 Uhr. Mit langen Erklärungen über die deutsche Disziplin und die drohenden Strafen versuchen wir, unsere Freunde möglichst wenig zu kränken, bevor wir uns ins Quartier chauffieren lassen.
Während der Fahrt überlegen wir, wie wir unbemerkt ins Bett kommen. Schnell jedoch leuchtet uns ein, daß wir den lauernden Journalisten nicht entrinnen können.
»Die warten doch schon seit drei Stunden auf uns. Wir marschieren einfach rein. Ich habe keine Lust, mich zu verstecken wie ein Unterprimaner im Landschulheim«, winke ich ab.
Kaum, daß wir ausgestiegen sind, geht ein Blitzlichtgewitter über uns nieder. Einem Fotografen entfährt der entlarvende Satz: »2 Uhr 15. Damit fliegt der Stein nach Hause.«

Ein Unding! Zwar durften noch nicht einmal die eigenen Frauen in unserem Hotel wohnen, dafür aber die bundesdeutschen Klatschkolumnisten. Das nervte unsäglich. Selbst die größten Biedermänner im Kader sprachen hinter vorgehaltener Hand von Psychoterror. Jeder Satz, jedes Lachen wurde belauscht. Jedes Sonnenbad, jeder Sprung in den kühlenden Swimmingpool abgelichtet. Endlos ausgewalzte Debatten über die Anzahl der von uns gerauchten Zigaret-

ten waren keine Seltenheit. Sogar durchs Schlüsselloch wurde gelegentlich geguckt.
Selbst als ich, wie 80 Prozent aller Deutschen, in der Badewanne einen Ohrwurm trällerte, konnte ich zwei Tage später den Text nachlesen: »Stein macht sich unentwegt lustig über den Teamchef und singt lauthals: ›Ja der Franz, ja der Franz, der kann's wie keiner‹.« Oder wenn ich den mexikanischen Zuschauern, die es immer besonders gut mit uns meinten, Nachhilfeunterricht in deutsch gab, regte sich die Journaille auf: »Während die mexikanischen Kiebitze unsere Mannschaft im Training begeistert mit ›Alemania, Alemania ra, ra, ra‹ anfeuerten, korrigierte Stein in ›Alemania, Alemania ha, ha, ha‹.«
Jeder noch so billigen Intrige waren Tür und Tor geöffnet. Wenn wir abends eingesperrt auf die Idee kamen, ein bißchen zu pokern – und irgendwann kommst du unweigerlich auf so etwas, wenn du wochenlang im eigenen Saft schmorst –, dann wurden die Nächte erst recht lang. Da wurde zum Teil bis in den frühen Morgen gezockt, um dem Lagerkoller zu entkommen. Hier löste die Kasernenhof-Pädagogik genau das Gegenteil dessen aus, was sie bezweckte. Und schon wieder hatten sie mitgehört, jedenfalls machten sie es glauben in ihren Klatschspalten. Auf diese Weise erfuhren wir in steter Regelmäßigkeit, wer mal wieder »Haus und Hof verspielt« hatte. Wir lachten amüsiert über solche Aufmachungen, während Millionen Lesern in Deutschland das Frühstück im Hals steckenblieb. Die Schlammschlachten wurden frei Haus geliefert.
Die nächste Auseinandersetzung hatten wir am frühen Morgen nach der Überziehung des »Zapfenstreichs« zu führen. Wegen unseres Zusammenhalts schon als Viererbande etikettiert, zitierte uns Beckenbauer zur Audienz.

Wir ahnen, was uns erwartet, und bestimmen Dieter Hoeneß zu unserem Sprecher: »Du redest, wir hören nur zu.«

Beckenbauer eröffnet mit einem Stakkato: »Ihr spinnt wohl, so spät ins Quartier zu kommen, ihr Idioten ...« und wird von Dieter jäh unterbrochen: »Stop, du darfst alles zu mir sagen, aber nicht Idiot. Ich weiß, was ich im Kopf hab' und weiß, was du im Kopf hast, und deshalb sagst du nicht Idiot zu mir.« Beckenbauer daraufhin moderat: »So war es ja nicht gemeint, aber was müßt ihr euch auch erwischen lassen?«

Wieder kläfft Dieter dazwischen: »Wir konnten gar nicht anders. Das Camp ist doch hermetisch abgeriegelt. Das war doch generalstabsmäßig vorbereitet von den Kettenhunden der Presse.«

Jetzt kann ich den Mund nicht mehr halten: »Franz, gerade du bist doch in deiner aktiven Zeit über Zäune geklettert. Du bist sogar mit der Polizei heimlich ins Quartier gebracht worden. Nur, über dich hat keiner etwas geschrieben, weil du der Kaiser warst.«

Die Luft ist raus, und dennoch setzt der Teamchef zum Abstrafen an, um die Presse und die Funktionäre zur befriedigen: »Jakobs 5.000 Mark, Hoeneß 5.000 Mark, Augenthaler 5.000 Mark und Stein 10.000 Mark.«

Ich glaube, nicht richtig zu hören: »Moment mal, wieso ich 10.000?«

Beckenbauer begründet dies mit der Erwartung der Öffentlichkeit, die mich angeblich gerne rausfliegen sehen würde. »Dich rettet das vor dem Heimflug.« Meine Ehre ist verletzt, ich begehre auf: »Ich bin doch kein Schuljunge, der sich in die Ecke stellen läßt. Dann gib mir lieber das Ticket für den Heimflug.«

Klaus Augenthaler setzt sofort nach: »Meines bitte auch.« Dieter Hoeneß vervollständigt solidarisch: »Dasselbe für mich.« Beckenbauer kapituliert. Drei Abschiebungen kann er öffentlich nicht begründen. Die Sitzung geht aus wie das Hornberger Schießen. Keine Geldstrafen, keinen Rausschmiß – nichts. Die langen Gesichter der Journalisten, denen der heiße Pausenfüller geklaut wurde, lassen nichts Gutes ahnen.

Als ein Tag nach dem Marokko-Spiel, das ich – wie verabredet – von der Tribüne aus beobachtete, die Journalisten nicht lockerließen, konnte ich meinen Rücktritt nicht länger verheimlichen. Rainer Holzschuh, der frühere DFB-Pressesprecher und jetzige »kicker«-Chefredakteur, bemüht um einen geschlossenen Eindruck in der Öffentlichkeit, versuchte mich noch am Reden zu hindern. Ziemlich sauer über die kursierenden Gerüchte, Beckenbauer hätte mich wegen meines Lebenswandels auf die Tribüne gesetzt, verlangte ich die Richtigstellung.
Ich herrschte Holzschuh an: »Ich rede, mit wem ich will«, und legte los: »Ich mache das Kasperletheater nicht mehr mit. Daß ich gegen Marokko auf der Tribüne saß, war mit dem Teamchef einvernehmlich geregelt. Meinen Rücktritt aus der Nationalmannschaft habe ich ihm bereits vorher erklärt. Ich werde mich jetzt mehr um meine Familie und den HSV kümmern.« Die Gründe meines Rücktritts wollte ich nicht nennen, da sie zuviel Unruhe verursacht hätten. Schließlich stand die Mannschaft im Viertelfinale: »Mehr möchte ich dazu nicht sagen. Ich wasche öffentlich keine schmutzige Wäsche.«
Damit war ich endgültig zum Abschuß freigegeben: »Stein: Nie wieder Nationalmannschaft«, »Stein zerbricht am Reservisten-Dasein«, »Stein betrunken«, »Stein mißachtet Zapfenstreich«, »Stein, der große Verlierer«, »Stein, der Unruheherd«, »Stein total verrückt geworden«, – derlei Schlagzeilen zierten die Titelseiten der einschlägigen Gazetten.

Das Faß zum Überlaufen brachte allerdings eine Geschichte, die sich bereits zehn Tage zuvor abgespielt hatte. Sie ist angeblich aufgrund eines defekten Fernschreibers nicht so-

gleich bis zu Hermann Neuberger, dem DFB-Präsidenten, vorgedrungen:
Sieben Wochen Überlebenstraining machten aus uns langsam aber sicher Konfirmanten mit Bunkerschaden. Beispielsweise dachten wir uns beim Essen irgendwelchen Blödsinn aus, der typisch war für die Langeweile im Camp. Die »Viererbande« überlegte sich Kürzel für Mitspieler, Trainer und Funktionäre. Als ich an der Reihe war, erfand ich schlicht und ergreifend den Ausdruck »SK«. Keiner kam auf die richtige Antwort. »Jetzt sag' schon«, drängte Jakobs. Ich mußte lachen und verriet: »Na klar, SK wie Suppenkasper für Beckenbauer.«
Das Gelächter war groß, auch bei Lothar Matthäus, der mittags ebenfalls bei uns am Tisch saß. Nachmittags wußte es bereits der erste Journalist, und der fragte mich, ob es stimmen würde, daß ich den Teamchef »Suppenkasper« genannt hätte. »Ja klar, wir machen da immer so hirnrissige Spielchen aus purer Langeweile ...« Weg war er, noch bevor ich fragen konnte, von wem er diese Geschichte zugesteckt bekommen hatte. Am darauffolgenden Tag rief Conny an und fragte, ob ich einen Vogel hätte. Sie hatte nämlich gerade gelesen, daß ich den Beckenbauer nur noch mit »Suppenkasper« anreden und die Nationalmannschaft allenfalls als »Gurkentruppe« betrachten würde.
Ich wunderte mich zu diesem Zeitpunkt über nichts mehr, beruhigte sie und versuchte, mich zu erinnern, wo die Gurkentruppe herkam. Abgesehen davon, daß es mir leicht hätte einfallen können, angesichts der Leistungen der deutschen Mannschaft in Mexiko, durfte ich diese Wortschöpfung aber nicht für mich in Anspruch nehmen. Das Urheberrecht besitzt Mathias Herget, der über seine Nichtnominierung wutentbrannt nach dem Uruguay-Spiel vor der Kabine herumgebrüllt hatte: »Gegen diese Gurkentruppe hätte ich auch gut ausgesehen« und damit die Urus meinte.

Nach der x-ten Veröffentlichung meines Strafregisters und der Auflistung meiner Ausfälle gegen Franz und die Welt funkte es auch in Mexico-City bei Hermann Neuberger.
Berti Vogts holte mich vom Straftraining in die heiligen Gemächer. Der gesamte DFB-Troß, außer Neuberger, der bei der FIFA in Mexiko-City geblieben war, empfing mich kopfschüttelnd. Dicke Pressemappen auf dem schweren Eichentisch wälzend, stöhnten sie abwechselnd: »Hmm, es geht nicht mehr«, »Oi, oi, oi, wir können nicht anders«, »Tja, ähm, was wir hier schwarz auf weiß ...«
Ich unterbrach und bat nicht um weitere Erklärungen, sondern um das Ticket, steckte es in die Tasche und verabschiedete mich mit einem freundlichen Resümee: »Das war das Beste, was uns allen passieren konnte.« Die steinigen Boshaftigkeiten sind angeblich im Hauptquartier so heftig eingeschlagen, daß die Weltpresse eine »Herz-Attacke« bei Egidius Braun, dem damaligen Delegationsleiter und heutigen DFB-Chef, vermelden mußte. Tags darauf, bei der Siegesfeier nach dem Viertelfinalspiel, feierte er allerdings schon wieder munter mit.
Beckenbauer suchte nach einem entschuldigenden Abschiedsgruß: »Es tut mir leid. Ich konnte nichts mehr machen, das kam alles von ganz oben«, und deutete in Richtung Mexiko-City, wo die Allgewalt Neuberger fünf Wochen lang regierte. »Wenn ich zu bestimmen gehabt hätte, wäre die Entscheidung anders ausgefallen«, versicherte er mir irgendwie sogar glaubhaft. Das einzige, was mich zu diesem Zeitpunkt noch interessierte, war, wie der HSV auf diese Kampagne reagierte. Nicht ohne Schärfe verlangte ich vom Teamchef, den Hamburger Präsidenten Wolfgang Klein über die tatsächlichen Hintergründe aufzuklären, da ich es ansonsten in der Öffentlichkeit tun müßte. Beckenbauer sicherte mir dies zu. Außerdem war Felix Magath noch auf dem Zimmer, der ab 1. Juli seine aktive Laufbahn gegen den Manager-Posten beim HSV eintauschen sollte.

»Wenn ich zu bestimmen hätte, wäre die Entscheidung anders ausgefallen«, versicherte mir Beckenbauer

Auch er glaubte nicht, daß sich das mexikanische Buschfeuer bis Hamburg ausbreiten könnte: »Beruhige dich, Nationalmannschaft ist Nationalmannschaft, und Verein ist Verein.«
Nachdem ich meine Siebensachen zusammengepackt hatte, kam Beckenbauer nochmals kurz vorbei. Sichtlich erschrokken bat er, »überleg' dir die Sache mit dem Rücktritt gründ-

lich, bei mir ist immer eine Hintertür für dich offen. Laß es mich wissen.«
So nahm ich Abschied ohne Tränen. Der erste Rausschmiß aus einer WM-Delegation in der Geschichte des deutschen Fußballs war keine Strafe, sondern Erlösung. Allerdings nur scheinbar, wie sich schnell herausstellte. Denn der letzte Akt geriet zu einem einzigen Spießrutenlauf:

Einen Tag vor meinem Abflug treffe ich in Mexiko-City Bayern-Manager Uli Hoeneß, der mich zum Essen einlädt. Er will alles ganz genau wissen, schließlich ist sein Bruder als Angehöriger der Viererbande mittelbar mit einbezogen. Als wir nach ausgiebigem Essen das Lokal verlassen, blitzt nicht etwa ein Sommergewitter, sondern schon wieder die Pressebeleuchtung auf. »Während seine Kameraden ums Halbfinale kämpften, tanzte Stein die Nacht durch«, setzten Journalisten zur Vollendung des Portraits vom »Asozialen« an.
Es scheint niemanden zu stören, daß das Spiel erst am darauffolgenden Tag angepfiffen wird, und schon gar nicht, daß die verruchte Disko ein prüdes Eßlokal ist.
Auf dem Flughafen bekomme ich das Spiel gegen Mexiko mit äußerst gemischten Gefühlen mit. Ende der regulären Spielzeit: unentschieden. Der Hälfte der Mannschaft gönne ich einen Erfolg aus rein menschlichen Gründen. Der Rest soll bitteschön nicht auch noch belohnt werden für die Intrigen und den häßlichen Fußball, den sie spielen.
Pünktlich zur Verlängerung suche ich meinen Platz in der Maschine: »Bitte stellen Sie die Sitzlehnen senkrecht. Der Start erfolgt in wenigen Minuten.«
Über den Wolken fliegt die Stewardeß auf mich zu: »Die Verlängerung ist auch unentschieden ausgegangen, sollen wir Sie über das Elfmeterschießen auf dem laufenden halten?« Aber ja doch!
Und sie haben wieder gewonnen, gnadenlos, selbst gegen

diese netten Gastgeber, für die es so wichtig gewesen wäre, im eigenen Land mal eine große Nummer abzuziehen. Jetzt weint ganz Mexiko. Aber meine Freunde auf ihrem kleinen Anwesen werden es übermorgen schon überwunden haben und aus lauter Gastfreundschaft »Alemania, Alemania, ra, ra, ra« rufen.

In Dallas landen wir zwischen und sind wieder eingesperrt im zollfreien Transitraum. Ich habe Zeit zum Grübeln. Die Schlagzeilen ziehen an meinem geistigen Auge vorbei. Ich verfalle düsteren Gedanken. Mein Traum von der »number one«, mein Ruf, mein Glaube an die Leistung – alles den Bach runter. Da fällt mir ein gutgekleideter Mann auf, der um mich rumschleicht und mich mustert. Nach einer halben Stunde gibt er sich einen Ruck und fragt allen Ernstes, ob die WM schon vorbei oder ich verletzt sei. Er sei auf Geschäftsreise in den USA gewesen und habe nichts mitbekommen.

Einem wildfremden Geschäftsmann vertraue ich mich eine Stunde lang an, erzähle ihm die mexikanische Herausforderung und lasse mich von ihm wieder aufrichten. Kurz bevor wir zum Weiterflug aufgefordert werden, rät er: »Tun Sie mir einen Gefallen. Vergessen Sie die Medienhetze. Die müssen jeden Tag eine andere Sau durchs Dorf treiben, sonst sind sie nicht mehr konkurrenzfähig.«

Dieser Satz trägt dazu bei, daß ich meinen Lagerkoller und meine Betriebsblindheit überwinde. Er hilft mir, über den Tellerrand hinauszublicken – auf meine kleine Familie. Ich freue mich auf Conny und Jennifer. Im Flugzeug freue ich mich auf meine Ankunft, die entsprechend gefeiert werden soll. Welche Fehleinschätzung.

In Frankfurt, dem zweiten Zwischenstopp, kommen Sicherheitsbeamte aufgeregt auf mich zu: »Herr Stein, bleiben Sie um Gottes Willen sitzen, da draußen lauert eine Meute auf Sie.«

Nachdem sich die Maschine geleert hat, werde ich über

dunkle Gänge in ein abgeschirmtes Separée geführt. Ein Polizist als Leibwache macht mir die Brisanz der Situation erst klar. »Sie können sich überhaupt nicht vorstellen, was da unten los ist.« Seine am offenen Halfter getragene Pistole beruhigt mich nicht gerade. Vergeblich versuche ich mich mit einem Roman zu zerstreuen. Der Weiterflug nach Hamburg bringt dann den hautengen Kontakt mit leibhaftigen Leichenfledderern.

Ein ganzer Pressepulk scheut den Aufwand nicht, Flugtickets von Hamburg nach Frankfurt und zurück zu belegen. Auf Teufel komm raus wollen sie im selben Flugzeug wie ich sitzen, um anderntags mit »Stein total am Ende« und »Stein zitterte nach Hause« aufzumachen. Auf der Gangway winkt mich ein Lufthansa-Begleiter zur Seite. Ein Passagier ruft mir hinterher: »Schau dir den feigen Hund an, der traut sich ja nicht einmal mehr unter normale Leute.« Ein schwarz-gelber Golf stoppt mit einer Vollbremsung auf dem Rollfeld. Zu zweit bringt man mich vor dem herannahenden Bus zum Personalausgang des Flughafens. Dort nimmt mich mein Steuerberater in Empfang: »Du kannst nicht zu Conny, das Haus ist belagert.«

Acht Stunden sitze ich in seinem Büro, bohre mit den Augen Löcher in die Ledersessel und greife alle zehn Minuten zum Telefonhörer. Conny gibt aufgelöst den Lagebericht von unserem Haus in Rellingen im Kreis Pinneberg durch: »Selbst auf der Pferdekoppel des Nachbarn und im angrenzenden Wald haben sie sich postiert mit langen Teleobjektiven. Die Polizei war schon zweimal da, weil sie die Straße versperren mit ihren großen Autos. Es ist schrecklich. Sie benehmen sich wie Vandalen, klingeln bei Nachbarn, fragen sie aus über uns, werfen Abfälle in den Garten. Zwei haben sich schon herangeschlichen bis ans Schlafzimmerfenster.«

Nach Mitternacht geben die Belagerer auf, ich kann endlich zu meiner Familie. Die großen strahlenden Augen und das

Lachen von Jennifer lassen mich erstmal alles vergessen. Tagelang spiele ich mit ihr, wickele sie, gebe ihr die Flasche. Mexiko ist vergessen, wenn sie mir die Ärmchen entgegenstreckt und mit den Wurstfingerchen in meinen Haaren wühlt. Es gibt ein Leben nach dem Tod.

Eine Woche später saß ich vor dem Fernseher und fieberte dem Endspiel entgegen: Deutschland gegen Argentinien. Die Ruhe, die Nachbarn, Bekannte und selbst ich für echt gehalten hatten, entpuppte sich schnell als aufgesetzt. Nervosität überfiel mich. Zerrissen waren meine Gefühle. Ich schlingerte im Dreieck von Rachegelüsten, Sympathie für das Gros der eigenen Mannschaftskameraden und der Hoffnung, daß der schönere argentinische Fußball die Oberhand behalten würde. Am Ende kehrte wirklich Ruhe ein, weil sich die Argentinier verdient durchgesetzt hatten. Zwischendurch jedoch, als sich Schumacher wegen eines groben Schnitzers das zweite Tor einfing, dankte ich dem Herrn lautlos dafür, daß es doch noch Gerechtigkeit auf Erden gibt.

Die vorläufig letzte mexikanische Nachwehe erwischte mich vier Wochen später:
Mitten im August glaube ich an einen Aprilscherz, den sich die Firma adidas mit mir erlaubt. Per Post schicken sie mir ein Paket mit diversen Werbeutensilien von der WM. Zum Inhalt gehört ein ziemlich aufgequollenes Etui mit einer verkratzten Plakette und ein von allen Spielern – außer mir – signiertes Leder mit der Aufschrift: »Argentinien – Deutschland 3:2. Wir gratulieren zur Vizeweltmeisterschaft.« Darunter stehen die Namen des gesamten Kaders, einschließlich meinem. »Das ist die pure Verarschung«, schreie ich durchs Haus, schicke das Paket postwendend zurück, versehen mit einem ordentlichen Antwortschreiben an die geheimen Teamchefs:

»Ich habe mir eine Weile überlegt, ob dies nur der nachlässigen Pflichtmäßigkeit einer Bürokraft zu verdanken ist, oder ob Sie damit gar die Allmacht und Weisheit von DFB-Beschlüssen in Frage stellen wollen. Ich meine, daß die patinierte Medaille und das angejahrte Etui Ihnen nicht aus der Verlegenheit für eine Antwort helfen werden. Mit Lorbeeren anderer habe ich mich noch nie schmücken lassen, und das haben Sie offenbar übersehen; deswegen erhalten Sie beides wieder zurück.«

Herr Dr. Thomas Bach, Promotion and International Relations Director vom Drei-Streifen-Haus, traktiert im Gegenzug seinen Schreibautomaten mit einer Antwort, die für sich spricht: »Sehr geehrter Herr Stein, auch Ihre vorzeitige Abreise von der Fußball-Weltmeisterschaft in Mexiko ändert nichts an Ihrer Zugehörigkeit zur offiziellen Delegation des DFB. Dieser Tatsache haben wir gerne Rechnung getragen, haben Sie bis zu diesem Zeitpunkt doch zweifellos zum Erfolg der Mannschaft beigetragen, weshalb Ihr Name auf unserer Erinnerungstafel verzeichnet ist, an deren Unterschrift Sie leider verhindert waren.

Daher befinden weder wir uns in einer Verlegenheit bezüglich der Ihnen zu erteilenden Antwort noch müssen Sie sich den Kopf über die Leistungsfähigkeit unserer Bürokräfte zerbrechen.

Es ist schade, daß Sie unsere gutgemeinte Geste nicht positiv aufzunehmen gewillt waren, wir würden uns dennoch über eine gute Fortsetzung unserer Zusammenarbeit freuen und wünschen Ihnen weiterhin sportlich hervorragenden Erfolg.«

STEINSCHLAG

Das vorläufige Ende des Fronttheaters

Oktober 1986, Fuggerstadt Augsburg: Bemüht um Haltung, schleiche ich vom Platz. Der Blick zurück im Zorn nützt keinem. Mittelfeldspieler Heinz Gründel hat Probleme, den Torwart-Pulli überzuziehen. Dietmar Jakobs liegt noch benommen im Strafraum. Schiedsrichter Klaus Bodmer rettet sich im Laufschritt um den Tatort herum vor der blauweißen Traube.

Die Beine werden schwerer, das Johlen der Masse lauter. Ein ganzes Obstladen-Sortiment fliegt durch die Luft. Ähnlich einem Seiltänzer, versuche ich mich auf die Seitenauslinie zu konzentrieren.

Als der Hagel aus Äpfeln, Orangen, Feuerzeugen und Beschimpfungen dichter wird, schaue ich ins Publikum, um rechtzeitig ausweichen zu können. Gleich habe ich den Ausgang unter der Haupttribüne erreicht. Die Meute rüttelt am Gitter, fluchend und spuckend, mit gefletschten Zähnen und herausgestreckten Zungen. Schrille Töne surren in den Ohren. So stelle ich mir einen Gehörsturz vor. Wut sammelt sich tief unten im Bauch. Doch ich bin besonnen und beiße erstmal die Zähne aufeinander. Mein Ehrgefühl schreit nach Gegenwehr, wenigstens das Symbol muß her, das sie verstehen. Ich reiße den rechten Arm hoch und strecke den Mittelfinger senkrecht in die Luft: ›Leckt mich‹. Jetzt erst werde ich der öffentlich-rechtlichen Kamera gewahr, die fünf Meter von mir entfernt live dabei ist. ›Big Brother‹ schwenkt mit, sendet meine hilflose Trotzreaktion direkt in die Hirnwindungen von Millionen. Mexiko ist

allen noch deutlich in Erinnerung. Sofort wird mir klar, welche Bestätigung sie eingefangen haben. Der Rüpel der Nation hat sich zurückgemeldet. Ein ganzer Fragenkatalog schießt mir durch den Kopf: Was ist eigentlich geschehen? Wirft Mexiko seine langen Schatten bis hierhin? Bin ich zu dünnhäutig, oder verfolgen mich die Schiedsrichter mit ihren Vorurteilen und bösartigen Fehlentscheidungen wirklich? Gibt es gar ein DFB-Komplott gegen mich und meinen Verein? Wollen sie, daß ich ausflippe?
Unter der Dusche verflüchtigt sich der Verfolgungswahn.

Nüchtern sehe ich den Tathergang: Der Augsburger Stürmer läuft in den Sechzehner, Jakobs grätscht nach dem Ball, der Stürmer legt eine astreine Schwalbe hin, und der Schiedsrichter pfeift. Fünf Mann stürzen sich auf ihn, reklamieren, noch bevor er erkennen läßt, was er überhaupt entscheidet.
Ich rechne mit einer Verwarnung des Augsburgers wegen Simulierens und einem Freistoß für uns. Weit gefehlt. Er erwischt mich auf dem falschen Fuß. Sein Zeigefinger deutet unmißverständlich auf die Mitte des Strafraums. Ich bin von den Socken. Der Mann in Schwarz schreitet majestätisch zum Elfmeterpunkt. Außer mir vor Entrüstung, renne ich auch dorthin, als gelte es, den strategisch wichtigen Ort zuerst zu erobern. Fast gleichzeitig kommen wir an.
»Das ist doch wohl ein Witz«, sage ich. »Nein, das ist Elfmeter«, lächelt er mich an.
Ich sehe keinen Sinn mehr in der Unterhaltung, drehe mich um und schreie auf dem Weg ins Tor, daß sich das Netz durchbiegt: »Du Blinder!«
Schreckliche Erinnerungen werden wach: Ungefähr die 60. Minute, wir führen 1:0. Jetzt der Ausgleich und dann ... Das Gelächter im schwäbischen Geislingen schrillt mir in den Ohren. Dort haben sie uns vor drei Jahren mit dem Pokal-K.o. zum Gespött der Leute gemacht.

»Du Arsch!« brülle ich mit in den Nacken gelegtem Kopf gen Himmel. Herr Bodmer weiß, daß es nicht dem Herrn, sondern ihm gilt. Er bläst den Wanst auf, strapaziert seine Autorität und zeigt mir, wo es lang geht. Ich sehe rot in doppelter Hinsicht. Auf den Feldverweis hin fallen mir nur noch Schimpfwörter schlimmster Sorte ein.
Trotz des warmen Wassers, das angenehm den Rücken hinunterläuft, will keine Wohligkeit aufkommen. Ich bin rückfällig geworden und plump dazu. Darüber hinaus hatte Happel für einen solchen Fall bereits Konsequenzen angedroht. Die Bewährung würde widerrufen. Dabei hatte ich mir doch Mühe gegeben, zumindest variantenreich aufbegehrt, nie die gleichen Fehler gemacht: In Cannes demonstrierte ich mit der Kehrseite, in Uerdingen lehnte ich mich stumm an den Pfosten, und heute hatte ich zum Himmel geschrien. Eigentlich ist es nur die Angst des Tormanns vor dem Elfmeter-Pfiff. Aber immer machen sie den Bronson aus mir – ein Mann sieht rot.

Zusätzlich zu den vier Wochen durch den DFB brummte mir Ernst Happel noch eine vereinsinterne Sperre bis nach der Winterpause auf: »Nein, nicht zur Strafe, nur zur Beruhigung«, erklärte er mir. Der Fuchs spielte mit der Schnellebigkeit der Zeit, mit der Vergeßlichkeit der Menschen und Medien: »Wenn wir zur Rückrunde dann wieder mit dir auflaufen, ist genug Gras über die Sache gewachsen.«
Dennoch, von Entspannung konnte keine Rede sein. Das Verhältnis zwischen mir und dem Arbeitgeber war von Stund an getrübt. Was ich tat, was ich sagte, alles fand große Beachtung und strenge Richter. Beispielsweise hielten mich die Boulevardblätter im Gerede, schrieben über meine angebliche Unzufriedenheit und einen angestrebten Vereinswechsel. Nachrichtenflauten überbrückten sie mit erfundenen Abwanderungsgelüsten, insbesondere zum Hauptkon-

kurrenten Bayern München. In steter Regelmäßigkeit war mir der Zorn der Führungsetage sicher.
Entlastend wirkten allenfalls meine hervorragenden Leistungen in der Rückrunde. Horst Köppel, der damalige DFB-Assistenztrainer, brachte mich in Sachen Nationalmannschaft wieder ins Gespräch. Günter Netzer, Felix Magath und andere Sachverständige forderten öffentlich ebenfalls meine Rückkehr ins Beckenbauer-Team.
Toni Schumacher hatte sich mit seinem Doping-Enthüllungswerk hochkant aus der schwarz-rot-goldigen Truppe hinauskatapultiert. Die Medien machten geradezu einen schmalzigen Fortsetzungsroman aus meinem Verhältnis zu Franz Beckenbauer. »Noch eine Woche bis zur Versöhnung«, noch drei, noch zwei, noch einen Tag, konnte man den Countdown in großen Lettern verfolgen.
Am treffendsten kommentierte das »Hamburger Abendblatt« die zynisch-taktische Gangart meiner Wiedereingliederung ohne Gesichtsverlust auf beiden Seiten: »Die Nationalelf braucht einen erstklassigen Torwart. Schumacher ist weg, Immel nicht gut genug, der Rest zu jung. In dem Fall geht die Notwendigkeit über die Prinzipien; der gute Anstand über die Vorsätze und die Flüche der Vergangenheit. Man arrangiert nach entsprechender Vorbereitung das Treffen, Beckenbauer und Stein schütteln sich die Hände, Stein leiert ein paar Floskeln des Bedauerns herunter, und die Nationalmannschaft hat wieder ihren erstklassigen Torwart.«
Dann sprachen Beckenbauer und ich tatsächlich miteinander. Franz stellte mir die Rückkehr in Aussicht – und zwar als Nummer eins. Allerdings sollte dies erst nach Ablauf der Saison geschehen: »Damit die nicht denken, ich hätte deren Druck nachgegeben«, war Beckenbauer um seine Souveränität besorgt.
Immerhin, es reichte wieder zu besonderem Ehrgeiz und zu neuer Motivation. Und beim HSV war ich bestens aufgeho-

ben, was die Profilierungsmöglichkeiten betraf. Wir standen zu diesem Zeitpunkt an der Tabellenspitze und im Pokalhalbfinale. Ich wollte das Double.
Ich steigerte mich mal wieder in die Form meines Lebens, verlangte allerdings dasselbe von meinen Vorderleuten. Daß dies nicht ganz ohne Reibereien verlief, versteht sich mittlerweile von selbst. In Dortmund kassierten wir vier Tore, denen durchweg Abwehrfehler vorausgingen. Ich kam nicht mehr herunter von der Palme. Das fünfte hätte beinahe der Dortmunder Mittelstürmer Norbert Dickel gemacht, der ein ums andere Mal völlig unbedrängt durch unsere Deckung marschierte. Beim sechsten Spaziergang, dessen Route schon ab der Mittellinie ausgemacht werden konnte, beschloß ich trotzig: ›Jetzt bleibste halt auch mal stehen.‹ Ich wollte den anderen zeigen, wie es aussieht, wenn man mit einem »Bierdeckelradius« agiert. Mit hängenden Armen klebte ich auf der Torlinie, als Dickel auf mich zustürmte, und machte keinerlei Anstalten, ihm entgegenzustürzen. Den eigenen Mitspielern stand das Entsetzen ins Gesicht geschrieben. Norbert Dickel hat es nervlich aber auch nicht durchgestanden. Er schoß aus vier Metern Entfernung vorbei am wagenweit offenen Scheunentor.
»Arbeitsverweigerung« nannte Rolf Töpperwien im ZDF-Sportstudio meine Demonstration. Ich war so wütend auf die halbherzigen Vorderleute, daß ich mir einbildete, nur die krasse Überzeichnung ihres eigenen Verhaltens könne ihnen helfen. Der vorgehaltene Spiegel sollte sie zur Besinnung bringen.
Die betroffenen Gesichter der erschrockenen Kollegen machten mir deutlich: Meine Strafe für ihren mangelnden Einsatz zeigte Wirkung. Allerdings auch bei Ernst Happel. Der ließ Ersatztorhüter Uwe Hain warmlaufen. Ich gab mir anschließend wieder Mühe. Der Reservetorwart mußte zurück auf die Bank, was ihn verständlicherweise sehr ärgerte.

Die Aufregung schüttelte die Mannschaft nebst Betreuung noch geraume Zeit. Schließlich hatten sie meine so gearteten Demonstrationen anderntags allesamt tabellarisch aufgereiht in der Zeitung nachgelesen.
Das »Hamburger Abendblatt« grub zwei Uralt-Geschichten aus: »Es begann schon 1977. Damals noch Torhüter bei Arminia Bielefeld, läßt Uli Stein eine Rückgabe ins Tor trudeln, um die Wichtigkeit des Torwarts zu demonstrieren.« Und: »August 1978: ›Ich wollte denen nur mal zeigen, wie genau die anderen Stürmer schießen.‹ So begründete Stein, warum er einen Schuß absichtlich passieren ließ. Arminia Bielefeld belegte seinen Torwart mit einer Geldstrafe von 3.000 Mark.«
Mexiko, Schiedsrichterbeleidungen und der stets wiederkehrende Streit mit dem Trainer-Vater – alles baute sich sofort wie eine Wand zwischen mich und das Management. Dabei wollte ich nur das Double und meine Rückkehr in die Nationalmannschaft vorbereiten. Außerdem mußte ich es so vielen zeigen, denen, die mich längst totgeschrieben hatten, und denen, die dem HSV nach dem Weggang von Wolfgang Rolff und dem Ausscheiden von Felix Magath den Untergang prophezeiten.
Richtig geknistert hat es im Mai, als der Wechsel Ernst Happels zum FC Tirol bekanntwurde. Das traf mich wie ein Blitzschlag. Das hat richtig weh getan. Der Ersatzvater ging. Seine Nachfolge trat Josip Skoblar mit der Ankündigung an, er werde einen Torhüter mitbringen, der die deutsche Meisterschaft garantiere.
Von da an lagen die Karten offen auf dem Tisch: Der HSV wollte mich loswerden, obwohl ich unbestritten die Nummer eins zwischen den Bundesliga-Pfosten war; obwohl in der, von den Spielern sehr geschätzten, »kicker«-Bestenliste Woche für Woche mein Name mit großem Abstand vor allen anderen rangierte; obwohl nach dem Polkalsieg gegen die Stuttgarter Kickers und dem zweiten Platz in der Mei-

sterschaft im Grunde alles für mein Comeback in der Nationalmannschaft vorbereitet war. Selbst Ort und Zeit waren schon festgelegt: 12. August gegen Europameister Frankreich in Berlin. Aber der HSV bekam seinen Entlassungsgrund:

Nach nur neun Tagen Urlaub strapaziert eine außergewöhnlich harte Saisonvorbereitung die Mannschaft bis an die Grenzen der psychischen und physischen Belastbarkeit. Zwei Wochen fern von der Familie, von Menschen, die noch was anderes als Fußball im Kopf haben. Frühstück – Training – Ernährung – Training – Ernährung – Schlafen, schreibt der zermürbende Rhythmus vor, der uns an den Nerven zerrt. Zwei Wochen Knochenarbeit, kaserniert wie in Mexiko, es folgen sogenannte Freundschaftsspiele, die dem Verein lukrative Einnahmen, den Spielern nur Unannehmlichkeiten bringen.
Tausende Kilometer ist die Mannschaft in den Reisebus gezwängt, in dem kaum ein Bein gestreckt werden, geschweige denn irgendeine Form von Entspannung aufkommen kann. Wie Zirkustiere werden wir zu den Vorführungen gekarrt.
Sonntag in Kopenhagen, Mittwoch in Stuttgart, Samstag in Passau – das verlangt eine typische Tourneewoche. Gereizt machen wir uns wegen jeder Kleinigkeit an. Trainer Skoblar hat kein Händchen für die Situation, merkt nicht, wie die Motivation schwindet. Die Telefone in unseren Absteigen laufen heiß.
Jeder will nur noch nach Hause, sich ausruhen, ausbrechen aus dieser Eindimensionalität. Und dies am Anfang einer Saison. Das Supercup-Spiel gegen Bayern München wird einerseits zur lästigen Mehrarbeit, andererseits will sich jeder beweisen, seinen Stammplatz erkämpfen und natürlich die Meisterschaftsrevanche erzwingen. Ich persönlich muß meinen Platz in der Nationalmannschaft untermauern.

Der 28. Juli wird zum denkwürdigen Tag – zum Waterloo für mich. Das Spiel Erster gegen Zweiten, Meister gegen Pokalsieger wird von den Medien als »eigentliches Endspiel« hochgepuscht. Beim Verlassen der Kabine im Frankfurter Waldstadion sind wir uns einig: Wir ziehen den Bayern die Lederhosen aus. Ähnlich eingeschworen laufen die Münchner auf. Das Spiel wird zum Ventil. Der angeheizte Prestigekampf erschlägt jede Spielfreude. Die Ästhetik kommt gänzlich abhanden. Verbale Auseinandersetzungen arten in Wortkriege aus. Sie steigern sich in blutige Körperattacken: Bayern-Verteidiger Hans Pflügler wälzt sich am Boden, hält den Unterkiefer mit beiden Händen zusammen. Manfred Kaltz hat ihm kompromißlos an die Kinnlade getreten. Die Zahnbrücke Pflüglers fliegt in hohem Bogen über den Platz. Das teure Gebiß ward nicht mehr gefunden.
Ein paar Minuten später zieht unser Nachwuchstalent Sascha Jusufi an Lothar Matthäus vorbei. Letzterer grätscht von hinten in die Beine. Jusufis Wade ist zentimetertief aufgeschlitzt.
Wir halten das 1:1 bis zur 87. Minute. Hektik, Dramatik, Kampf gehen unter die Haut. Dann hämmert Pflügler den Ball aus 20 Metern gegen die Latte. Jürgen Wegmann, der Bayern-Mittelstürmer, steht völlig unbewacht im Sechzehner, schaltet schnell und schiebt den Abpraller aus fünf Metern Entfernung an mir vorbei ins Netz. Wegmann fällt über mich. Außer sich vor Freude, stößt er einen Schrei aus, der in einem unartikulierten »Tooaua« endet. Ich drehe mich zu ihm. Er setzt sich auf, will zum Jubellauf starten. Der Zeitraffer rast. Hundertstelsekunden liegen zwischen Reiz und Reaktion. Wir sitzen uns gegenüber wie Kinder im Sandkasten. Unsere Blicke treffen sich. Ich fühle den Blackout kommen. Der Kopf bäumt sich vergebens gegen den Körper auf. Meine Hand ballt sich zur Faust. Ich ergebe mich dem Reflex. Meine Faust schnellt hoch an sein

»Das war ein Reflex«, nahm mich selbst Jürgen Wegmann hinterher in Schutz

Kinn. Sofort stehe ich auf, hole den Ball aus dem Netz und trockne ihn an meinem Pulli. Ich weiß nicht, warum. Während ich krampfhaft um Besinnung ringe, zum ersten Mal in einer solchen Situation keinerlei Erklärung finde, stürmt Schiedsrichter Dieter Pauly auf mich zu, als wolle er Wegmann rächen. »Los, Stein, komm' raus aus dem Tor. Ich schmeiße dich jetzt hochkant raus!« Der Mann ist gleichfalls von Sinnen. Der Auftritt von Pauly schafft Zusammenhalt. Die halbe HSV-Mannschaft umringt ihn, beschimpft ihn, drängt ihn ab, wie einen ruppigen Angreifer, der einen Eishockey-Torhüter umgefahren hat. Wegmann, dem armen Kerl, bleibt nur eine Hand zum Freudentaumel, mit der anderen hält er sich die Backe. Dunkle Ahnungen, daß jetzt Schluß ist mit der Nationalmannschaft, vielleicht sogar beim HSV, begleiten mich vom Platz.

Abends verkrieche ich mich im Hotel, ziehe mir die Decke über den Kopf. An Schlaf ist nicht zu denken. Ich bin mir selbst ausgeliefert, will wissen, warum ich es getan habe, und finde keine Erklärung. Geschlagen hatte ich noch nie jemanden. Das ist etwas Neues. Insbesondere, weil es im Gegensatz zu allen vorangegangenen Missetaten gegen meinen Willen passierte.

Die vierwöchige harte Vorbereitungszeit, die blankliegenden Nerven der gesamten Mannschaft, der Verlust Happels, mein wahnsinniger Ehrgeiz, der Druck vor dem Comeback in das Beckenbauer-Team, die Einbildung, es immer allen zeigen zu müssen – das sind Ansätze, aber keine schlüssigen Begründungen. Plötzlich klingelt das Telefon. »Uli, komm doch runter, wir sitzen hier noch ein bißchen zusammen«, will mich Thomas von Heesen aufmuntern. Ich lasse mich schließlich überreden. Auf dem Weg ins Hotel-Restaurant treffe ich einen Hamburger Bild-Reporter. Frech baut er sich vor mir auf und verkündet, wohl wissend, was in seiner Zeitung stehen wird: »Morgen kannst du dir einen Strick nehmen.«
Am nächsten Tag beschließt das Vorstands-Trio Klein-Bekker-Kallmann gemeinsam mit Trainer Skoblar und Manager Magath, mich für unbestimmte Zeit zu suspendieren. Gleichzeitig empfehlen sie mir, einen neuen Verein zu suchen. Tagelang gehe ich nicht aus dem Haus. Ruhelos, wie ein Tiger im Käfig, drehe ich meine Runden. Mechanisch bewegt sich mein Körper durch Zimmer und Flure. Fernsehen, Zeitungen, Bücher, ja nicht einmal Conny und Jennifer können mich aufheitern.
Telefonanrufe nimmt Conny entgegen. Ich bin für niemanden zu sprechen. Vor allem nicht für die Jungs, die sich ihre Brötchen mit dem Totschreiben von Helden verdienen. Doch gerade der Schmierer, der mir den Strick angeraten hatte, will das Röcheln des Sterbenden hören.
»Ist Uli da?« fragt er Conny dumpf. Conny antwortet schlagfertig: »Nein, der hat Ihren Rat befolgt und hängt auf dem Speicher.« Grußlos legt er auf. Mir entlockt es ein erstes Lächeln.

Ich studierte immer wieder dieselben Artikel über das Spiel, die Ohrfeige, die Einschätzungen und Reaktionen. Ich las über mich wie über einen Fremden. Fast wie jemand, der

Pauly zückt »Rot«

das Gedächtnis verloren hatte, war ich auf der Suche nach meiner jüngsten Vergangenheit. Aus Nachrichtenfetzen, Interviews und Reportagen seriöser Blätter setzte ich die Mosaiksteinchen zusammen, die das Bild der vernichtenden Boulevardkommentare wieder zurechtrückten.
Schiedsrichter Pauly bestätigte eine »nervlich völlige fertige Hamburger Mannschaft, die er eigentlich mit fünf Platzverweisen hätte bestrafen müssen«. Auch Sascha Jusufi bekräftigte meine These von der Überlastung: »In der Mannschaft war schon lange ein giftiges Reizklima. Der Urlaub war zu kurz. Die Vorbereitung zu hart. Nicht nur Uli ist ausgeflippt.«
Bayern-Manager Uli Hoeneß mühte sich, die Luft rauszunehmen: »Ich wollte den Schiedsrichter noch vom Platzverweis abhalten, weil's doch nicht so schlimm war.«
Und selbst Jürgen Wegmann nahm mich in Schutz, mit einer psychologischen Erklärung, die nicht so absurd ist, wie sie zunächst klingt: »Das war keine Absicht. Ich glaube, das war ein Reflex.«
In den darauf folgenden »Fachdiskussionen«, die der Stein-

schlag ausgelöst hatte, sprachen die einen von kaltblütigem Vorsatz, andere von einer überdosierten Reaktion. Mit gemischten Gefühlen betrachtete ich die teils öffentlich geführte Debatte über meine Psyche.
Auf der einen Seite nahm es ein bißchen von der Einsamkeit, die mich schier erdrückte. Auf der anderen Seite war es äußerst beklemmend, die angebliche Triebhaftigkeit seines Handelns von Hinz und Kunz zerlegt zu sehen – wie bei einem gemeingefährlichen Massenmörder.
Professor Dr. Manfred Weigert, Chefarzt des Berliner Urban-Krankenhauses und Mannschaftsarzt des Eishockey-Teams von Preußen Berlin, verriet der »Bild-Zeitung« die vermeintliche Psychopathologie: »Der HSV-Torhüter war in diesem Moment vorübergehend unzurechnungsfähig. Er wußte nicht, was er tat, konnte sein Verhalten nicht kontrollieren. Stein befand sich im Zustand des Sympathicotonus. So bezeichnen wir Ärzte eine extreme Streßlage, eine Kampfsituation. Da wird vermehrt das Hormon Adrenalin ausgeschüttet. Es bewirkt einen Abbau der Hemmungen. Ärger entlädt sich durch körperliche oder verbale Angriffe. Wer ruhig bleibt, ist nicht richtig motiviert! Das kann man bei jedem Eishockey-Spiel beobachten. Faustschläge und Beschimpfungen sind da fast an der Tagesordnung.«
Nun ist Fußball nicht Eishockey. Aber das Menschliche an meiner Reaktion wollte er damit zumindest hervorheben.
Unreife bescheinigte mir hingegen ein anderer Psychologe. Professor Dr. Horst Tiewald vom Sportinstitut der Universität Hamburg im »Abendblatt«: »Es gibt überall Menschen, die an ihrem Arbeitsplatz normalerweise gute Arbeit vollbringen, in Extremsituationen aber überfordert sind. Das gilt auch im Sport. Der eine bleibt dabei sehr cool, wie etwa Toni Schumacher damals bei seinen Fouls, der gehört aus moralischen Gründen nicht auf den Sportplatz. Der andere, der, wie Uli Stein, durchdreht, hat zwar den Milderungsgrund des Affekts, ist aber psychisch unreif. Bei Uli

Stein kommt noch hinzu, daß er sich die Rückkehr in die Nationalelf zum Ziel gesetzt und deswegen für ihn sicherlich nicht leichte Schritte unternommen hat. Damit hat er sich einem so hohen Erwartungsdruck ausgesetzt, mit dem er offensichtlich nicht fertig geworden ist.«

Im weiteren trifft Tiewald den Nagel aber genau auf den Kopf. Als hätte ich schon Jahre bei ihm auf der Couch gelegen, formuliert er mir direkt aus der Seele: »Ein Torhüter befindet sich zudem in einer besonderen Lage. Psychische Spannungen können teilweise körperlich abgebaut werden, beispielsweise durch Laufen. Aber ein Torhüter steht größtenteils nur herum und beobachtet, ohne ins Geschehen eingreifen zu können. Er kann entstehende Aggressionen also nicht loswerden. Dadurch steht er unter einem ungleich höheren psychischen Druck als seine Mitspieler. Wenn dann seine Vorderleute Lücken schaffen, die der Gegner auch noch erfolgreich ausnutzt, kann es zu solchen Vorfällen kommen. Im Hochleistungssport geht es um Erfolg und Geld. Wenn man gesehen hat, welchem Druck unser Davis-Cup-Team ausgesetzt war, wird deutlich, über welche psychische Stabilität man verfügen muß, um solche Situationen zu überstehen.«

Am meisten beeindruckte mich der Brief des Analytikers Dieter Döttling aus dem schwäbischen Göppingen, der folgende Eigenschaften bei mir erkannt zu haben glaubte:

»– Individualismus = Zeichen für Intelligenz und Fähigkeit zu eigener Meinungsbildung

– Non-Konformismus = Zeichen für die Schaffung eigener Werte und Verhaltensnormen

– Impulsivität, Spontaneität = Zeichen für die Erhaltung natürlicher Menschlichkeit trotz jahrelanger Mitwirkung in einem harten, heuchlerischen und erwartungsnormierten Sport/Show-Geschäft.

Torhüter zeichnen sich durch schnelle Reflexe aus, die teils anlagebedingt vorhanden sind, teils antrainiert werden.

Diese Reflexe sind chemisch/physikalische Prozesse, die in aller Regel schnelle Muskelreaktionen und Bewegungsabläufe auslösen. Das loben alle. Laufen solche Prozesse aber einmal (... unter wieviel tausend Auslösern?) in negativer Form ab, dann wird die Person mit diesem sonst lobenswerten Vorgang verdammt.
Umwelt und Öffentlichkeit zeichnen Idealbilder mit sehr scharfen Schwarz-Weiß Konturen. Da bleibt kein Platz für Grautöne, d. h. Toleranz dürfen Sie nicht erwarten. Noch nicht einmal Verständnis für falsches Verhalten. Sie selbst sollten aber wissen: Was immer an Schadenfreude, Häme bis hin zur Bestrafung auf Sie zukommt – Sie als Mensch sind völlig in Ordnung. Es ist nur Ihr Verhalten, das für einige Minuten tadelnswert war. Wer aber jetzt Sie als Person angreift, tritt den Gegner statt den Ball und begeht dieselbe Art von Foul, das er Ihnen vorwirft.«

Abgestufte Wahrnehmung und jene Grautöne, die Döttling meint, besaßen seinerzeit keinen Stellenwert. Wenn die Psycho-Fraktion schon nichts hergab für meine totale Brandmarkung als Verhaltensgestörter, mußte halt Volkes Stimme her. Irgendwelche Namen in An- und Abführung gesetzt, und schon war die Redaktionsmeinung bestätigt: XY aus Reinbek im »Hamburger Abendblatt«: »Dieser Torwart ist kein Vorbild für die Jugend. Im Gegenteil, er ist eine Gefahr.« Oder ein Hans-Jürgen Kruse aus Hamburg: »Nach dem, was sich Uli Stein erlaubt hat, gehört er raus aus dem Profisport.«
Der Boulevard war sich einig. »Bild«-Kommentator Klaus Bockelkamp gab die Devise aus: »Die Rowdys auf dem Rasen genauso bestrafen wie die Rowdys auf den Rängen ... Der Faustschlag von Frankfurt war auch ein Faustschlag ins Gesicht der Fans, die Uli Stein immer wieder alle Eskapaden verziehen haben ... Auch Gewalt auf dem Rasen verlangt drakonische Strafen.«

Mit bekannter journalistischer Sorgfalt trommelten die Groschenblättchen und erzeugten eine Stimmung, der sich bald niemand mehr entziehen konnte.
Conny spürte es beim Einkaufen. Fremde Leute starrten sie beim Schlachter an, tuschelten hinter ihrem Rücken: »Das ist die Olle von dem Verrückten da.«
Mitten im Sommer igelten wir uns in unserem goldenen Käfig in Rellingen ein. Ich war verzweifelt. Die Ungewißheit, ob ich jemals wieder beim HSV spielen würde, zermürbte mich. Stundenlang glotzte ich auf den Fernsehschirm oder beugte mich über Romane, ohne auch nur eine Sequenz oder einen Satz wirklich aufzunehmen.
Von Zukunftsängsten gelähmt, verbrachte ich Tage auf dem Sofa oder im Bett. Einzig Jennifer brachte mich in die Gänge. Ihr ewiges Lächeln lockte mich für Stunden in eine Welt, die Konkurrenz, Leistungsdruck, Marktgesetzen und bigotten Anstandsregeln keinen Zutritt gestattet. Manchmal flüsterte ich ihr ins Ohr: »Sei froh, daß du so klein bist und noch nicht zur Schule mußt. Dort würden sie dich jetzt sicher hänseln, wegen deinem Papa, von dem alle sagen, daß er ein brutaler Schläger ist.«

Die nagende Unsicherheit, verstärkt durch das eisige Gefühl, verraten und verkauft worden zu sein, drang selbst in dieses letzte Reservat des Glücks. Manchmal keimte Hoffnung auf, wenn beispielsweise besonnenere Leute, wie der »Spiegel«-Reporter Hans-Joachim Noack, den »Fall Stein« sezierten: »Sportlich bewertet, verrät die Trennung von Stein eine Konfliktlösung, wie sie bei Amateurklubs verständlich ist. Da mag das Spiel ja noch Spiel sein – im Berufsfußball, der mit Millionensummen hantiert, um dann Kampftag für Kampftag zu einem unerbittlichen Verdrängungswettbewerb aufzufordern, muten derlei Beschlüsse eher weltfremd an.«
Nur, wer besaß schon Souveränität in diesem angeblich

vornehmen Klub? Der wortkarge Felix Magath trug in seiner Managerrolle den Dolch unterm Gewand und faselte nur noch von »Glaubwürdigkeit, die der HSV verliert, wenn wir ihn nicht so hart bestrafen«.

Das gesamte Präsidium stand wie eine Mauer gegen den herausgebrochenen Stein. Ebenfalls fest einzementiert in der Ablehnungsfront war Trainer Skoblar, der schließlich schon vor seiner Verpflichtung angekündigt hatte, seinem Schwager Mladen Pralija den Posten zwischen den Pfosten zuschanzen zu wollen.

Da saß eine heuchlerische Gemeinschaft beisammen, die, nur um den schönen Schein besorgt, Werte hochhielt, welche in diesem beinharten Geschäft schon längst nichts mehr bedeuteten. Hinter den Kulissen peitschten sie uns zum Kampf bis auf die Knochen, vor laufenden Kameras und in Journalistenblöcke diktierten sie Fairneß und Anstand.

Einzig Thomas von Heesen, der Mannschaftskapitän, stärkte mir öffentlich den lädierten Rücken. Auch er sah den Blackout in erster Linie in der nervenaufreibenden Vorbereitungszeit begründet und plädierte für eine Amnestie: »Ich werde mit Trainer, Assistent, Manager und Präsidium sprechen. Uli sollte nur so lange Urlaub machen, wie er vom DFB gesperrt wird, und dann wieder spielen.«

Von Heesen und Dietmar Jakobs trugen Skoblar den einstimmigen Beschluß der Mannschaft vor, mich wieder zurückzuholen. Der Kapitän machte mir Mut: »Die Sache ist noch nicht vom Tisch.« Das Blatt schien sich zu wenden, zumal die Fans mit einer Unterschriftensammlung in der Stadt unterwegs waren.

Als deutliches Zeichen auch meiner inneren Gesundung durfte die Wiederaufnahme des Trainings gewertet werden. Jürgen Stars, ein ehemaliger Torwart-Kollege beim HSV, mittelerweile für dessen Jugend zuständig, gab mir Privatstunden weit draußen vor den Toren der Stadt. Der SV Tangstedt stellte uns den Platz zur Verfügung. Sozusagen unter Ausschluß der Öffentlichkeit ackerten wir täglich mehrere Stunden. Ich trainierte mehr, als zu meinen aktiven Zeiten. Zum einen wollte ich mich fithalten für ein wie auch immer geartetes Comeback, beim HSV oder im Ausland. Zum anderen befreite mich die körperliche Anstrengung von Depressionen. In diesem Punkt hatten die Psychologen schon recht: Das beste Gegengift für psychische Anspannung war für mich immer das körperliche Ausagieren.

Das Wechselbad der Gefühle jagte mich in immer kürzeren Abständen durch Schüttelfrost und Fiebertraum. Während die Bundesligasaison wieder anlief, sprengte ich am Samstagnachmittag den Rasen des Vorgartens. Anfangs hörte ich dabei die Konferenzschaltung von den Spielorten im Radio. Nach zwei Wochen verordnete ich mir um diese Zeit einen Mittagsschlaf.

Ich hielt es nicht mehr aus, wenn die Reporter genüßlich den Niedergang des HSV kommentierten. Noch weniger ertrug ich die Vorstellung meines Nachfolgers Pralija. Mitte August fiel der DFB über mich her und verhängte in der Tat die von der »Bild-Zeitung« geforderte drakonische Strafe. Mit Verweis auf meinen Augsburger Platzverweis, aber ohne Erwähnung des mexikanischen Geisterritts, folgten sie blind ihrem Chefankläger Hans Kindermann.

Zehn Wochen Verbannung sollten die Doppelmoral retten. Das kam einer Vorentscheidung über mein weiteres Schicksal gleich. Magath hatte meine Zukunft beim HSV bekanntlich von diesem Urteil abhängig gemacht. Und die anderen Bundesligavereine hatten kein großes Interesse an einem, der die halbe Vorrunde gesperrt ist.

Die Zeit und der rapide Abstieg des HSV zum Punktelieferanten schienen dennoch für mich zu arbeiten. Gegen Bayern München kassierten sie sechs Tore. Ende September kam es zum Eklat. Der HSV wurde mit acht Treffern in Mönchengladbach verpackt. Für Pralija entpuppte sich der

Strafraum mehr und mehr als Irrgarten. Der überforderte Ersatztorwart aus Split verkam zur Schießbudenfigur.
Im Frankfurter Waldstadion legten sich Hamburger Schlachtenbummler nach der 3:0-Niederlage gar vor den Mannschaftsbus. Die Fans drohten mit Streik: »Wir wollen Stein, sonst kein'«, prangte von einem riesigen Transparent.
Dieselbe Presse, die mich wochenlang am Strick baumeln sah, rief mich zurück ins Leben: »HSV ausgelacht! Uli Stein muß wieder rein«, reimten sie. Oder fragten in erschlagenden »Bild«-Aufmachern: »Wann kommt Stein? Wann geht Skoblar?« Blitzumfragen wurden bemüht und erbrachten DDR-Ergebnisse: »96,3% sagen: Uli ins Tor.«
Auch die Spieler hielten sich nicht mehr zurück. Thomas Hinz erklärte sich im ZDF-Sportstudio »sportlich und menschlich mit Uli solidarisch«. Uwe Bein rechnete fest mit meiner Rückkehr: »Es tut mir sehr leid für ihn. Ich komme sehr gut mit ihm klar.«
Währenddessen geriet die öffentliche Auseinandersetzung zu einer geradezu staatstragenden Debatte. Beim Empfang des HSV durch den Regierenden Bürgermeister Dr. Klaus von Dohnanyi trauten die HSV-Oberen ihren Ohren nicht. Nach der Ehrung zum 100jährigen Vereinsjubiläum richtete dieser vor surrenden Kameras des NDR eine überraschende Bitte an sie: »Sehr geehrtes Präsidium, sehr geehrtes Management des Hamburger Sportvereins, lassen Sie mich noch einen Wunsch aussprechen, der mir sehr am Herzen liegt. Holen Sie Uli Stein zurück in die Mannschaft. Er gehört zum HSV wie der Michel zur Stadt.«
Er schlug die Versöhnung in zwei Schritten vor: Ich sollte mich entschuldigen und der HSV es noch mal mit mir probieren: »Man muß Stein, der zur Besinnung gekommen ist, eine Chance geben.«
Von solchen Empfängen ausgeschlossen, saß ich zu Hause am Fernsehschirm und fröstelte vor Rührung über die un-

erwartete Sympathie-Kundgebung von höchster politischer Stelle. Die präsidialen Eisklötze waren allenfalls peinlich berührt. Mit verkrampftem Witz mokierten sie sich lediglich über von Dohnanyis Einmischung.
Klein antwortete vor 350 geladenen Gästen und einem Millionenpublikum an den Bildschirmen: »Ich hoffe, daß Sie dem HSV auch Gelegenheit geben, die Politik Ihres Senats zu beeinflussen.«
Selbst die Kulturschaffenden machten mich zum Gegenstand ernsthafter Rezension und satirischer Betrachtung. ZDF-Showmaster Dieter-Thomas Heck schrieb einen Brief an den Präsidenten: »Lieber Wolfgang Klein, seit 15 Jahren trage ich die HSV-Nadel am Revers, seit vier Jahren die Goldene (...) Ich werde sie auch weiter tragen. Aber ich glaube, ich sollte mit dieser Goldenen zupieksen in irgendeinen Hintern, der diese hausgemachte Krise für witzig hält. Wenn der Herr Skoblar meint, es gäbe kein Torwartproblem, und dabei auch noch Unterstützung findet, dann habe ich das Gefühl, daß die Fans (wie ich) den Stein ins Rollen bringen müssen. Gut – Uli hat sich schlecht benommen. Das weiß er hoffentlich. Aber er war der Beste. Laßt ihn doch mal kräftig in die eigene Tasche greifen und eine saftige Spende an die Deutsche Sporthilfe leisten. Und dann wieder ab in den Kasten. Fans und Hintermannschaft wären glücklich. Und wenn irgend jemand glaubt, man könne sein Gesicht verlieren, wenn man etwas korrigiert, dann sage ich mit Konrad Adenauer: Wer kann mich daran hindern, von gestern auf heute schlauer geworden zu sein?«
Die Schizophrenie dieses scheinheiligen Theaters brachte Kabarettist Hans Scheibner wie kein anderer auf den Punkt. Unter dem Titel »Mißverständnis im All« schrieb er eine Fiction-Satire, die die Ereignisse ins angemessene Licht rückte:
»Octavius Pipus ist ein kleines, außerirdisches Wesen, auf die Erde gebeamt vom trinipedischen Raumschiff XL 984xx

aus der 84. Galaxis. Octavius Pipus befindet sich ungefähr seit 1,56783 Raumsekunden unter uns auf der Erde. Allerdings unsichtbar.

Hier der soeben eingefangene Mittschnitt eines ersten Funkkontakts von Octavius Pipus:

XL 984xx: Octavius Pipus auf Terra, hören Sie uns?

Pipus: XL 984xx, hier Octavius Pipus auf Terra. Verständigung ausgezeichnet.

XL 984xx: Erwarten erste Zustandsbeschreibung über sogenannte Menschennatur. Gibt es moralisches Verhalten? Wie ist menschliches Verhältnis zur Gewaltfrage?

Pipus: Frage verstanden. Antwort: Nach erster Beobachtung – Menschenwesen haben außerordentlich hochentwikkeltes Moralempfinden. Lehnen Gewaltanwendung mit höchster Empörung ab. Erlebte gerade aufschlußreichen Fall:

In einem sogenannten Fußballspiel versetzte Torwart der einen Partei Spieler der anderen einen Faustschlag an den Kopf. Darüber ganze Nation zutiefst entsetzt. Welle der Empörung geht durchs Land. Überaus verabscheuungswürdige Tat. Torwart wird ausgestoßen.

XL 984xx: Haben verstanden. Wie erklären Sie frühere Meldungen unseres verschollenen Raumschiffes CN 8 über menschliche Gewaltanwendung in unvorstellbarem Ausmaß. CN 8 hat damals Bilder gefunkt: Sogenannte Polizeimenschen schlagen auf Unbewaffnete und sprühen Giftgas, Menschenwesen quälen andere Menschenwesen zu Tode, Menschenwesen mit Blechhüten werfen Feuerdetonationsbälle auf andere Menschenwesen. Überall Leichen und Zerrissene. Wie erklären Sie den Widerspruch, Pipus?

Pipus: Hat CN 8 mitgeteilt, ob diese Gewaltanwendungen während eines Fußballspieles stattfanden? Wenn ja, zwischen welchen Mannschaften?

XL 984xx: Halten Ihre Rückfrage für unlogisch. Wenn Menschenwesen schon Gewalt beim Fußballspiel moralisch

empört, können Menschenwesen unmöglich größere Gewalt ohne Fußballspiel zulassen oder anwenden.
Pipus: Habe verstanden, XL 984xx. Nehme dumme Rückfrage zurück. Vermute, CN 8 war gar nicht auf Terra. Hat wahrscheinlich Planeten verwechselt. Bitte um Entschuldigung für logische Fehlleistung.
XL 984xx: In Ordnung, Octavius Pipus. Wünschen guten Aufenthalt auf Friedensplaneten Terra. Bis zum nächsten Rückruf: Over!«

Kein Frieden weit und breit, obwohl das Präsidium langsam bröckelte.
Eines Abends erhielt ich tatsächlich einen Anruf der dritten Art: »Hier Klein. Uli hast du schon einen neuen Verein? Nee?! Das ist gut so. Laß mal die Suche. Wir holen dich zurück.« Selbst Schatzmeister Horst Becker war der Meinung, »wenn Trainer und Manager wünschen, daß Stein wieder spielt, wird sich das Präsidium nicht dagegen wehren«.
Sie schoben sich den Schwarzen Peter wechselseitig zu. Josip Skoblar forderte von der Vereinsführung den ersten Schritt: »Das Präsidium hat Stein beurlaubt, also muß das Präsidium jetzt auch handeln.« Nur Felix Magath, der einstige Mannschaftskamerad, markierte noch den Hardliner: »An meiner Haltung hat sich nichts geändert.«

Unterdessen bin ich den dritten Monat mit Berufsverbot belegt. Ich büße im Matsch eines Dorf-Sportplatzes. Morgens um sieben Uhr stehe ich auf, koche Kaffee für Conny, kümmere mich um Jennifer, fahre los. Der Kofferraum ist längst zur Umkleidekabine umfunktioniert, die verschossenen Bälle suche ich selbst im Gebüsch. Der Platzwart und drei Bierkutscher sind mein Publikum. Mittags fahre ich ins »Reha-Zentrum Nord« und hänge mich zwei Stunden an die Muskelmaschinen. Ich ziehe mir die Korsettstangen ein,

übe Selbstdisziplin, so wie es mir Ernst Happel eingetrichtert hat. Ich beschäftige mich, um in Form zu bleiben, aber auch, um nicht noch mehr ins Grübeln zu verfallen.
Die Spannung wird unerträglich. Mein ehemaliger Mannschaftskollege und damaliger Berater Jürgen Milewski sondiert die Angebote: Hannover 96, FC Homburg, Chamois Niort (Frankreich), Sariyerspor Istanbul (Türkei) und Manchester United (England) zeigen Interesse. Der HSV will immer noch die für einen Torhüter astronomische Ablösesumme von 600.000 Mark.
Frankreich würde von der Kultur, der Lebensweise und dem fußballerischen Niveau her in Frage kommen. Der HSV läßt die Verhandlungen platzen, weil er die Ablöse auf einen Schlag und nicht, wie von den Franzosen erbeten, auf zwei Raten verlangt. Die Türken versprechen viel, halten wenig und wollen mich mitsamt der Staatsangehörigkeit.
Erdal Aksoy, Reeder, Baulöwe, Multimillionär und Präsident von Sariyerspor, hat bereits bei Staatspräsident Turgut Özal vorgesprochen. Der Paß soll innerhalb von zwei Monaten ausgestellt werden. Mein neuer Name: Ünlü Tasch (berühmter Stein). Das ist zuviel der Vereinnahmung.
Manchester ist die große Herausforderung, doch die Engländer wollen unsere Berner Sennerhündin »Alissa« erstmal sechs Monate lang in Quarantäne stecken. Da macht Conny auf keinen Fall mit.
Der FC Ommer, auch bekannt unter dem Namen FC Homburg, bietet eine halbe Million Jahresgehalt, ist aber sportlich ein hoffnungsloser Fall. Die könnten zwei Torhüter reinstellen und würden dennoch absteigen.
Spaßeshalber schlage ich einen besonderen Deal vor: Ommer, der bekanntlich viel Geld mit Immobiliengeschäften macht, übernimmt zusätzlich meine gottverdammten Bauherrenmodelle. Da läßt selbst der mit allen Wassern gewaschene Geschäftsmann den Hörer fallen. Und Hannover – na ja, da muß ich noch Geld mitbringen.

Aber eigentlich will ich sowieso in Hamburg bleiben. Die Generalkarte von Europa vor mir ausgebreitet, favorisiere ich nach wie vor ›meine‹ Heimatstadt. Und alles spricht für mich – zumindest, seit der HSV dauernd verliert – oder?
Die bevorstehende Krisensitzung mit dem Präsidenten-Trio, Manager Magath und Trainer Skoblar wird noch schnell mit einer achtstündigen Morgenpost-Telefonumfrage bombardiert. Die Fans sehen klar: »92,14% für Uli«, für einen »Boykott des Stadions, wenn Stein entlassen wird, sprechen sich 62,99% aus.«
Ich durchwache die Nächte vor der Entscheidung, wälze die Mehrheiten von 3:2 für mich und 2:3 gegen mich hin und her. Magath und Skoblar sind für einen Rausschmiß. Klein und Becker würden mir sicher noch eine Chance geben. Vizepräsident Kallmann ist das Zünglein an der Waage.
8. Oktober: Milewski und ich werden kurz vor dem Tribunal zu Skoblar zitiert. Ich entschuldige mich nochmals und betone, wie gern ich wieder für den HSV spielen würde. Vergebens. Während nebenan in Schleswig-Holstein zur selben Zeit ein Ministerpräsident namens Uwe Barschel an seiner hemmungslosen Machtgier scheitert, verkrampft der Hamburger Sportverein in heuchlerischer Selbstreinigung. Mit 5:0 Stimmen geben sie sich nach außen hin unerbittlich geschlossen und wollen mir nur noch »bei der Suche nach einem neuen Verein behilflich« sein.
Ich bin schockiert und gefaßt zugleich. Ich habe geahnt, daß die Angst vor dem Gesichtsverlust größer ist als der Mut, eine falsche Entscheidung zu revidieren. Mit selbstherrlichem Gebaren statt souveräner Nachsicht haben sie sich aus der Affäre gestohlen.
Vizepräsident Kallmann antwortet auf die Reporter-Frage, ob es sich der Verein leisten könne, gegen die Fans zu entscheiden: »Wir haben es nicht nötig, uns vor dem Mob zu verbeugen.«

Das ist das Ende: Der HSV geht baden, und ich stehe mit 33 Jahren vor dem Nichts.
Ich hatte zwar fünf Angebote, die aber allesamt aus den verschiedensten Gründen nicht realisierbar waren. Und dies vor dem Hintergrund, daß die Anfang der 80er Jahre von zwielichtigen Steuer- und Anlageberatern vielen Bundesligaspielern aufgeschwätzten Bauherrenmodelle auch mir schwer zugesetzt hatten. Von den in den Medien so häufig zitierten Millionen, die ich in den sechs Jahren beim HSV verdient haben soll, war jedenfalls keine müde Mark übriggeblieben.

GRABSTEIN

Totgesagte leben länger

Bis kurz vor dem inquisitorischen DFB-Urteil und dem Rausschmiß beim HSV war ich entschlossen, nie wieder auf deutschem Boden Fußball zu spielen. Da stand ich nun, ich armer Tor. Die Angebote aus dem Ausland rissen mich nicht gerade vom Hocker. Das Gefühl, nicht einfach abhauen zu können, setzte sich durch. Fragen taten sich auf: Was hatte das Zusammenspiel von Medien, DFB und HSV zu bedeuten? Verdammt zum Rosenschneiden im eigenen Vorgarten, während die Kollegen im goldenen Oktober um den Anschluß ans Mittelfeld kämpften, fand ich auf vieles eine Antwort. Eine davon setzte sich zunehmend in meinem Dickschädel fest: Individualisten wie ich, Nichtangepaßte, von denen andere ihre doppelte Moral vorgeführt bekommen, müssen von der Bildfläche verschwinden. Man belegt mich mit Berufsverbot und zwingt mich aus dem heimischen Berufsfußball, in der Hoffnung, daß dieser Aufmüpfige dem Publikum aus den Augen und aus dem Sinn gerät. Schließlich haben Berufsverbote in dieser Republik Tradition. Damit wurden bereits in den 70er Jahren kommunistische Briefträger mundtot gemacht.

Mein alter Kampfgeist erwachte zu neuem Leben: »Denen zeig' ich's, ich lasse mich nicht kleinmachen. Ich lasse mich aus diesem Land nicht vertreiben!« Waren es bisher immer nur einzelne Personen, denen Leistung, Meinung, Rückgrat entgegengestemmt werden mußten, so galt der Widerstand nun ganzen Verbänden. Meine »Nie wieder Deutschland«-Haltung wandelte sich in ein widerborstiges »Jetzt erst recht«. Ich war wieder stabil. Was mich aber verrückt machte, war die Aussichtslosigkeit, beweisen zu können, daß Gegenwehr sich lohnte. Denn kein akzeptabler Bundesligaverein ließ von sich hören.

Bis eines Samstags das Telefon klingelte: »Hier Milewski, ich hab' 'nen Verein für dich.« »Welchen?« »Kann ich noch nicht sagen, muß erst noch mal anrufen, aber halte dich bereit, du mußt heute vielleicht noch ins Flugzeug.« Während der Sportschau erlöst mich ein zweiter Anruf: »Pack' deine Zahnbürste ein, ich habe mit Eintracht-Manager Wolfgang Kraus alles geklärt, die Frankfurter wollen ernsthaft verhandeln.«

Ich schmeiße den Hörer auf die Gabel, reiße Conny aus dem Sessel, hebe sie fast bis zur Decke und brülle: »Das ist es. Die Frankfurter Eintracht.« Bevor Conny nachfragen kann, klaube ich ein paar Klamotten zusammen und rase zum Flughafen.

Während des Flugs versuche ich, mein Gefühl zu präzisieren: Die Eintracht ist ein Traditionsverein, sie hat zwar nie die großen Erfolge eingespielt, aber hohe Spielkultur gepflegt. Derzeit steht sie zwar schlecht wie nie, aber morgen kann sie ganz oben sein. Immer hatte sie Platz und Toleranz für nicht ganz so pflegeleichte Ausnahmeerscheinungen. Gerade die gehören zur launischen Diva, wie die Bauernkrieger zum 1. FC Kaiserslautern.

Ich war sicher, die Eintracht könnte mein persönliches Rehabilitationszentrum werden.

In wohliger Vorfreude auf die Verhandlungen erinnerte ich mich an meine bisherigen Frankfurter Stationen. Sonderbar mutete an, daß ich ausgerechnet dort meinen Frieden finden sollte, wo stets die größten Stolpersteine herumlagen: Das Relegationsspiel mit der Bielefelder Fahrstuhltruppe gegen 1860 München verloren wir im Waldstadion, der Steinschlag gegen Jürgen Wegmann passierte ebenfalls dort; und keinen Steinwurf davon entfernt regiert der DFB die

Branche aus dem Gebüsch heraus. Der in letzter Minute geplatzte Wechsel von Bielefeld nach Frankfurt und Kalli Feldkamp, mein alter Widersacher, fielen mir ein. Dieser Mann, unterdessen bei der Eintracht, sollte also wieder darüber befinden, was mit mir zu geschehen hatte?

Wer kennt ihn nicht, den Dauerlutscher: »Man trifft sich im Leben immer zweimal.« Viele Fußballer verwenden ihn mit Vorliebe, wenn sie Vereinen, Trainern oder Präsidenten tatsächlich ein zweites Mal begegnen. Führt man sich meinen Werdegang – auch geographisch – vor Augen, könnte man an Vorherbestimmung oder an eine wie auch immer geartete übersinnliche Drahtzieherschaft glauben.

Nicht, daß ich ein gläubiger Mensch wäre, ich glaube hauptsächlich an mich und meine Erfahrungen. Aber irgendwo, so scheint es mir manchmal, gibt es eine Kraft, die, bei entsprechendem eigenen Zutun, den Rest auf die Reihe schiebt. Was stets wie eine unglaubliche Verkettung von Zufällen aussieht, kommt mir manchmal vor, wie von unbekannten Mächten inszeniert.

Bekanntlich existieren einige unerforschte Phänomene, die immer eine bedeutende Rolle im Weltenlauf gespielt haben. Allein der Gedanke an die Entstehung der Erde wirft Frage über Frage nach den unfaßbaren Energien im Universum auf.

Ich rede nicht der schicksalhaften Fügung das Wort, sondern der Verquickung des eigenen Willens und Handelns mit eben jener unfaßbaren Kraft, die vielleicht real, vielleicht aber auch nur in unserer Einbildung wirkt.

Es ist schwer, darüber zu spekulieren, ohne gleich als esoterischer Spinner abgetan zu werden. Aber warum sollten andere Planeten, die bekanntlich einen Einfluß auf Gezeiten, Klima, Pflanzenwachstum, Geburten haben und unsere Zeitrechnung bestimmen, nicht auch sozialpsychologische Prozesse beeinflussen? Ein weites Feld, das bekanntlich in die Unendlichkeit führt.

Vorerst habe ich leider weder Zeit noch Muße, mich in den Sphären zwischen Astronomie und Astrologie zu verlieren. Wenngleich der Glaube ans Unglaubliche, an die Kraft aus dem Universum diffus bleiben muß, verfestigt er sich dennoch zunehmend in mir.

Die Verhandlungen waren unkompliziert und dramatisch zugleich. Einerseits zeigte sich die Eintracht überaus entgegenkommend und sah keine »Wohlverhaltensklausel« im Vertrag vor. Kraus gab sich gelassen: »Wir brauchen dich als guten Torwart, nicht als Duckmäuser.«
Lediglich über die Vertragsdauer von zwei oder drei Jahren war man sich uneinig. Feldkamp wurde herbeizitiert, der innerhalb einer Minute reinen Tisch machte: »Wir brauchen ihn mindestens drei Jahre.« Andererseits spielte der HSV das gleiche Spielchen wie mit den Franzosen, und dies vor dem Hintergrund, daß am darauffolgenden Dienstag die Transferliste geschlossen werden sollte. Dieser Termin war das Damoklesschwert über meinem Haupt. Würden sich die Vereine über die Ablösesumme nicht einig, wäre ich ein weiteres halbes Jahr ohne Spielberechtigung. Das Interesse der Eintracht an mir hätte sich damit erledigt.
Tatsächlich zeigte sich Felix Magath am Sonntag nicht eben von der hilfsbereiten Seite und verlangte eine Ablösesumme von 600.000 Mark, während Kraus 300.000 Mark bot. Die Differenz von 300.000 Mark mußte innerhalb von 48 Stunden vom Tisch. Abends legte Kraus 100.000 Mark drauf. Magath blieb stur: »Nee, is' nich'.«
Bis Montag mittag um 13 Uhr organisierte der Frankfurter Manager weitere 50.000 Mark und deutete mir das Ende der Fahnenstange an: »Mehr als 450.000 Mark können wir aber wirklich nicht bezahlen. Der Verwaltungsrat hat dies einstimmig beschlossen.«
Unterdessen ging der HSV auf 500.000 Mark runter. Wahrscheinlich amüsierte man sich während dieser sadistischen

Feilscherei köstlich am Hamburger Ochsenzoll. Ich war ziemlich aufgeregt und so heiß auf das Spiel am Samstag, daß mir während der zähen Verhandlungen angst und bange wurde. Ich rief Kraus an: »Hör' mal, ich bezahle zur Not die fehlenden 50.000 Mark selber.«
Uns war klar, daß dies nach den DFB-Statuten verboten war. Deshalb bot ich der Eintracht-Führung einen astreinen Deal an: Wenn sie mich für 500.000 Mark übernimmt, verzichte ich auf 50.000 Mark meines Jahresgehalts. Die Herren sahen's gern, und ich habe mich damit zu einem nicht unerheblichen Teil selbst freigekauft.

Beim ersten Training am Riederwald drängen sich Hunderte von Zuschauern um mein Tor. Jeder abgewehrte Schuß wird mit Beifall bedacht. Das Herz hüpft unter dem Torwartpulli, in meinen Fingern kribbelt es. Jetzt erst registriere ich den fürchterlichen Entzug. Beim Schußtraining zähle ich mit: 71 Bälle aus 16 Metern fliegen in kurzen Abständen auf meinen Kasten. Kaliber wie Karl-Heinz Körbel, Dieter Schlindwein, Thomas Klepper, Manfred Binz, Ralf Sievers, Andreas Möller, Michael Kostner, Frank Schulz, Wlodzimierz Smolarek und Lajos Detari versuchen sich an mir. Nur 13mal zappelt das Leder im Netz. Die Lust, mich durch den Strafraum zu werfen, die Freude, wieder dabeizusein, und der Ausblick auf die Samstage im Stadion machen aus dem kurzen Training eine Sternstunde, die für vieles entschädigt.
Doch plötzlich klatscht sie mir ins Gesicht, die Journalisten-Frage nach der Läuterung. Mit meiner Ehrlichkeit sorge ich für Erstaunen bei den Zeitungsleuten: »Ich kann und werde mich nicht wandeln. Wenn ich das versuche, verliere ich an Leistungsfähigkeit.« Und: »Den vermeintlich bösen Stein kann es ohne den gefeierten guten Stein nicht geben. Es sind die zwei Seiten derselben Medaille«, werde ich am anderen Tag zwar richtig zitiert. Nur verkürzt um die wich-

tige Feststellung, daß ich der Asoziale nicht bin, der öffentlich unter meinem Namen gezeichnet und verfolgt wird. Fast ebensoviel Verblüffung löse ich mit einer lapidaren Adenauer-Weisheit aus, mit der ich die Abkehr von meinem ›Nie wieder Deutschland‹ erkläre: »Was kann ich dafür, daß ich jeden Tag dazulerne.«

Vier Tage später folgt das Debüt. Das Klappern der Schraubstollen in den Katakomben des Waldstadions löst Erinnerungen aus. Skepsis befällt mich. Wie werden die Zuschauer reagieren? Es ist nicht »verdammt lang' her«, wie BAP-Sänger Wolfgang Niedecken in seinem Kölsch-Hit melancholisch resümiert, sondern erst drei Monate, daß ich an diesem Ort meinem vermeintlichen Abgang aus dem Fußballgeschäft entgegengelaufen bin.

Mit Schimpf und Schande hat man mich nach dem Schlag gegen Wegmann aus dem Stadion gejagt. Die Schmährufe der aufgebrachten Fans trommeln mir wieder deutlich in den Ohren. Ein Zweizeiler – lange nicht das Schlimmste, was ich zu hören bekam – fällt mir beim Betreten des Spielfelds wieder ein: »Stein – du Schwein.«

Ausgerechnet Toni Schumacher steht im Tor der Schalker Knappen. Die Rivalen schütteln sich vor laufenden Kameras die Hände. Zu sagen haben wir uns immer noch nichts. Die Blicke gehen verächtlich aneinander vorbei. Die Platzwahl schickt mich geradewegs in das Tor, von dem aus im Juli das Desaster seinen Lauf nahm.

Dann aber die sportliche Rache. Ich halte fehlerfrei, die Eintracht gewinnt 2:0, mein Weg unter die Dusche nimmt sich wie ein wahrer Triumphzug aus. 27.000 Zuschauer – 10.000 mehr als bei den bisherigen Heimspielen – feiern die wundersame Rückkehr des Uli Stein. Nach der völlig verkorksten letzten Saison, die den Witz gebar: »Warum kickt die Eintracht immer Freitag abends? Na logisch, weil samstags die Bundesliga spielt!« sieht man in mir nun den Hoffnungsträger.

45 Minuten brauche ich vom Tor in die Fan-Kurve und von dort über die Aschenbahn zurück in die Kabine. Hunderte von Pressemenschen scheinen an ihren Geschichten über mich keinen Gefallen mehr zu finden. Mikrofone, Kameras und Notizblöcke tummeln sich vor meiner Nase, als hätte ich die Wiederkehr des Heilands zu verkünden.
Von wenigen Journalisten abgesehen, die differenzierte Fragen stellen und Interesse an meiner persönlichen Situation zeigen, verachte ich diese opportunistischen Grabscher. Andererseits merke ich, wie sehr mir der Rummel gefehlt hat.
Auch anderthalb Stunden nach dem Spiel gibt die Presse den Weg nicht frei. Kraus kommt in die Kabine und bittet mich, den Leuten noch etwas in die Blöcke zu diktieren. Ich schaue kurz über die Menge und sehe mich geradezu genötigt, den weit mehr als 50 noch ausharrenden Journalisten eine Sonderpressekonferenz zu geben. Ich sonne mich im Scheinwerferlicht. Es ist mehr als angenehm, mal wieder das Kribbeln des Umworbenen in sich aufsteigen zu spüren. Daß das zur Sucht werden kann, erkenne ich in diesem Moment deutlich wie selten zuvor.
Meine Antennen sind in alle Richtungen ausgefahren. So entgeht mir nicht, daß es lange nach dem Abpfiff wie böse Hiebe durch den Stadtwald peitscht – bis hinüber ins DFB-Hauptquartier: »Uli für Deutschland!« Von Schumacher redet kein Mensch mehr. Er schrieb sich selbst ins Abseits. Wieder überkommt mich dieses Gefühl, daß mich irgend jemand rächt, sind doch alle direkten Widersacher über kurz oder lang auf der Strecke geblieben. Die Trainer Beljin, Tippenhauer, Zebec, Ristic, Skoblar, Derwall, Manager Magath und Torwart Schumacher erlebten allesamt kurz nach der Kollision mit mir ihren Absturz. Wenn man nicht an so viele Zufälle glauben mag, darf man sie dann als Indizien für eine höhere Gerechtigkeit deuten?

Wie dem auch sei, die Eintracht hatte sich bis zur Winterpause im ›Zwei Schritt vor und einen zurück‹-Takt aus dem Keller ins obere Mittelfeld geschlichen. Im Pokal kamen wir auch weiter. Ich war zufrieden mit meiner Leistung, die Medien stellten mir echte Reifezeugnisse aus.
Ich war so sehr im Gleichgewicht, daß sich prompt meine visionären Fähigkeiten meldeten: Kurz vor dem Abflug ins Trainingslager nach Florida hing ich tief im Flughafen-Plüsch und bat um Aufmerksamkeit: »Hört mal zu, wißt ihr eigentlich, daß wir nach Berlin fahren?«
Manager Kraus, leicht nervös wegen der Flugverzögerung, schüttelte den Kopf: »Was soll das denn heißen?«
Da auf meine Erfolgsvorhersagen immer Verlaß war, bestand ich darauf: »Berlin, Pokalendspiel im Mai, klar.«
»Stein, sei froh, wenn wir nicht absteigen«, quälte sich Kraus mit der Prognose, während sich die anderen ungläubig auf die Schenkel klopften.
Nach dem tatsächlichen Pokalsieg der Eintracht, fünf Monate später, wollten sie nur wissen: »Sag' mal, stimmt es, daß du auch die Meisterschaften mit dem HSV und den Europacup-Sieg vorausgesagt hast?«
Genervt hat in dieser Zeit allein, aber um so schmerzlicher, die Trennung von der Familie. Während ich im Hotel lebte, wohnten Conny und Jennifer immer noch in Hamburg. Auch stundenlange Telefonate und sonntägliche Blitzbesuche änderten wenig an der allseitigen Sehnsucht nach einem gemeinsamen Zuhause.
Was mich sehr mitnahm, war die nach fünfmonatiger Trennung bedenklich fortgeschrittene Entfremdung des Kindes von mir. Die Zweijährige wollte nicht mehr auf meinen Arm. Dies war ein überdeutliches Signal, unsere Ansprüche an die lange gesuchte Wohnung etwas herunterzuschrauben, damit die Familienzusammenführung schneller vonstatten gehen konnte. Im März 1988 wurden wir endlich in einer kleinen Gemeinde nahe Erlensee fündig.

Im Verein war es um die Zusammenführung nicht so gut bestellt.
Lajos Detari, der sich nach anfänglichen Anpassungsschwierigkeiten zum alles überragenden Alleinunterhalter aufgeschwungen hatte, sorgte sowohl auf dem Rasen als auch hinter den Kulissen für Wirbel. Andreas Möller, damals als vielversprechendes Talent aus dem eigenen Fohlenstall gehandelt, fühlte sich im Schatten des Ungarn trotz seines zarten Alters schon verkannt.
Nach langem Gezackere und mit viel Geld versehen, wechselte Möller nach Dortmund. Der damalige Eintracht-Jugendtrainer Klaus Gerster fungierte bereits als sein Berater. Die Offiziellen duldeten die ungewöhnliche Doppelrolle. Sie wußten von der langjährigen Freundschaft der Familien Möller und Gerster und hofften, daß Gerster das Eigengewächs am Main hält. Am Ende waren sie beide weg. So kann man sich täuschen.
Detari war eines jener Genies, die so feinfühlig mit dem Leder umzugehen wissen, daß man ihre Befindlichkeiten insgesamt daran ablesen kann. Wenn er den Ball aus der Luft annahm, weich und geschmeidig, hatte es durchaus etwas von einem intimen Verhältnis. Er und die Kugel, die ›never ending love‹.
Es war wohl die Jugendliebe, die sich im Sandkasten findet, sich weder im Kindergarten noch in der Schule aus den Augen verliert und auch im »richtigen« Leben steigerungsfähig bleibt.
Wie er das Bällchen führte, drehte, fast streichelte, das hatte etwas Erotisches. Dabei vergaß er nie das Kontrastprogramm mit Tempowechseln, die so getimt waren, daß sich nicht nur Räume, sondern ganze Welten auftaten. Dazu kam eine Torgefährlichkeit, die sich sowohl in angeschnittenen Freistößen als auch in fulminanten Volley-Abnahmen entlud.
Daß solch ein Virtuose auch im Leben daneben mit einer

ordentlichen Portion Sensibilität ausgestattet ist, bedarf keiner näheren Erklärung. Trotz seines Durchsetzungsvermögens verfügte er nicht über die Robustheit eines typischen Verteidigers. Sein Feingefühl machte ihn verletzlich. Und so kam es, daß er gelegentlich darüber stolperte.

Als er eines Tages nach einem Länderspiel aus Budapest zurückkehrte, waren seine Fußballschuhe grün-weiß-rot gestreift.

Der nationalbewußte Weltklassemann trug die Farben seines Landes auf den Stiefeln. Einige Mitspieler konnten es einfach nicht fassen. Andere sahen endlich die Gelegenheit, dem Mann, der ihnen ihre spielerischen Grenzen so schonungslos aufzeigte, mal eins auszuwischen. Insgesamt hielten sich jedoch das Gelächter und die Spötteleien im Rahmen des in Frankfurt Üblichen.

Doch Lajos verstand die Welt nicht mehr, fühlte sich und sein Heimatland angegriffen. Verständigungsschwierigkeiten taten ein übriges. Die Medien dichteten Detari die Selbstinszenierung des Theaters an, um einen vorzeitigen Wechsel nach Italien vorzubereiten. So wurde aus dem hohlen Bauch heraus die Affäre ›stars und stripes‹ geboren. Detari beschimpfte seine Mitspieler als ungebildete Amateure. Die durften die Hackordnung mal über den Haufen werfen und den Krösus ungestraft schneiden. Ein typisches Phänomen, wenn sich zwanzig erwachsene Jungs zum Geldverdienen um einen Superstar scharen müssen.

Letztlich siegte jedoch die Vernunft: Die Mitspieler erkannten den Ausnahmestatus des Dirigenten an. Detari besann sich auf seine Hochglanz-Qualitäten, spielte in den ungarisch gestreiften Schuhen weiter, wir hielten den neunten Platz und flogen nach Berlin zum Pokalfinale.

Kurz zuvor überschrieb die »Frankfurter Rundschau« ihre Saisonbilanz so: »Es war die Saison von Kraus und Feldkamp, Detari und Stein.«

Auch wenn nicht alles Gold war, was da glänzte, wehte ein

merklich frischer Wind bei der Eintracht. Manager Kraus, der Uli Hoeneß von Bayern München zu kopieren versuchte, sah es noch rosiger vor dem Hintergrund, daß »diese Stadt zu Saisonbeginn fußballerisch tot war«. Keiner wollte damals zur Eintracht, die angeblich keine Gegenwart und noch viel weniger eine Zukunft zu haben schien.

Die vielversprechenden Jungtalente waren alle davongelaufen. Falkenmayer nach Leverkusen, Thomas Berthold nach Bergamo und Möller nach Dortmund. So kauften Kraus und Feldkamp »Massenware« ein und blähten den Kader auf 25 Spieler auf.

Nach Anlaufproblemen, während derer Detari als die »teuerste Lachnummer der Bundesliga« und als »ungarischer Stehgeiger« auf dem Boulevard verrissen wurde, fingen wir uns jedoch. Detari holte beispielsweise die Punkte gegen die Werksmannschaften Uerdingen und Leverkusen im Alleingang. Bis ins Pokalfinale hat er die Eintracht gepaßt: »Berlin, Berlin – wir fahren nach Berlin«, war der befreiende Schlachtruf der nicht eben verwöhnten Fans, seit wir im April mit einer atemberaubenden Abwehrschlacht in Bremen das Halbfinale mit nur einem Konterangriff 1:0 gewannen.

Als das »Duell des Mittelmaßes« sollte die Partie in die Annalen des deutschen Fußballs eingehen. Die Eintracht galt als verblühte launische Diva. Der VfL Bochum wird bekanntlich heute noch als graue Maus bezeichnet. ›Einäugige gegen Blinde‹, malten Zyniker das Bild der bevorstehenden Langeweile.

Leicht favorisiert betraten wir das Olympia-Stadion. Detari strotzte vor Motivation und Tatendrang. Doch es war zuviel des Guten. Der pure Siegeswille nach all den Schmähungen in einer aufopfernd kämpfenden, aber technisch nicht brillanten Mannschaft vernebelte Spielwitz und Intelligenz.

Selbst verordnet drängte sich Detari in die Spitze, statt im

Mittelfeld die Fäden zu ziehen. Der Eintracht-Rest versteckte sich mit Blei in den Beinen hinter dem Gegner. Im gähnenden Loch des zentralen Mittelfelds biß sich die Bochumer Kampfmaschine fest.

Angriff auf Angriff rollte auf mich zu. Wenngleich nicht sehr einfallsreich, schnürten sie uns doch zunehmend in der eigenen Hälfte ein.

In der 16. Minute schoß Uwe Leifeld sogar das 1:0 für den VfL. Der Schiedsrichter erkannte es jedoch wegen Abseitsstellung nicht an. In Bochum wird über die Rechtmäßigkeit dieses Pfiffs noch heute diskutiert.

Torlos schlichen wir in die Kabinen. Wut ließ mich erzittern. Eine Minute lang hielt ich die niederschmetternde Szenerie wortlos aus. Hängende Köpfe, Mutlosigkeit, Ratlosigkeit und ein sprachloser Trainer trieben mich zur Verbalattacke.

»Sind wir hier auf einer Kaffeefahrt, oder weshalb seid ihr nach Berlin gefahren? Millionen schauen sich das Scheißgekicke an und bestätigen sich ihr Vorurteil über die fertige Diva. Ich will den Pokal.«

Dann wandte ich mich an Lajos, suchte seinen Blick unter der blonden Mähne und legte los: »Was machst du eigentlich in der Spitze? Wenn du nicht sofort deine Dirigentenrolle übernimmst, komme ich nach vorne und trete dir den Stiefel in den Allerwertesten.«

Ich brüllte. Meine Stimme überschlug sich. Widerspruch blieb aus. Zustimmendes Nicken war das erste Lebenszeichen der Truppe.

Die Jungs brauchten offensichtlich den rüden Ton, um zu begreifen, daß das kein Vorbereitungsspiel auf die neue Saison war. Erhobenen Hauptes stellten sie sich den Bochumer Dauerläufern, fanden über den Kampf zum Spiel, wie es so schön heißt, und Detari erkannte seine eigentliche Aufgabe in der Regie. Am Ende machte er den Erfolg mit einem traumhaften Freistoßtor perfekt.

Lajos war so glücklich, daß er den Pokal überhaupt nicht mehr aus den Händen gab. Er wurde nicht müde, immer wieder die Geschichte des Tors zu erzählen: »Vorsichtig setze ich den Ball auf den kurzgeschorenen Rasen, blicke im Knien kurz auf und erkenne die Lücke. In der Mauer standen Rzehaczek und Heinemann ganz außen. Die sind ja nur 1,70 Meter groß, und da paßte das Ding genau drüber.«
Trainer Feldkamp, dem es in der Halbzeit noch die Sprache verschlagen hatte, parlierte hinterher mehrdeutig von einem Machtwort in der Kabine, das die Mannschaft neu motiviert habe.
Wer es gesprochen hatte, umschrieb er elegant mit der Formulierung: »Entscheidend für den Erfolg war die Verpflichtung von Uli Stein.«
14 Tage später bekam ich das Zeugnis aus berufenem Mund ausgestellt. Während des verdienten Urlaubs auf den Kanarischen Inseln traf ich zufällig den Bochumer Verteidiger »Ata« Lamek. »Mensch Uli, du bist schuld, daß wir verloren haben. Hättest du in der Halbzeit nicht so rumgebrüllt, wären deine Jungs vollends eingeschlafen.«
Das Krönchen für die Diva irritierte noch ganz andere. Präsident Dr. Klaus Gramlich beispielsweise schienen während seiner Ansprache an die Mannschaft die Sinne abhanden gekommen zu sein: Zuerst gratulierte er uns zur zweiten Deutschen Meisterschaft, und dann bedankte er sich bei Kapitän »Karl-Heinz Körbel ganz besonders für den Pokalgewinn 1928«.
Berlin hat nicht nur die Mannschaft im allgemeinen, sondern auch mich ganz persönlich auf eine Wolke gehoben. Was für ein Comeback nach dem Hamburger Scheintod. Fast schon surreal wirkte es, als rund 30 HSV-Fans nachts vor dem Berliner Hotel stundenlang »Uli, wir danken dir« skandierten. Eigens wegen mir seien sie angereist, schmeichelten sie mir, nahmen mich auf die Schultern und feierten ihren alten HSV-Keeper überschwenglich.

Damals redete ich pathetisch von Wiedergeburt, doch heute noch bin ich sicher, daß diese Saison entscheidend für meine weitere Entwicklung war. Ich hatte mich eigentlich schon abgeschrieben nach der Suspendierung an der Waterkant, und kaum zehn Monate später hielt ich den DFB-Pokal in den Händen.

So avancierte ich vom Absteiger '87 zum Aufsteiger '88. Manche Presse-Vertreter schwärmten vom geläuterten Stein. Selbst einer derjenigen, die sich gewöhnlich differenzierter mit Menschen beschäftigen, brach in Lobeshymnen aus.

Walther Lücker von der »Frankfurter Rundschau« berichtete von einem Uli Stein, der neuerdings »das rechte Wort zur rechten Zeit und am rechten Ort« bereit habe. Als Beweis schrieb er meinen Dank an Ersatztorhüter Gundelach ins Blatt: »Und so muß man wohl von menschlicher Größe sprechen, wenn man von dem berichtet, was Stein in der Stunde des Triumphes tat. Coram publico sagte er beim Bankett in einer Talkrunde: ›Es ist mir ein Bedürfnis, einen heute abend ganz besonders herauszuheben. Es ist Hansi Gundelach, der es nach meiner Verpflichtung in Frankfurt nicht leicht hatte. Ich bin sehr dankbar, daß er mich vor jedem Spiel in Form gebracht hat, daß er immer einer der ersten war, die mir zu guten Leistungen gratuliert haben‹.«

Daß es ziemlich einfach ist, im Erfolg andere zu loben, scheint in einer solchen Situation leicht in Vergessenheit zu geraten. Ebenso schnell wird dann aber auch der Superlativ bemüht, wenn man mal nicht so funktioniert wie erwartet. Aus überschwenglichen Lobeshymnen werden hanebüchene Kritiken bis hin zur Verleumdung. Das gesunde Mittelmaß ist allenthalben verlorengegangen. Erwartungsgemäß stellten sich sehr schnell wieder Situationen ein, bei denen Ausgewogenheit in der Beurteilung Gold wert gewesen wäre.

An einem dieser verregneten Tage, an denen die Ostsee grau wie eine Kläranlage vor sich hindümpelt, schlugen wir unser Trainingslager am Timmendorfer Strand auf. Die Saisonvorbereitung lief dennoch gut an. Die Stimmung war bestens. Wir zehrten unverkennbar vom Pokalsieg. Lajos Detari hatte gelernt, Witze zu machen, nicht mehr alles so ernst zu nehmen. Selbst der Frankfurter Humor, an den man sich erst gewöhnen muß, konnte ihn kaum mehr irritieren. Die ewigen Wechselgerüchte waren verklungen. Lajos versicherte uns Mitspielern unablässig, daß nach dem Pokalsieg seine Zukunft zweifelsfrei und dauerhaft im Waldstadion läge: »Jetzt sind wir im internationalen Geschäft. Da wollte ich mit der Eintracht hin.« Alles schien paletti.

Doch entgegengesetzt zum allmählich sich aufklärenden Wetter entwickelte sich das Klima im Camp. So kursierten plötzlich wieder Gerüchte, daß Detari den Verein verlassen wollte. Ungläubig wehrten wir die Hiobsbotschaft ab. Wir hatten Lajos Wort.

Tatsächlich spurtete er während einer Trainingseinheit vom Platz, packte seine Sachen und entschwand grußlos im Trainingsanzug Richtung Flughafen. Sein Platz beim Abendessen blieb leer.

Wut und Trauer herrschten im Speisesaal. Wir kamen uns verarscht und ziemlich dämlich vor in unserer Verkleidung, die der Vorstand quasi als Verbeugung vor dem Weltklassemann sich hatte einfallen lassen. Unsere Anzüge waren nämlich in den ungarischen Nationalfarben gehalten. Detari hatte uns belogen und betrogen. Nicht, daß wir ihm den Wechsel verübelt hätten, für eine Million netto hätte das fast jeder getan, aber die Doppelzüngigkeit bis hin zur skrupellosen Lüge erboste uns. Hinterher erfuhren wir, daß er längst einen griechischen Paß beantragt hatte.

Das Herzstück der Mannschaft war auf brutale Weise herausgeschnitten. Eine Woche vor Saisonauftakt kein Schritt-

macher weit und breit. Es hatte aber auch niemand den griechischen Geldschieber auf der Liste, der uns, und letztlich auch Lajos, sportlich so viel Schaden zugefügt hat.
Detari schlitterte mit Olympiakos Piräus in die Bedeutungslosigkeit. Dessen zwielichtiger Präsident mußte kurz nach dem wohl spektakulärsten Transfer der Bundesligageschichte vor der Steuerfahndung flüchten. Und die Eintracht erlosch schließlich am Tabellenende.
Solche Situationen gehen nicht spurlos an einem vorbei. Es geschah bereits am ersten Spieltag, den wir bei keinen Geringeren als den Münchner Bayern durchzustehen hatten:

Benommen vom Detari-Schock, irren wir ohne Selbstvertrauen unterm Glasdach des Olympia-Stadions über das Spielfeld. Bei den Bayern läuft aber auch nichts zusammen. Wir spüren das. Ein Ruck geht durch den Frankfurter Torso. Die Jungs wittern einen Punktgewinn auch ohne den Kopf im Mittelfeld.
»Jetzt erst recht«, feuere ich sie an. Sie scheinen es zu hören, laufen, grätschen, köpfen und erspielen sich handfeste Konterchancen. Mir wird warm ums Herz. Was es für uns bedeuten würde, hier und heute zu punkten! Mindestens fünfmal bleibt den Bayern-Fans der Torschrei im Hals stecken. Ich fische Bälle aus den Winkeln, die selbst elektronische Kameras schon im Netz zappeln sahen. Die letzten 20 Minuten. Aus Trotz wird Ernst. Bei jeder Spielunterbrechung reden wir uns gegenseitig ein, »das Ding schaukeln wir nach Hause«. Ich bin besessen von dem Gedanken, mit dieser spielerisch weit unterlegenen Mannschaft einen Punkt aus München zu entführen.
Da lag er in den Maschen – der Ball mitsamt meinem Ehrgeiz. Augenthaler hatte eine Unaufmerksamkeit unserer Hintermannschaft genutzt und aus wenigen Metern eingeköpft. Ich verliere die Fassung, werde zum kleinen Jungen.

Ziellos irre ich durch den Strafraum. Den Blick auf den Boden gerichtet, werfe ich mir das Unmögliche vor: »Warum hast du das Ding nicht auch noch gehalten. Zig Unhaltbare hatte ich vernichtet, warum nicht den?«
Mein Schritt wird schneller, als wollte ich mich selbst abschütteln, nichts mehr mit mir zu tun haben. Ich beschimpfe mich: »Du Idiot willst die Nummer eins sein? Lachhaft, wenn du den Ball nicht hältst.«
Plötzlich stehe ich vor der Werbebande hinter dem Tor. Sie zwingt mich in meiner abgrundtiefen Enttäuschung in die Knie. Ich setze mich: »Solche Bälle muß man halten, wenn's drauf ankommt, sonst kannst du dich ausmustern lassen.«
Die Selbstkritik wird vernichtend: »Was unterscheidet dich eigentlich noch vom Mittelmaß?« Der Selbsthaß nimmt mich gefangen – erst die gelbe Karte des Mannes in Schwarz bringt mich ins Spiel zurück, ich bedanke mich für die Einmischung in meine inneren Angelegenheiten und bekomme dafür – »Rot«. Eine neue Variante der unendlichen Geschichte zwischen Stein und den pfeifenden Richtern.
In diesem Zusammenhang ist positiv anzumerken, daß sowohl das DFB-Schiedsgericht als auch die Presse die Tragik des frühen Kabinengangs erkannten und nicht in die alte Kerbe hauten. Das Psychodrama wurde lediglich mit einer Geldstrafe geahndet. Die Milde konnte indes nicht verhindern, daß wir ins totale Fiasko stürzten. Mit 0:6 Punkten starteten wir in die Saison und verloren sogar gegen die Aufsteiger Stuttgarter Kickers und FC St. Pauli.
Die Einfallslosigkeit von Trainer Feldkamp machte mich rasend. Während eines katastrophalen Trainingsspiels, das er wiederum regungslos von außen betrachtete, warf ich die Handschuhe im wahrsten Sinne des Wortes in den Ring. »Machen Sie sich eigentlich noch irgendeinen Gedanken über Taktik, Aufstellung oder andere Trainingsmethoden?« schrie ich aus Leibeskräften über den Platz.

Mein Zorn über die Hilflosigkeit und die unerkannten Fehler im taktischen Bereich war nicht mehr zu bändigen. Ich zog die Handschuhe aus, warf sie ins Tor und dehnte die Stimmbänder: »Wenn Sie nichts mehr tun, dann hör' ich eben auch auf.«

Bernd Hölzenbein, damals einfaches Mitglied im Verein, von der Presse aber gern gehört, stieß ins selbe Horn: »Bei dem ständigen Wechsel in der Aufstellung kann sich keine Mannschaft einspielen.«

Feldkamp bekam Probleme mit der Bandscheibe und meldete sich krank. Damit war ein Personalkarussell angestoßen, das sich auf den gesamten Verein ausdehnte und seinesgleichen sucht. Innerhalb von wenigen Monaten wurden Manager verpflichtet und gekündigt, Präsidenten gewählt und abgewählt, Trainer eingestellt und rausgeworfen. Und dies in einer Art und Weise, die nur das geneigte Publikum amüsierte. Entlassungsschreiben wurden auf dem Klo gefunden, Präsidentschaftswahlen mit den Fäusten ausgefochten, Manager mit Vorliebe für Intrigen und Trainer mit Hang zur Menschenverachtung engagiert. Nur die Mannschaft blieb konstant in der Perspektivelosigkeit. Das Buch über die wahre Geschichte der Frankfurter Eintracht steht noch aus. Die »Frankfurter Rundschau« kommentierte süffisant: »Der Riederwald im Osten Frankfurts, sportliche Heimat des Fußball-Bundesligisten Eintracht, bezog dereinst seinen Namen aus einem später trockengelegten Sumpfgebiet. Morast und Sumpf, diese beiden Bezeichnungen für kaum begehbares Gelände, fallen einem auch immer wieder ein, wenn das sportliche Aushängeschild der Stadt ins Gerede kommt.«

In welchem Ausmaß diese gebeutelte alte Tante Emotionen auslöste, verdeutlicht der Ideenreichtum der Fans. Boris S. aus Sachsenhausen buchstabierte den Vereinsnamen im Herbst '88 völlig neu:

Die Eintracht ist
E in
I ntrigantes
N arzißtisches
T riumvirat
R atloser
A bgetakelter
C asanovas
H andelt
T öricht
und
F eilt
R ammdösig
A m
N iedergang
K unstvollen
F ußballs
U nd
R uhmreicher
T age

Mehr möchte ich nicht hinzufügen, zumal ich damals, angewidert vom Stil der Auseinandersetzungen, keine der Versammlungen besuchte. Ein zweiter Anlauf bescherte dem Verein dann wenigstens das Triumvirat, das heute noch seine Geschicke lenkt: Ohms, Hölzenbein und Knispel.

Bemerkenswert war der Kurzauftritt eines Trainer-Manager-Gespanns, das Feldkamp und Kraus ablöste. Pal Csernai brachte es innerhalb weniger Wochen fertig, der Mannschaft das bißchen Spielvermögen, das sie besaß, gänzlich auszutreiben. Bereits sein Antritt war von einer solchen Überheblichkeit den Spielern gegenüber geprägt, daß uns nur noch eins beschäftigte: ›Was hat diesen Menschen hierher geführt?‹ Er hatte mal auf dem Trainerstuhl gesessen, als Bayern Meister wurde. Dieses Ereignis muß ihn traumatisiert haben. Jeder zweite Satz handelte vom Münchner Ausnahme-Team. Seine Forderungen waren maßlos. Er gab sich mit einer Arroganz, die etwas Menschenverachtendes hatte.

Nicht unbedingt, *was* er sagte, sondern *wie*, die herablassenden Untertöne, markierten seine Ausfälle. Csernais Spezialrezept, die Spieler nach verlorenen Partien aufzubauen, setzte sich aus dem Anraten eines Berufswechsels, »zum Platzwart vielleicht«, und der Beschreibung ihrer Physiognomie, »wie störrische Esel«, zusammen. Ich war noch keinem Kollegen oder Trainer begegnet, dessen Einfühlungsvermögen so begrenzt war.

Peter Hobday, einer der technisch Beschlageneren, saß vier Wochen nach Csernais Amtsantritt zusammengekauert im Entspannungsbad und wisperte: »Ich weiß nicht, was los ist. Ich kann keinen Ball mehr stoppen. Mir gelingt nichts mehr. Ich glaube, ich habe das Fußballspielen verlernt.«

Das Nervenkostüm der Lizenzspieler war arg angegriffen. Magenschmerzen und Migräneanfälle waren psychosomatischer Ausdruck der herabwürdigenden Behandlung nicht nur bei sensibleren Eintrachtspielern.

Auch öffentlich fiel uns Csernai in den Rücken, wo er nur konnte. Nach der gewonnenen Abstiegsschlacht am letzten Spieltag der Hinrunde gegen Hannover 96 stellte er sich vor die Fernsehkamera und warnte die Zuschauer: »So schlechte Spiele werden wir in der Rückrunde noch 17 weitere mitansehen müssen. Meine Mannschaft kann nicht mehr.«

Während der Weihnachtsfeier servierte ich Präsident Matthias Ohms meinen persönlichen Wunschzettel: »Der Mann ist unerträglich. Ich lasse mich nicht länger entwürdigen. Entweder er geht, oder ich trete zur Rückrunde nicht mehr an.«

Eine Woche später war er entlassen.

Dann erschütterte der tragische Autounfall von Peter Hobday den Verein. Er war beliebt, einer der wenigen, mit denen ich über den Arbeitsplatz hinaus gern etwas unternommen habe. Nach Detari war er im Mittelfeld der Einzige, der Räume schließen konnte und nach vorn Druck machte. Ein Treffen mit Fan-Klubs im Hintertaunus endete für ihn an einer Hauswand. Der Unfall machte ihn zum Invaliden.

Das Loch im Mittelfeld wurde größer. Wir kamen nicht mehr aus dem Keller. Kleine Reibereien unter Kollegen nahmen sich für Außenstehende wie Kriegserklärungen aus. Unsere Nerven lagen bloß. Mißverständissen waren Tür und Tor geöffnet. Die allgemeine Unfähigkeit, in kritischen Situationen das bereinigende Gespräch zu suchen, besiegelte herbeigeschriebene Fronten.

Schnell schlug die Medienkeule zu. Die Rückwandlung vom Geläuterten zum Unruhestifter vollzog sich in wenigen Artikeln. Ich wurde als Widersacher von Karl-Heinz Körbel, dem Kapitän, ausgemacht, weil wir in bestimmten taktischen Fragen und gelegentlich auch im Umgangston nicht auf derselben Linie lagen.

Ich verlangte viel von der Mannschaft, eben das, was ich mir selbst abrang. Körbel erschien mir oft zu weich. Seine Motivationskünste reichten nicht aus. Das war aber kein Grund für die wochenlange Sendepause, die zwischen uns entstand. Vielmehr waren wir auf ein Boulevardblatt hereingefallen, das den »Machtkampf Körbel – Stein« erfunden hatte. Mangels Souveränität ließen wir uns von den Medien auseinanderdividieren. Unsere Kommunikation lief bald nur noch über Dritte. Jeder hatte seine vermeintlichen Vertrauten bei der Presse. Keiner von uns merkte, wie sie uns ausspielten, und keiner hatte mehr die Selbstsicherheit, auf den anderen zuzugehen.

Man stelle sich das vor: Wenn der Torhüter und der Kapitän einer Lizenzspieler-Mannschaft mitten im Abstiegskampf kein Wort mehr miteinander reden, ist das etwa so,

als würden sich Bundeskanzler und Finanzminister während einer schweren Wirtschaftskrise boykottieren.
Erst als die Saison mit den Relegations-Überstunden glimpflich zu Ende ging, konnten wir über unsere Schatten springen und die Mißverständnisse aus dem Weg räumen, die die Regenbogenblätter zwischen uns gestellt hatten.
Eines davon, das standardisiert in regelmäßigen Abständen immer wiederkehrte, regte mich besonders auf. Während wir uns in der Abwehr reinknieten, so manchen Punkt ganz allein aus dem Dreck zogen, unterstellte man mir hartnäkkig Abwanderungsgelüste.
Während ich mich unbeliebt machte, weil ich den Mannschaftskameraden mangelnden Einsatzwillen vorwarf, brachten sie mich wieder mit jedem anderen, nur nicht mit dem eigenen Verein in Verbindung. Selbst intern begann das Zweifeln, ob ich am Main bliebe. Das hatte einen eher witzigen Grund. Die ersten, die nach meinem Wechsel zum Bekanntenkreis gehörten, waren Peter Krämer und sein Freund »Wastl«. Sie zeigten mir, wo man gut ißt, die Sehenswürdigkeiten der Stadt und waren behilflich bei der Wohnungssuche. Natürlich traf ich sie bei den Heimspielen in der VIP-Lounge im Waldstadion. Oft standen wir da beim lockeren Gespräch – bis Wastl eines Tages fragte, warum die anderen denn nicht an unseren Tisch kämen. Da fiel mir erst auf, daß, solange er da war, zumindest keiner der Offiziellen sich bei uns einklinkte. Im Gegenteil, sie hielten sich im Hintergrund und tuschelten. Nach dem seltsamen Verhalten befragt, verriet mir einer der Mitspieler: »Na, ist doch klar, die wollen nicht stören, wenn du mit deinem Manager Milewski über einen neuen Verein nachdenkst.«
Mein Blick glitt zu Wastl. Ich sah ihn auf einmal, wie andere ihn gesehen haben mußten. Ich mußte unwillkürlich Lachen. Schlagartig wurde mir klar, daß Wastl sowohl von der Statur als auch von den Gesichtszügen her eine gewisse

Ähnlichkeit mit Milewski nicht abzusprechen war. Ich winkte Wastl herbei, stellte ihn vor und damit das Mißtrauen bloß.

Die Boulevardzeitungen spielten dennoch fröhlich weiter auf dem Klavier mit den Wechsel-Tasten. Nach einem Schußtraining mit mehr als 100 Knallern auf mein Tor, legte ich mich zur kurzen Verschnaufpause ins Gras. Das Foto davon wurde mit »Nachdenken über den Abgang« untertitelt.

In diesem Zusammenhang spielte Manager »Atze« Friedrich, der Ex-Präsident vom 1. FC Kaiserslautern, eine unrühmliche Rolle. Daß ich einigen sogenannten Mannschaftskameraden ordentlich die Leviten las, die gegen Ende der Saison bereits mit der Eintracht-Zugehörigkeit zum Oberhaus abgeschlossen hatten, weil sie sich längst bei anderen Vereinen wähnten, brachte ihn gegen mich auf. Das, was mir über Wochen und Monate grundlos untergejubelt wurde, durfte ich an anderen, die wirklich nicht mehr motiviert und gedanklich schon woanders waren, nicht kritisieren. Trotzig ließ ich mich in einem »Sport-Bild«-Interview zu dem Satz hinreißen: »Ich bin mir sicher, bei uns gibt es fünf Verräter.«

Friedrich erklärte mich daraufhin in der »Bild-Zeitung« zum Psychopathen, der »unter Verfolgungswahn leidet«.

Und damit nicht genug: Kurz vor dem grausamen Ende der Runde empfing mich Mitspieler »Maxi« Heidenreich, wild mit einer Zeitung fuchtelnd, zum Training: »Hast du dir wenigstens die Hand verstaucht?«

Ich las Unglaubliches. Ich sollte Heidenreich in einer Diskothek tätlich angegriffen haben!

»Eine halbe Ewigkeit muß es her sein, daß wir gemeinsam in einer Disko waren«, sagte Maxi belustigt, und erinnerte sich noch, daß ich ihm »mit Zigaretten ausgeholfen« hatte. Warum sein Dementi nie abgedruckt wurde, bleibt ein Redaktionsgeheimnis. Damals wie heute hatte ich den Eindruck, daß diese grobschlächtigen Lügen vom Eintracht-Management lanciert wurden. Friedrich wollte mich rausekeln und hatte mich zum Abschuß freigegeben. Verbittert beschloß ich mal wieder einen Presse-Boykott.

Unmittelbar vor dem alles entscheidenden Spiel in Hannover hatte ich keinerlei Rückendeckung mehr vom Vorstand. Jörg Berger, der im Januar das Traineramt übernommen hatte, hielt jedoch an mir fest. »Der Stein ist ein Besessener, der wird in Hannover alles tun, um Frankfurt die Bundesliga zu erhalten«, entgegnete er dem Anti-Stein-Lager, das sich inzwischen auch innerhalb der Mannschaft gebildet hatte.

Berger hatten wir es zu verdanken, daß die Mannschaft wenigstens athletisch mithalten konnte. Unsere Bemühungen gegen den Abstieg waren eine einzige Qual. Die Eintracht stand nur noch für Kampf und Krampf. Ihr Ruf, technisch versiert zu sein, war dahin. Wir hatten keine fünf ansprechenden Fußballspiele auf die Reihe gebracht.

Meine Unzufriedenheit entlud sich in verbalen Attacken dem Teil gegenüber, der nicht einmal mehr überleben wollte oder konnte. Anonym wurde von dort gestreut, daß »der Stein seinen Abgang provoziert, um auch im Fall der Rettung aus seinem Vertrag herauszukommen«.

Mein Leistungsanspruch, meine lautstarke Kritik an der fußballerischen Armut und am mangelnden Einsatz einiger Mitspieler ließen andere wiederum von einem »ganz bewußt erzeugten Reizklima, das der Stein braucht, um Top-Leistung zu bringen«, faseln.

Dieser Betrieb braucht besonders in Krisenzeiten einfache Sichtweisen, die zwar alle ein bißchen wahr sind, insgesamt aber nie den Punkt treffen. Was mich anging, war es nämlich noch viel banaler. Ich kann einfach nicht verlieren. Und das zwingt alle zum Mitziehen, die mit mir in einem Boot sitzen. Dabei habe ich mich oft im Ton vergriffen und Kollegen Angst eingejagt.

Wie sehr so ein Abstiegsdrama unter die Haut gehen kann, erlebte ich in Saarbrücken. Der Kelch ist zwar noch einmal an uns vorübergegangen. Aber nach 3060 Minuten akuter Abstiegsgefahr in 34 Meisterschaftskrämpfen war ich nervlich verschlissen.
Nach zähem Ringen und mit viel Glück verloren wir das zweite Relegationsspiel gegen den dritten der zweiten Liga, den 1. FC Saarbrücken, nur 2:1. Zu Hause hatten wir jedoch ein 2:0 vorgelegt, das uns gerade noch in die Bundesliga zurückführte.
Stundenlang wollte die Anspannung nicht weichen. Regungslos versteinerte ich geradezu in der Kabine, sinnierend über die vergangene Saison, die für mich als Hundejahr zählte. ›Noch so eine Runde, und ich bin in der Klapse‹, wähnte ich mich am Rand meiner Nehmerqualitäten.
Trotz des eben erreichten Klassenerhalts kam keine Freude in mir auf. Zu vieles sperrte sich dagegen, zu tiefe Gräben hatten sich zwischen mir, den Medien, den Mitspielern, dem Management und der Vorstandschaft aufgetan. Eine Sinnkrise bedrohte mich. Während die anderen an Sektflaschen hingen, drehten sich meine Gedanken ums Aufhören. Ich fühlte mich unverstanden und isoliert. Bittere Fragen traktierten mich: Mein Ehrgeiz, an dem ich auch das restliche Personal der Eintracht maß, meine Streitbarkeit, die sich doch nur auf die Situation beschränkte und so wichtig war gegen Magengeschwüre, meine Zivilcourage – sollte das in diesem Beruf so unangebracht sein? Warum haben alle Angst vor mir? Warum wird es immer ruhig, wenn ich in die Kabine komme? Warum versteht man nicht, wenn ich mal ausflippe? Unter der Dusche ist doch alles wieder vergessen. Ich habe noch nie einseitig ausgeteilt, habe mich selbst beschimpft und mich ebensowenig leiden können, wenn ich ein Ding reingelassen habe, das mir haltbar erschien. Drei Tage und Nächte hindurch fand ich keine Ruhe. Hinzu kam, daß Conny in dem kleinen Ort bei

Hanau immer noch ziemlich isoliert war und wieder nach Hamburg zurückwollte.
Die oft mißverstandene Weisheit Bill Shanklys, dem legendären Manager vom FC Liverpool, relativierte die Zweifel. Die Brisanz des Fußballspiels hat er einmal verblüffend gut beschrieben: »Einige Leute denken, Fußball sei eine Sache auf Leben und Tod. Ich mag diese Haltung nicht. Ich kann versichern, daß es viel ernster ist.«
Fußball ist für Menschen wie ihn und mich nicht nur schnöder Mammon, sondern Leidenschaft, die seelisches Befinden, die Gemütslage schlechthin bestimmt. Aufhören wäre einer tödlichen Erleichterung gleichgekommen. Wer sich jedoch dermaßen mit seiner Profession identifiziert, der geht durch tiefe Täler. Hinter vielen Biegungen lauert die existentielle Krise. Und jetzt, im gestandenen Alter von 35 Jahren, wollte ich nicht mehr weglaufen – vor mir und der Welt. Ich mußte da durch, ohne mich selbst zu verleugnen. Eine Aussprache mit der Vorstandschaft, der Ausblick auf den Abgang von »Atze« Friedrich und der Zugang von Uwe Bein, Ralf Falkenmayer und Jörn Andersen gaben mir den Glauben an den Erfolg zurück.
Ich erklärte mich der Presse, woraufhin Walther Lücker von der »Frankfurter Rundschau« den Sportler vom Menschen Uli Stein trennte: »Eines ist unbestreitbar. Über ein Jahr hat sich Stein in Frankfurt tadellos benommen. Erst als Jürgen ›Atze‹ Friedrich Manager wurde und Pal Csernai das Traineramt übernahm, als er sich als einer der ›Väter‹ des DFB-Pokalsieges ›madig‹ gemacht fühlte, begannen seine Launen wieder extreme Formen anzunehmen. Kaum ist Friedrich, mit dem Stein in argem Hader lag, gegangen, da gelobt der Torwart wieder Besserung. Die Chefetage des Klubs glaubt ihm, weil es schwerfällt, auf den Sportler Stein zu verzichten.
Für Uli Stein ist dieser Glaube eine weitere Chance in seinem sportlichen Leben. Auch für die neu entstehende Ein-

Der seit Sepp Maier souveränste Wächter zwischen deutschen Torpfosten hat die Reifeprüfung nach 35 Jahren bestanden

tracht-Mannschaft wäre ein geläuterter Uli Stein ein Segen.«

Lückers pädagogisches Bemühen war rührend, aber ein wenig blauäugig, seine sportliche Vision indes wurde nicht enttäuscht.

Mit Beginn der Saison 1989/90 stand die launische Eintracht-Diva von ihrem Krankenbett wieder auf, weckte Sehnsüchte und entfesselte Gemüter. Frankfurt geriet ins Uwe-Bein-Fieber. Wenn er die Kugel zu jenem Effet drehte, der sie bei genauer Betrachtung in elliptischen Zustand versetzt, war der Ball nicht mehr rund. Die ehernen Gesetze des Fußballs schienen plötzlich aufgehoben. Zumal Joker Lothar Sippel mehrfach erst in der 91. oder 92. Minute den entscheidenden Treffer abstaubte. Die Eintracht stieg unaufhaltsam vom drittletzten auf den dritten Platz der Elite-Liga auf. Und das war das große Verdienst von Uwe Bein. Gut getarnt hinter der Fassade eines Bereitschaftspolizisten, pflegte er seinen unnachahmlichen Stil. Sich lange zurückhaltend, fast schon aus dem Versteck heraus, ging er plötzlich steil. Am Ende der »tödliche Paß« in den freien Raum. Das machte ihn zum Maradona vom Main.

Die Assistenz vor, hinter und um den Eintracht-Rastelli übernahm der aus Leverkusen zurückgekehrte Ralf Falkenmayer. Das Laufwunder mit Jimi-Hendrix-Frisur schien die Überwindung von Raum und Zeit zu verkörpern. Dieses Duo katapultierte den Eintracht-Hühnerhaufen direkt aus dem Abstiegsstrudel ins Meisterschaftskarussell.

Jörn Andersen steigerte seine Torausbeute um 800 Prozent und wurde Bundesliga-Schützenkönig. Selbst der flügellahme Eckstein wollte nicht mehr versteckt sein.

Das Stadtmagazin »Pflasterstrand« charakterisierte meinen Anteil folgendermaßen: »Begonnen hat der Aufschwung mit einer psycho-sozialen Totalsanierung. Uli Stein, seit Sepp Maier der souveränste Wächter zwischen deutschen Torpfosten, hat die Reifeprüfung nach 35 Jahren bestanden.

(...) Der Dickschädel ist Publikumsliebling, weil Projektionsfläche für G-Block-Fanatiker wie Schalterbeamte gleichermaßen. ›Theo gegen den Rest der Welt‹, wie er sich selbst gerne sieht, suggeriert die individuelle Besiegbarkeit des Bösen, von dem es im Bums- und Bankenbabylon so vieles gibt.«
Die neuerliche Verwandlung vom Schwererziehbaren zum Sozialarbeiter. Gestaunt wurde über die Tatsache, daß ich aus der Sprachlosigkeit Charly Körbel gegenüber eine Lehre gezogen hatte. Wann immer ich Animositäten spürte, versammelte ich das Team und bemühte die Aussprache. Wenn ich aber den Verdacht hegte, daß einer nicht alles gab, verfiel ich dem alten Stil der harten Anmache.
Keiner außer mir hielt anscheinend diese Widersprüchlichkeit aus: Der eine und der andere – beide sind Uli Stein. In fast jedem stecken ein Dr. Jeckyll und ein Mr. Hyde. Nur stehen die wenigsten dazu.
Zur Eintracht '90 standen alle. Annähernd 30.000 erlagen dem Überraschungseffekt, daß wir plötzlich mit den Bayern um den Titel konkurrierten, und bildeten einen kilometerlangen Demonstrationszug auf der Autobahn nach München. Das heimliche Endspiel kurz vor Schluß der Saison verloren wir zwar mit 1:0, dafür aber war der Fußball 2000 geboren, den unser Mittelfeld zelebrierte.

Die Eintracht-Euphorie, auch außerhalb des Rhein-Main-Gebiets, schlug so hohe Wellen, daß Autoritäten wie Udo Lattek sachte, aber bestimmt mein Comeback in der Nationalmannschaft forderten. Selbst Franz Beckenbauer griff im Dezember 1989 zum Telefon: »Sag mal Uli, würdest du denn überhaupt noch einmal für Deutschland spielen, nach all dem, was passiert ist?«
Ich war perplex. Mit so etwas hatte ich nicht gerechnet, spürte aber sofort Begeisterung: »Natürlich würde ich gerne Weltmeister werden.«

Beckenbauer machte mir Hoffnung: »Genau das will ich auch, und dafür brauche ich die Besten, und du bist zur Zeit wieder der Beste.«
Er wollte beim DFB das Feld sondieren. Präsident Neuberger hat ihm das allerdings schnell wieder ausgetrieben. »Stein? Kommt nicht Frage«, wurde mir die knappe Entscheidung dieses Diktators zugetragen. Leider hat Franz nie wieder angerufen.

Nach dem erreichten UEFA-Cup-Platz, und vor allem mit der Verstärkung durch Andy Möller, steigerten sich die Erwartungen. Keiner wagte es zu sagen, aber jeder spielte ernsthaft mit dem Gedanken an die Meisterschaft. Als dann auch noch Anthony Yeboah bei der Eintracht unterschrieb, war es ausgemachte Sache, daß wir Anspruch auf den Titel erhoben. Damit war eine psychologische Situation geschaffen, die Rückschläge schwerer wegstecken ließ, als in der angenehmen Außenseiterposition. Zusätzlich belastet wurde die Spannung von dem vertraglich festgeschriebenen Skandal, daß der neue Manager Klaus Gerster sich im Zweifel zuerst um die Spieler kümmern durfte, die er in seiner Hauptrolle als Berater betreute. Erst danach kam der Verein. Das mußte unweigerlich zu schweren Konflikten führen. Die Truppe zerfiel schnell in zwei Lager: einerseits die Gerster-Schützlinge, u. a. Möller, Binz, Lasser, und andererseits die älteren Semester. Wäre Gerster schlau gewesen, hätte er uns Ältere einfach ausgesessen. Verblendet aber vom Größenwahn, der sich vor allem aus seiner symbiotischen Beziehung zu dem Wertpaket Andreas Möller speiste – ohne Gerster kein Möller – und dem damit einhergehenden Medienrummel, wollte Gerster alles sofort. Mit seiner Gier ging er sogar hausieren. Seinen Traum von der Alleinherrschaft bei Eintracht Frankfurt posaunte er laut hinaus.
Der Krug voller Intrigen und giftiger Gerüchte ging dann so

lange zum Brunnen, bis er zerbrach. Die Geschichte ist bekannt, unbekannt hingegen ist unser eigener Anteil daran. Die Eintracht wollte Möller unbedingt haben und schluckte deshalb die Gerster-Klausel. Sonst wäre Andy gleich nach Italien gegangen. Und wir Spieler, insbesondere Uwe Bein und ich, die wir vor der Verpflichtung in beratender Funktion hinzugezogen worden waren, kehrten bei der Vorstellung einer solchen Verstärkung die Bedenken gegenüber dieser unmöglichen Konstruktion leichtfertig unter den Tisch. Wir glaubten, die Gefahr in den Griff zu bekommen.

Ein fataler Irrtum. Die Stimmung der Mannschaft kam schnell auf den Hund. Rivalisierende Grüppchen von Neidern, Arroganten, Eitlen und Beleidigten dribbelten aneinander vorbei. Die Mannschaft fiel auseinander. Es setzte Nackenschläge am laufenden Meter.

In Bröndby kassierten wir fünf Treffer und flogen in der ersten Runde aus dem Europapokal-Wettbewerb. In der Bundesliga schaukelten wir führerlos durchs Mittelfeld. Nach einem 0:6 gegen den HSV mußte Jörg Berger den Hut nehmen. Viele behaupteten, die Mannschaft habe gegen ihn gespielt. Solche dummen Interpretationen halten sich seit Bestehen der Bundesliga, wann immer eine Mannschaft in der Krise steckt oder einfach nicht mehr motiviert werden kann.

Berger muß sich allerdings einen schweren Autoritätsverlust nachsagen lassen, der vermutlich dazu führte, daß viele Spieler von ihm nichts mehr annahmen. Er verlor den Machtkampf gegen Möller.

Kurz vor der Winterpause kritisierte der Trainer Möller wegen dessen offenkundiger Lustlosigkeit. Möller hörte sich das unberührt an. Er ließ ihn ausreden und schnippte ihm dann zu: »Hören Sie mal, wenn Sie unzufrieden mit mir sind, dann verkaufen Sie mich doch einfach.«

Erwartungsvoll blickten die meisten Mitspieler auf Berger,

in der Hoffnung, daß er jetzt ein Machtwort sprechen würde. Es passierte aber nichts. Möller hatte fortan Narrenfreiheit, und Berger büßte alle Autorität ein, die er sich im Vorjahr so mühsam erarbeitet hatte. Wahrscheinlich hatte Berger vor der Tatsache resigniert, daß eine Breitseite gegen Möller via Gerster unweigerlich auf ihn zurückschlagen würde. Es nutzte ihm nichts mehr, daß Gerster später entmachtet wurde, weil dieser Werbeaktivitäten von Andy Möller hinter dem Rücken des Präsidiums gemanagt hatte. Der Respekt war dahin. Stellvertretend für Berger nahm ich Möller des öfteren lautstark in die Pflicht. Es kam zum Eklat – Berger schwenkte um und versuchte, gemeinsam mit Gerster meine Entlassung zu betreiben. Nur Hölzenbein habe ich es zu verdanken, daß das Präsidium sich dagegen entschied.

Zu einer ersten Gemeinsamkeit fanden die Spieler während des Golfkrieges. Berger wollte am Ende der Winterpause das geplante Trainingslager in Portugal durchziehen. Die Mannschaft lehnte dies einstimmig ab. Der Grund: Wir hatten Angst vor angedrohten Anschlägen auf Flugzeuge – und wir setzten uns durch. Als kleinen Racheakt verlegte Berger daraufhin das Trainingslager in den Schnee-Matsch nach Holland.

Nach Ostern kam Dragoslav Stepanovic aus dem Trierer Amateurlager als Nachfolger für Berger. Im Kontrast zu Bergers schematischer Konditionsbolzerei und Trainingseintönigkeit dominierte nun Lockerheit, Experimentier- und Spielfreude. Dies und die Entmachtung Gersters führte zum Stimmungsumschwung. Mir gegenüber hielten sich allerdings hartnäckig Ressentiments. »Stepi« kam kurz vor dem Spiel gegen Uerdingen zu mir und sagte: »Du mußt was unternehmen. Neun von elf wollen nicht mehr mit dir spielen.«

Ich war wie vor den Kopf gestoßen und wußte doch, woher es kam. In der Vorrunde hatte ich mich mehrmals mit einzelnen angelegt, diese der Gleichgültigkeit beschuldigt. Immer wieder wurde mein Umgangston ins Feld geführt. Konsterniert entgegnete ich: »Gut, dann spiele ich eben nicht. Ich will ihrem Glück und Erfolg nicht im Weg stehen.«

Stepi korrigierte: »So ist es nicht gemeint. Sie haben Angst vor dir.«

Nach dem Spiel – Charly Körbels 600. – rief ich eine Spielersitzung ein. Doch wollte keiner Farbe bekennen; niemand etwas gegen mich haben.

Eine Woche später, während der damaligen Vertragsverhandlungen, versuchte Hölzenbein, die angebliche Mißstimmung gegen mich auszunutzen: »Ich weiß nicht, ob wir dich bei deinen Forderungen halten können, 80 Prozent der Mannschaft will eh nicht mehr mit dir spielen.«

Das Ganze wurde durchschaubar. Sollten die Mechanismen wirklich so einfach funktionieren? Man drängt einen Angestellten in die Rolle des unbeliebten Außenseiters, um ihn billig halten zu können.

Die künstlich erzeugten Wogen glättete der zurückgekehrte Erfolg. Ein beeindruckender Schlußspurt mit 13:5 Punkten sicherte uns Rang vier und damit abermals die Teilnahme am UEFA-Cup.

Im darauffolgenden Jahr galoppierten wir zum Start-Ziel-Sieg und gerieten auf der Linie doch noch ins Stolpern. Das hatte auch damit zu tun, daß die Lockerheit, das Kumpelhafte von Dragoslav Stepanovic in dem Maße schwand, in dem wir dem Erfolg näherrückten. Er war dem Druck der Medien nicht gewachsen.

Hinter der Maske des »lebenslustigen Serben«, zu dem er stilisiert wurde, verkrampfte der vormals wirklich nette Draufgänger zusehends. Einerseits wurde er herrisch und ließ mit sich nicht mehr über Mannschaftsaufstellungen, Taktik oder Trainingseinheiten reden. Andererseits eiferte er dem Bild nach, das die Medien von ihm entwarfen: »Der

Hasardeur, der ohne Furcht aus der Amateurliga kam.«
Seine äußerst anerkennenswerte Vorliebe für spielerische Talente, sein Mut zum Experiment verkamen allmählich zu beliebigen, unsystematischen Vabanquespielen.

Lange konnte er die Fehler und den Verlust seiner Linie durch Glück und dank unserer Spielstärke kaschieren. Doch dann brach das Kartenhaus zusammen.

Im März 1993 verloren wir alle wichtigen Spiele um die Meisterschaft und schieden gegen seinen künftigen Arbeitgeber Bayer Leverkusen im Pokal-Halbfinale aus. Der Stepanovic-Effekt hatte sich verbraucht. Er war nicht mehr in der Lage, uns zu motivieren.

Stepi fehlten das Einfühlungsvermögen und die Souveränität eines Ernst Happel. Was nicht zuletzt dazu beitrug, daß wir in der Saison 1992/93 über keine eingespielte Mannschaft verfügten, die die sogenannten »bigpoints« gegen direkte Meisterschaftskonkurrenten zu erzielen in der Lage gewesen wäre.

Wieviel ihm aber tatsächlich zu jenem Trainer-Genie fehlt, als das er lange geführt wurde, verdeutlichte sein Einstieg bei der Werksmannschaft in Leverkusen. Das Machtgehabe und die treffsicheren Seitenhiebe, mit denen er im Wechselspiel mit Manager Calmund Trainer Reinhard Saftig kurz vor dem Pokal-Endspiel aus dem Amt jagte, grenzten an Brutalität.

SCHLEIFSTEIN

SAMSUNG

Die vaterlose Gesellschaft

Selbst Rudi ist gekommen. Wortlos drücken sich die Freunde um den riesigen Möbelwagen. »Sehen wir uns jetzt nie wieder?« fragt Kurti mit dünner Stimme. Ich zucke mit den Achseln.

Gerade versuchen die zwei dicksten Packer, den Schrank von Gunter und mir durch die Eingangstür zu bugsieren. Vergeblich, sie müssen ihn an Ort und Stelle auseinandernehmen. Wir bekommen etwas Aufschub.

Ich hole den Ball aus der Schatzkiste, die bereits auf der Ladefläche verstaut ist. In Sekundenschnelle bilden sich zwei Mannschaften. Ein letztes Mal dreschen wir das schwarzweiße Plastik-Ei durch die Rosen unseres ehemaligen Gartens, daß die Fetzen und die Blüten fliegen.

Für einen Moment ist unsere Trauer vergessen. Gunter versucht erfolglos, mich zu tunneln. Der Ball bleibt an der Hacke hängen. Der Gegenangriff endet in der Hecke. Meine Jungs kämpfen aufopfernd. Paul, den ich erst vor drei Monaten kennengelernt habe, läuft zur Hochform auf. Er paßt quer zu Harry, der zu Rolf verlängert. Rolf, obwohl rund wie eine Kugel, ist unser sicherster Vollstrecker.

»Schluß jetzt, wir fahren!« beendet mein Vater streng das Abschiedsspiel. Wieder fragt Kurti: »Was glaubst du, sehen wir uns nie wieder?«

»Mensch, ich weiß es nicht«, herrsche ich ihn an. Ich will mich auf diese Frage nicht einlassen, weil ich ahne, daß es wieder ein Abschied für immer ist. Wir haben nie erlebt, daß Freundschaften Bestand hatten.

Als die Schließvorrichtungen der Ladeklappen geräuschvoll einrasten, vergeht auch Leo das unvermeidliche Grinsen. »Wer spielt denn jetzt im Tor?« gibt er seine größte Sorge preis. Rolf, unser »Professor«, das As in der Schule, zeigt ihm einen Vogel: »Das ist doch wohl im Augenblick nicht so wichtig.«
Er tritt neben mich und flüstert mir fast väterlich zu: »Schau einfach, daß du schnell wieder einen findest, von dem du die Hausaufgaben abschreiben kannst.«
Mein Mund ist trocken. Ich bekomme kaum einen Ton über die Lippen. Da stehen sie mit hängenden Köpfen. Unsere Streitigkeiten sind vergessen. Jeder hat etwas unverwechselbar Liebenswürdiges an sich. Es sind gute Freunde. – Nein, es waren gute Freunde.
Ich fühle mich bleischwer und kann mich düsterer Gedanken nicht erwehren. Jetzt geht alles wieder von vorne los. Nach nur zwei Jahren, die wir hier gewohnt haben. Es ist der neunte Umzug in elf Jahren. Gerade hast du Freunde gefunden, da mußt du wieder fort. Eben heimisch geworden, wirst du schon wieder irgendwo anders hingeschleppt. Kaum hast du einen Lehrer gefunden, der deine Unlust versteht, da bist du bereits wieder »der Neue«.

Auf der Steinschen Odyssee begleiteten mich neben Mutter und Vater sechs Geschwister – drei Brüder und drei Schwestern. Aufgereiht wie Orgelpfeifen, in zweijährigem Altersabstand, mußten wir – Gudrun, Gunter, Uli, Ulrike, Jörg, Jochen und Birgit – meinem Vater folgen, der als Betriebssanierer heute hier und morgen da engagiert wurde. Heutzutage bezeichnen sich solche Leute als Wirtschaftsmanager. Er firmierte als Betriebsberater. Man holte ihn, wenn rote Zahlen eine Firma zu ruinieren drohten. Immer dann, wenn der Konkurs abgewendet oder auch der Rettungsversuch gescheitert war, zogen wir weiter, von Bankrottunternehmen zu Bankrottunternehmen. Manchmal lagen die

Wohnorte nur ein paar Kilometer voneinander entfernt, häufiger aber in ganz anderen Regionen. Insgesamt mußten wir zwölfmal unsere Sachen packen, bevor meine Eltern sich schließlich trennten.

Mein Vater verdiente gut. Wir lebten komfortabel. Unsere Häuser konnten getrost als Villen bezeichnet werden, die Gärten glichen kleinen Parks. Die Rollenverteilung in der Familie war von klassischem Zuschnitt im Wirtschaftwunderland: Der vielbeschäftigte Vater war selten – meist nur am Wochenende – zu Hause. Die Mutter, beschützende Glucke, sorgte für Nestwärme und glich die Strenge des Ernährers mit liebevoller Großzügigkeit aus. Obwohl ich mich nicht an Details erinnere, glaube ich, daß sich die Ehe meiner Eltern, wie die tausend anderer, in wachsender Beziehungslosigkeit auflöste. Eine Spirale aus Entfremdung und Verschleiß, typisch für Fern-Ehen, muß es wohl gewesen sein, die das Paar trotz ihrer sieben gemeinsamen Kinder so heillos entzweite. Fehlende Kommunikation – Mißverständnisse – gegenseitige Vorwürfe – Krach. Mein Vater kam immer seltener. Es hagelte Vorwürfe auf beiden Seiten. An einen dramatischen Anlaß, der zur Trennung geführt haben könnte, kann ich mich aber nicht erinnern.

Am Ende ging es, wie so oft, eben auch ums Geld. Vater warf Mutter vor, zuviel zu verbrauchen, nicht haushalten zu können. Kurz vor der Scheidung klebte bei uns überall der Kuckuck. Warum der Gerichtsvollzieher kam, weiß ich heute noch nicht so recht. Ob mein Vater nicht mehr genug verdiente, um unseren hohen Lebensstandard finanzieren zu können, oder ob meine Mutter mit dem Geld tatsächlich nicht auskam, ist unklar geblieben.

Mein Vater war fix und fertig, sah seinen Ruf in Mitleidenschaft gezogen und bekam keinen Auftrag mehr, wie er sich bei einem Onkel in Hamburg ausweinte. Der einseitige Schuldspruch, der ihm weder Sorge- noch Besuchsrecht einräumte, muß ihm den Rest gegeben haben. Völlig verbittert

reagierte er auf »diesen Staat, der mir sogar verbietet, meine eigenen Kinder zu sehen«. Er wollte, wie er mir sehr viel später in einem Brief mitteilte, »mit diesem Land nichts mehr zu tun haben«.
Er legte die deutsche Staatsbürgerschaft ab und verschwand spurlos. Mit ihm verloren wir auch die finanzielle Sicherheit. Den gerichtlich auferlegten Unterhaltszahlungen kam er nie nach. Wir waren gezwungen, von der Sozialhilfe zu leben.

Auf die veränderte Situation reagierten wir Kinder mit sehr gemischten Gefühlen. Einerseits waren wir nach all den fetten Jahren arm wie Kirchenmäuse, mußten uns alles vom Mund absparen. Wir hatten das Gefühl, von unserem Vater im Stich gelassen, einfach hängengelassen worden zu sein. Andererseits freuten wir uns fast darüber, daß die ewige Umzieherei in Nienburg ihr vorläufiges Ende fand. Es gab sogar so etwas wie Erleichterung darüber, daß uns der gefürchtete Zuchtmeister nicht mehr in die Quere kam. Wir waren ja auch daran gewöhnt, ohne Vater zu leben, schließlich war er oft wochenlang außer Haus gewesen.
Jedoch vermißten wir die wunderschönen Ausflüge, die er regelrecht zelebrierte. Auch fehlten uns die tollen Überraschungsmomente, mit denen er gelegentlich unsere Sehnsüchte nach einer Familienidylle erfüllte.
Der sentimentale Rückblick auf Picknick-Vergnügen im Grünen stimmte uns nach seinem Weggang mitunter traurig. Leidenschaftlich hatten wir Pilze, Beeren und Obst gesammelt. Blumen für die Mutter gehörten ebenso zum Programm wie das obligatorische Fußballspiel, auf das Gunter und ich nach einem stundenlangen Spaziergang stets erpicht waren.
An solchen Wochenenden war die Familie heil gewesen. Danach sehnten wir uns nun. Das eigentliche Defizit eines vaterlosen Lebens registrierte ich erst später, als ich auf der

Suche nach Rat und Vorbild viele Enttäuschungen erlebte. Das Phänomen Ernst Happel hatte nicht zuletzt deshalb so starke Wirkung auf mich, weil der Trainer meinen Vorstellungen von einer Vaterfigur entsprach.

Die Scheidung meiner Eltern bewirkte einen starken Zusammenhalt der restlichen Familie. Wir Kinder bildeten eine verschworene Gemeinschaft. Zwar hatten wir oft Krach untereinander, Außenstehende durften sich da aber nicht einmischen. Wer das dennoch wagte, wurde von einer ganzen ›Steinlawine‹ überrollt.

Extrem wirkten solche Mechanismen beim Straßenkick. Mein Bruder Gunter und ich pflegten ein nicht immer gesundes Konkurrenzverhältnis. Wir stritten um Tore, Regelauslegungen – überhaupt über alles, was das Spiel so bietet. Manche Keilerei brachen wir wegen eines falschen Einwurfs oder einer umstrittenen Elfmeterentscheidung vom Zaun. Oft waren wir gezwungen, es auf diesem Weg zu erledigen, weil wir keinen Schiedsrichter hatten.

Wenn Gunter und ich in verschiedenen Mannschaften spielten, krachte es meistens. Aber fast immer schaffte es jemand, die Familie wieder zusammenzuführen. Stets fand sich einer, der naiv genug war, Partei zu ergreifen, der gar den einen oder anderen Bruder beschimpfte. Dann rollten die Steine zusammen und standen wie eine Wand gegen den Rest der Welt.

Der Zusammenhalt war naturwüchsig. Wir waren immer die Fremden, deshalb stark aufeinander angewiesen. Wir Älteren waren auch die Erzieher der Jüngeren. Das sorgte für ein Verantwortungsgefühl, das die Grenzen der modernen Pädagogik in Konfliktfällen gelegentlich sprengte. Oft hatte man weder Zeit noch Lust, lange nach den Ursachen von Streitereien zu fragen. Da wurde kurzerhand Ordnung hergestellt. Und wir waren eben viele.

Allesamt zeichnete uns Leidenschaftlichkeit, Ehrgeiz und

Durchhaltevermögen aus. Vermutlich wurde nach der Scheidung unserer Eltern das Steinsche »Jetzt erst recht!« mit den entsprechenden Inhalten gefüllt. Jeder kniete sich nach seinen Fähigkeiten rein. Und jeder machte etwas daraus. Es war eine der beiden Möglichkeiten, mit denen ein Mensch gewöhnlich auf Risse im sozialen Netz reagiert.
Der anderen Variante, mit Asozialität, Alkoholismus und/oder Kriminalität, wie sie speziell mir des öfteren prophezeit wurde, gaben die Steins keine Chance.
Gunter wurde Arzt, Gudrun Lehrerin, Ulrike Krankenschwester, Jochen Jurist, Jörg Betriebswirt und Birgit Steuerfachfrau.
Unter den Großen war ich das schwarze Schaf, der Versager, der mit 14 Jahren in die Volksschule zurückbeordert wurde.
Wenngleich ich es mir nie anmerken lassen wollte, es kränkte mich. Meine Geschwister hänselten mich zwar nicht offen, dennoch stolzierten sie als die Abiturienten vor mir herum. Möglicherweise bildete ich mir dies auch nur ein. Jedenfalls verspürte ich so etwas wie einen Minderwertigkeitskomplex.
Richtig ausgebrochen ist der Konflikt allerdings nie, zumal Gunter ebenfalls ein völlig ausgeflippter und talentierter Fußballer war. Die Liebe zum Fußball schweißte uns zusammen. Bis er ein Angebot von Rot-Weiß Essen ablehnte, weil ihm die Uni wichtiger war. Obwohl auch die Mutter nicht viel Aufhebens aus meiner schulischen Misere machte, hatte ich dennoch den Beweis anzutreten, daß ich generell kein Versager war. Dies könnte ein Schlüssel zu meiner Besessenheit zwischen den Pfosten sein, die mich heute noch im Netz gefangenhält.
Während meine Geschwister ihren Ausbildungen nachgingen, brachte ich als erster Geld nach Hause. Es war nicht viel als Kaufmannslehrling, aber immerhin. Vor allem war mir wichtig, daß ich einen, wenn auch nur symbolischen

Beitrag zur materiellen Sanierung der arg gebeutelten Familie leistete.
Als ich dann meinen ersten Vertrag bei Arminia Bielefeld unterschrieb, war für mich der Beweis, kein Versager zu sein, zur Hälfte angetreten. Endlich war ich wer: Beliebt bei den Fans und meiner Mutter wesentliche finanzielle Stütze. Außerdem überraschte ich sie gelegentlich mit einer neuen Couch-Garnitur oder einem Farbfernseher. Ich habe auch meinen Bruder während seines Studiums unterstützt. Gunter besuchte mich in den Semesterferien regelmäßig mit seinem VW-Bulli, lud ihn voll bis unters Dach mit Stereo-Anlagen, Klamotten und sonstigen Ablegern von mir und zog glücklich wieder ab. So hatte eigentlich jeder etwas vom schwarzen Schaf – und dieses seine Anerkennung.
Doch lang währte das friedliche Miteinander zwischen Akademiker-Familie und Torhüter nicht. Es gab zu wenig Berührungspunkte, Welten schienen manchmal dazwischen zu liegen. Allein zur sprachlichen Verständigung hätten wir nicht selten einen Dolmetscher gebrauchen können. Vielleicht habe ich auch mit meiner Weltläufigkeit angegeben, meinen Umgang mit Prominenten zu sehr herausgestellt.
Sie diskutierten in der Hauptsache über Politik, bei mir drehte sich alles um Fußball. Sie unterstellten mir Größenwahn und Starallüren. Bei Familientreffen wurde polemisiert, wurden Anflüge von Mißgunst und Neid verraten: »Wie kommt es eigentlich, daß ausgerechnet der Uli, der einzige von uns ohne Abitur, so viel Geld verdient?«
Äußerst sensibel, wie ich damals in solchen Angelegenheiten gestrickt war, reagierte ich entsprechend. Ich fühlte mich zutiefst gekränkt. Beim Grübeln über das Verhältnis zu meiner Familie kam ich darauf, daß sich meine netten Geschwisterchen immer nur dann bei mir meldeten, wenn sie was brauchten, nie jedoch, wenn ich sie gebraucht hätte.
Zwei Gründe waren wohl für unser Zerwürfnis ausschlaggebend: Erstens hielten sie es nicht aus, daß ausgerechnet

ich so erfolgreich war. Zweitens fühlte ich mich von der akademischen Gesellschaft bloß benutzt. Ich begann, mein Helfersyndrom zu hinterfragen, und brach mit den Selbstverständlichkeiten.
Die üppigen Weihnachtsgeschenke wurden auf ein vernünftiges Maß beschränkt, die Gesichter der Beschenkten dabei immer länger. Das Unverständnis wuchs, als ich, mittlerweile in Hamburg, zum Sparkurs gezwungen wurde. Sattsam bekannte Bauherrenmodelle stürzten mich in hohe Schulden. Von den presseöffentlich immer wieder als »Traum-Gehalt« apostrophierten 300.000 Mark im Jahr verblieb nach Abzug der Zins- und Tilgungsbelastungen gerade ein Viertel. Conny und ich schleppten uns jahrelang gerade so über die Runden. Selbst auf Urlaub mußten wir lange verzichten.
Auf diese Fehlanlagen, vermittelt von windigen Steuerberatern, fielen damals nicht nur die »dummen Fußballer« rein, sondern auch Ärzte, Rechtsanwälte und andere Studierte. Ich kenne Zahnärzte, die heute noch für ihre Fehlinvestition bohren.
Probleme ergaben sich im wesentlichen aus Täuschungen über den tatsächlichen Wert von Anlageobjekten. Manche Häuser, für die mehr als 450.000 Mark zu bezahlen waren, hatten lediglich einen Marktwert von 180.000 Mark.
Ganz dicke kam es, wenn diese Modelle nicht als gemeinnützig anerkannt wurden. Dann waren sämtliche Steuereinsparungen auf einen Schlag zurückzubezahlen. Der Verlust war enorm. Mancher wurde zugrunde gerichtet, weil die Steuerrückzahlung den Erlös aus dem Notverkauf überstieg. Wir haben geschuftet und jeden Pfennig auf die Seite gelegt, um wenigstens das abzuwenden. Das konnten und wollten meine Geschwister wohl nicht begreifen. Als dann Jennifer geboren wurde, verkündete ich ihnen, daß sie nun auf eigenen Füßen zu stehen hätten, da ich mich um meine Familie kümmern müßte.

Ich gab meiner Mutter, was wir entbehren konnten, für die Studenten blieb leider nichts mehr übrig. Das führte zum totalen Bruch. So schlitterte ich in die schlimmste Krise, die ich je durchlitten habe. Sie schmerzte mehr als alle sportlichen Niederlagen.

Begonnen hatte es kurz vor der Weltmeisterschaft in Mexiko 1986, als der »Stern« eine Human-Touch-Serie über den sozialen Hintergrund der Nationalspieler in Angriff nahm. Nach dem Besuch bei meiner Mutter entstand dann der Artikel, der von der »Bild-Zeitung« als Aufmacher verarbeitet wurde: »Stein gibt seiner Mutter keinen Pfennig.«
Warum meine Mutter, die über meine damaligen finanziellen Verhältnisse bestens informiert war, sich zu dem Interview hatte hinreißen lassen, weiß ich nicht. Hingegen kann ich mir zumindest ansatzweise erklären, warum sich meine Geschwister zu Geschwätzigkeiten und Lügen hergaben. Sie vernahmen meine sportlichen Erfolge und meine Gehälter aus den Medien. Sie wußten nichts von meiner finanziellen Misere, oder sie glaubten nicht daran, und hatten Probleme mit dem Starrummel um mich. Wahrscheinlich lancierten sie deshalb angebliche Äußerungen von mir, mit denen ich bei der Hochzeit eines Bruders aufgefallen sein soll: »Ihr habt es im Kopf, aber ich habe es in der Brieftasche.« Sie spekulierten über meinen Charakter, daß es den Entlarvungsjournalisten ein Jauchzen entlockte.
Lediglich Jochen, unser Jurist, räumte im »Stern« ein: »Vielleicht haben ja auch wir etwas falsch gemacht.«
Das Zerwürfnis zwischen mir und meinen Geschwistern nahm zunehmend gröbere Züge an. Auch ich hatte den Sinn für Relationen verloren und verlangte von meinem Bruder die von mir während seines Studiums geleistete Unterstützung in Raten zurück.
Die Atmosphäre war so vergiftet, daß wir uns vollständig ignorierten. Wichtige Familienfeiern fanden ohne mich

statt. An meiner Hochzeit und an der Taufe von Jennifer nahm kein anderer Stein teil. Selbst meine Schwester Gudrun, die es als Ehefrau eines Flugkapitäns ebenfalls in einen Vorort von Frankfurt verschlagen hat, habe ich nie mehr gesehen. Erst im Sommer 1992 kam wieder Kontakt zustande, und so konnten wir einvernehmlich die Unterhaltssicherung der Mutter regeln. Vielleicht schaffen wir es eines Tages, uns unsere Fehler gegenseitig einzugestehen und die Vergangenheit gemeinsam aufzuarbeiten.
Das Nienburger Sozialamt, von dem meine Mutter regelmäßige Unterstützung bezog, machte mir 1986 seine eigene Rechnung auf. Den Beamten genügte die nominelle Wertschätzung meiner hochverschuldeten Bauherrenmodelle zur Klage auf Nachzahlung. Sie interessierte weder, daß die Belastungen höher lagen als die Rendite, noch, daß die Steuereinsparungen hinfällig waren. Der Behörde wurde in zweiter Instanz vor dem Landgericht Itzehoe recht gegeben. Ich mußte über 10.000 Mark ans Sozialamt bezahlen. Damit hatten die Medien eine Human-Touch-Geschichte, die so wunderbar paßte zu dem Asozialen der Nation, der wenige Tage zuvor in Mexiko als nicht integrierbar verstoßen worden war.
In dieser Zeit habe ich erkannt, woran Menschen zerbrechen können. Ich fühlte mich all denen sehr nah, die als Penner geächtet werden. In Frankfurt habe ich etliche kennengelernt und erfahren, daß hinter jedem ein persönliches Schicksal steht. Wie schnell es gehen kann, daß man aus einem intakten Familien- und Berufsleben in die Gosse getrieben wird, erlebte ich beinahe selbst. Bloß mit dem Unterschied, daß aufgrund bestimmter überdurchschnittlicher Fähigkeiten auch nach einem dreifachen Desaster (Mexiko-Abgang, Familienkrach, HSV-Rausschmiß) immer noch jemand an mir interessiert war.
Die stete Erinnerung an die eigenen Niederlagen und das Wissen darum, wo ich selbst herkam, brachte mir diese

Underdogs, um die sich niemand mehr schert, immer nah. Vielleicht ein bißchen auch aus der zwiespältigen Faszination heraus, die Niederungen näher zu betrachten, die mir erspart geblieben sind. Dies geht manchmal sogar soweit, daß Jennifer schon nicht mehr mit mir auf den Rummel gehen will, weil man gerade dort viele von diesen Gestrandeten trifft und ich ihnen kein Gespräch abschlagen kann. Es ist wie ein innerer Zwang, der mich bindet. Ich stehe da, höre zu und vergesse, daß Jennifer Karussell fahren will.

In der Phase öffentlicher Brandmarkung zum Egomanen, der »seine Mutter verhungern« läßt, versuchte ich immer wieder zu rekonstruieren, wie es zu diesen Entwicklungen innerhalb der Familie kommen konnte. Insbesondere die Rolle meines Vaters, die mir nur bruchstückhaft in Erinnerung ist, beschäftigte mich sehr. 20 Jahre hatte ich von ihm nichts gehört oder gesehen. Bis endlich ein Brief von ihm in der Post lag.
Er meldete sich aus Irland, lebte dort wohl schon länger und verfolgte meine Presse aufmerksam. Vorsichtig deutete er den Wunsch eines Treffens an. Doch diffuse Gefühle hindern mich bis auf den heutigen Tag daran, auf die Grüne Insel zu fahren.
Einerseits brenne ich darauf, mit ihm die Vergangenheit zu besprechen. Von ihm die Beweggründe seines Verschwindens zu erfahren und zu sehen, wie er lebt. Dem stehen wirre Vorbehalte entgegen. Die Ungewißheit, wer er ist, ob ich einem völlig Fremden gegenübertrete, oder ob er meinem Vater-Bild noch ähnelt, lähmt mich. Auch die Angst, daß alte Wunden wieder aufreißen könnten, ist wohl ein Grund für meine Zögerlichkeit.
Im wesentlichen habe ich ihn als unglaublich ehrgeizigen, absoluten Gehorsam verlangenden Patriarchen vor Augen. Seine Strenge war furchterregend, sein Ehrgeiz das Maß aller Dinge. Noten schlechter als Zwei kamen einer Kata-

strophe gleich. Da flog einem das Heft um die Ohren, bis sie abzufallen drohten.

Er selbst war Musterschüler, zeigte seine Zensuren bei jeder passenden Gelegenheit. Sie strotzten vor Einsen, lediglich singen konnte er nicht – Musik: zwei.

Ganz gleich, ob in der Schule, beim Fußball oder im Haushalt, seine zuweilen unverständlichen Leistungs- und Ordnungsvorstellungen setzte er durch. Wenn es sein mußte, mit Gewalt.

Sein Hang zu außergewöhnlicher Sparsamkeit war vermutlich auf die Tatsache zurückzuführen, daß er sich aus kleinen Verhältnissen bis ins Industriemanagement hochgearbeitet hatte. Obwohl wir recht wohlhabend waren, mußten wir uns beispielsweise die Kickstiefel und die Mitgliedsbeiträge für den Fußballverein mit harter Ferienarbeit verdienen.

Geradezu sadistische Züge konnte seine Erziehung beim Einteilen von Süßigkeiten annehmen. Wöchentlich gab es für jedes Kind sieben Kleinigkeiten. Meist Bonbons, Schokolinsen, Lakritzröllchen und dergleichen. Alles war exakt abgezählt. Für jeden Tag eine Winzigkeit.

Im Hause Stein blühte ein regelrechter Handel unter uns Kindern, weil jedes eine andere Vorliebe hatte. »Tausche Lakritz gegen Himbeerbonbon.« Lollis wurden gehütet wie Schätze. Ging einem der Stoff vor Wochenschluß aus, gab es kein Pardon und keinen Zuschlag.

Vater Stein hingegen schöpfte stets aus dem Vollen. Er haute sich die Schokolade tafelweise rein. Während uns beim bloßen Anblick das Wasser im Mund zusammenlief, zeigte er kein Erbarmen, schon gar nicht für diejenigen, die nichts mehr hatten. Sie wurden bestraft für die Unfähigkeit, mit den Rationen haushalten zu können.

Das Beeindruckende an dem Mann war das Kontrastprogramm, das er zwar selten, dafür aber mit großem Effekt, dazwischenschaltete. Es konnte passieren, daß er plötzlich vor einem Schaufenster stoppte und fragte, was wir haben wollten. Erwischten wir ihn in Spendierlaune, kamen wir mit vollbepacktem Wagen nach Hause. Er war extrem. Es gab keine Ausgewogenheit.

Eine Szene soll diesen krassen Gegensatz verdeutlichen. Heiligabend kam er einmal mit mehr als 20 Geschenkpaketen hereingeschneit. Kaum hatten wir sie ausgepackt, brachte ihn irgendeine Belanglosigkeit derart in Rage, daß er uns die herrlichen Spielsachen wieder entriß. Am ersten Weihnachtstag waren sie allesamt verschwunden. Das Fest war gelaufen.

Die Reglements in der Familie schrieben einen lückenlosen Wochenplan vor. Wir Kinder wurden zu Haushaltsdiensten eingeteilt: Geschirr spülen, staubsaugen, Klo putzen, Bad schrubben, Gartenarbeit, Bürgersteig kehren, Zimmer aufräumen warteten im täglichen Wechsel auf uns. Da gab es keine Ausnahme. Auch nicht, wenn 35 Grad im Schatten den bloßen Gedanken an etwas anderes als ans Freibad zur Tortur machten:

An einem Samstag im Juli klettert bereits morgens um 10 Uhr das Thermometer auf die Hitzefrei-Marke. Für uns ist es ausgemachte Sache, daß diese Schwüle nur im Schwimmbad erträglich ist. Gunter und ich verabreden uns mit den Jungs aus der Fußballmannschaft im Freibad. Zu Hause angekommen, fliegt der Ranzen in die Ecke, werden die Badehosen herausgekramt. Doch wir kommen nur bis zum Gartentor, da elektrisiert uns der wohlbekannte Ruf des Vaters: »Haaalt!« Es bedarf weniger Worte, um uns klarzumachen, was wir zu erledigen haben. »Der Rasen!« zeigt er mit ausgestrecktem Arm auf das von der Hitze versengte Gras.

Ohne Widerworte rennen wir in die Garage, um den Motormäher flottzumachen. Zu unserem Entsetzen springt er nicht an. Der Motor ist kaputt. Der Vater verweist auf den

Handmäher, den wir bereits ausgemustert haben. Auf den Messern hätte man bequem bis Paris reiten können, so stumpf sind sie.

Wir schieben das untaugliche Gerät mit vereinten Kräften durch den Garten. Zwecklos, das Schneidewerkzeug rutscht über die Halme. Dem Vater, der von der Terrasse aus unsere Bemühungen verfolgt, ist es einerlei: »Wie ihr den Rasen mäht, ist mir ganz egal, aber er wird heute geschnitten. Vorher kommt ihr nicht ins Freibad.«

Krampfhaft suchen wir nach einer Lösung. Die Werkstätten haben bereits geschlossen. Selbst können wir die Mäher nicht reparieren. Wütend und ohnmächtig zugleich sehen wir keine Chance mehr. Da springt Gunter auf und verschwindet im Badezimmer. Kurze Zeit später erscheint er wieder mit zusammengebissenen Zähnen und geballter Faust. »Dem zeigen wir's«, flüstert er mir stocksauer ins Ohr. »Wenn wir schon nicht von hier wegkommen, dann führen wir ihm eine Methode vor, die er noch nie gesehen hat.«

Aus der Hosentasche kramt er zwei Nagelscheren hervor, wirft mir die eine zu und beginnt, mit der anderen Grashalm für Grashalm feinsäuberlich nahe an der Wurzel abzuschneiden.

»Ist die Länge so richtig?« fragt er hinauf zum Oberhaupt. Mir stockt der Atem. Unser Vater beugt sich über die Terrassenbrüstung und traut seinen Augen nicht: »Seid ihr total verrückt geworden? Wollt ihr mich verarschen?«

Tobend kommt er angerannt und vertrimmt uns. Dieser Demonstration war er nicht gewachsen.

Mit ähnlicher Humorlosigkeit reagierte er seinen Ordnungsfanatismus an uns ab. Wie ein Feldwebel schritt er am Wochenende die Zimmer ab und inspizierte die Schränke. Wenn die Hemden nicht exakt in einem Stapel aufeinanderlagen, dieser auch nur leicht verrutscht war, explodierte er. Dann fegte er alle Klamotten aus den Fächern

und blieb daneben stehen, bis alles wirklich so geordnet war, wie er es für richtig hielt.
In panischer Sorge um seine Moralvorstellungen regelte er den nächtlichen Ausgang bis ins Erwachsenenalter. Noch mit 18 Jahren mußte meine Schwester Gudrun um Punkt 20 Uhr zu Hause sein. Wenn sie auch nur wenige Minuten später kam, dann setzte es was. Und wie! Da genügte nicht die flache Hand, sondern es kamen regelrechte Schlagwerkzeuge zum Einsatz. Kochlöffel, Teppichklopfer und vor allem Bambusrohre gehörten zum Züchtigungs-Arsenal. Irgendwann habe ich aufgehört, die Stöcke zu zählen, die er auf meinem Hintern kaputtgeschlagen hat.
Unumstößlich auch das dunkle Schlafzimmer. Um halb neun hatten alle bei gelöschtem Licht im Bett zu liegen. Mit zwölf Jahren etwa leuchtete mir dies nicht mehr ein, zumal alle Freunde vor dem Einschlafen noch ein bißchen lesen durften. Gunter und ich beschlossen, das Licht anzulassen und zu schmökern. Gesagt, getan.
Fünf Minuten später stand der Vater im Zimmer, sagte keinen Ton und knipste die Lampe erneut aus. Trotzig wartete ich, bis er die Tür hinter sich zuzog, stand auf und machte das Licht wieder an. Im gleichen Moment schnappte die Zimmertür auf, ein rechter Haken erwischte mich mit solcher Wucht, daß ich vom Lichtschalter bis zum Bett flog. Er hatte hinter der Tür nur darauf gelauert, daß jemand gegen sein Gebot verstößt.
Aber zwischen diesen Exzessen hielt er auch das Zuckerbrot parat. Er konnte eine Nähe herstellen, nach der wir uns oft sehnten. Sonntag morgens versammelte sich die komplette Kinderschar in seinem Bett. Wir kuschelten mit ihm stundenlang, und am Ende gab's die heißgeliebte Kissenschlacht. Bei aller Strenge, seinen Ticks und Handgreiflichkeiten, mochten wir ihn doch. Vielleicht gerade wegen seiner Unberechenbarkeit. Bekanntlich wird einem Zuchtmeister gelegentliche Freundlichkeit hoch angerechnet.

Es war eine harte Schule. Ergebnis davon war auch der Stolz auf den ungebrochenen Willen. Gunter und ich hatten zahllose Trachten Prügel einzustecken. ›Ja nicht vor ihm heulen‹ lautete dabei die Devise. Mit letzter Anstrengung, verkniffenem Gesicht und zerbissenen Lippen hielten wir dies oft nur knapp durch. Aber wir schafften es. Er hat uns nie heulen sehen. Kaum auf dem Zimmer, wich die Indianerhaltung, die angeblich keinen Schmerz kennt. Das Wasser schoß sturzbachartig aus den Augen, der Trost aber, uns vor ihm keine Blöße gegeben zu haben, half darüber hinweg.
Schlimmer als alle Schläge, die ich wegsteckte, war jedoch das Einsperren im Keller. Davor hatte ich Angst wie vor nichts anderem. Wenn ich die Treppen hinuntermußte, die Tür oben in die Angel fiel, das schwere Schloß zuschnappte, die Schritte in uraltem Gemäuer widerhallten, dann sah ich Gespenster und hörte Stimmen. Völlig abgeschnitten von der Außenwelt, zuckte ich bei jedem Geräusch zusammen. Die Gewölbekeller verwandelten sich in Gruselkabinette. Der modrige Geruch stach in die Nase. Von der Decke tropfendes Kondenswasser und vorbeihuschende Mäuse bildeten eine Geräuschkulisse, die unheimliche Phantasien freisetzte. Einmal habe ich sogar nach stundenlangem Bad im Angstschweiß in die Hose gemacht.
Das Keller-Trauma behielt seine Wirkung auch in anderen, harmlosen Situationen, wenn ich beispielsweise nur zum Getränkeholen hinuntergeschickt wurde. Da öffnete ich die Tür erstmal nur einen Spalt breit, um zu hören, ob da nicht irgendein Geist sein Unwesen trieb. Laut singend und pfeifend nahm ich dann mehrere Stufen auf einmal, damit der Schrecken ein schnelles Ende fand. Seither können mich dunkle Räume aus der Fassung bringen.

All dies ist nicht ohne Einfluß auf meine eigene Vaterrolle geblieben. Bestimmte Grundsätze leiten sich aus meinen

Meine Tochter Jennifer

Erfahrungen ab, damit Jennifer auf keinen Fall auch nur an den Rand ähnlicher Drangsale gerät. Besonderen Wert lege ich auf das Gespräch, auf die Vermittlung von Werten und Normen, weil mir selbst selten klargemacht wurde, warum irgend etwas verboten beziehungsweise wichtig war. Dieses Defizit hat mich eine Kindheit lang beschäftigt.

Das wohl fast in jedem Haushalt mit Kindern bekannte »Suppenkasper-Problem« etwa ist ein Trauma, das ich Jennifer ersparen will. Zu tief sitzt selbst heute noch die Erinnerung an den Zwang zur verhaßten Linsensuppe. Während ich manchmal gar vier Stunden vor dem Teller sitzen mußte, steht Jennifer unbehelligt auf, wenn sie genug hat. All die Grobschlächtigkeiten, die ich zu erdulden hatte, versuche ich zu vermeiden. Manchmal geht die Nachsicht so weit, daß ich in Konflikt mit Conny gerate, die mich als zu weich und nachgiebig kritisiert.

Wenige Male fiel ich allerdings im Affekt in althergebrach-

te Verhaltensmuster zurück. Beispielsweise, wenn Jennifer mit feinem Gespür die Machtprobe genau an der Stelle herausforderte, wo es besonders nervt, da rutschte mir schon mal die Hand aus. Der Klaps auf den Po ließ mich wohl mehr erschrecken als das Kind. Sofort fühlte ich mich wie ein Kinderschänder, meine eigenen Kindheitsängste überfielen mich schlagartig.
Das Interesse an moderner Pädagogik und psychologischen Erkenntnissen hilft mir da weiter. In diesem Zusammenhang empfinde ich es jedoch als Heuchelei, wenn der Klaps auf den Po von jenen verpönt wird, die gleichzeitig bedenkenlos mit Liebesentzug strafen. Ich beobachte häufig, wie Kinder mehr oder weniger bewußt mit Ignoranz und der Verweigerung von Lob und Ansprache gezwungen werden, den Willen der Eltern zu akzeptieren.
Die Gewissensnöte, die Kälte und die Minderwertigkeitsgefühle, die dadurch in den Kindern erzeugt werden, haben unabsehbare Auswirkungen auf deren zarte Psyche. Diese Form der Gewalt ist wahrscheinlich genauso schlimm wie die brachial-körperliche.
Viele Eltern, die das Schlagen als das Böse schlechthin verinnerlicht haben, bedienen sich aus Hilflosigkeit dieser Mittel, im Glauben, ein gewaltfreies Verhältnis zu ihrem Nachwuchs zu unterhalten. Dieser fatale Irrtum läßt sie dann Jahre später vor den Trümmern vermeintlich toleranter Erziehung verzweifeln: »Was haben wir nur falsch gemacht?« fragen sie sich naiv und irritiert, wenn die Sprößlinge politisch, moralisch oder als Schulversager aus dem Ruder laufen.
Ein Tor wäre, wer von sich behaupten würde, ganz ohne diese Scheußlichkeiten auszukommen. Doch sollten sie einem bewußt sein, damit man die Reaktionen der Kinder versteht und daraus möglichst auch lernt.
Diese Auseinandersetzungen haben mir auch die Augen für andere Probleme geöffnet. Umweltzerstörung, Kriege und

fehlende zwischenmenschliche Toleranz machen mir bisweilen große Angst.
Die Strahlenkatastrophe von Tschernobyl geriet zum Schlüsselerlebnis. Bis dahin leichtgläubig auf die Errungenschaften von Wissenschaft und Technik vertrauend, wurde ich schlagartig eines Besseren belehrt. Die Menschheit, plötzlich einem Super-Gau ausgeliefert, mußte sich Hilflosigkeit eingestehen. Tausende starben, Zigtausende wurden so stark verstrahlt, daß sie unheilbar krebskrank dahinsiechen. Unzählige Unfälle auch in westlichen Atomkraftwerken, in jüngster Zeit etwa die Entdeckung von mehr als 20 Rissen im Reaktor von Brunsbüttel, bestärken mich in der Annahme, daß diese Form der Energiegewinnung nicht beherrschbar ist. Selbst wenn die Technik einigermaßen zuverlässig wäre, menschliches Versagen ist nie auszuschließen. Auch die Tatsache, daß von staatlicher und privatindustrieller Seite Milliarden investiert wurden, darf uns die Augen davor nicht verschließen. Mit der Atomkraft sollte endlich Schluß gemacht werden, im zivilen wie im militärischen Bereich. Das Risiko einer großflächigen radioaktiven Verseuchung und damit der Vernichtung jedweden Lebens kann niemand verantworten.
Leider habe ich zu wenig Zeit, um mich stärker gegen solche Bedrohungen zu engagieren. Dafür nutze ich aber, im Gegensatz zu den meisten Kollegen, die Gelegenheit, bei Interviews klar Position zu beziehen. Gelegentlich passiert es dann, daß ich von einem Betreiber zum Lokaltermin geladen werde, wie unlängst von einer Plutonium verarbeitenden Fabrik in Hanau. Ich sollte mich persönlich davon überzeugen, daß alles halb so schlimm sei. Sie hätten mir gern den blankgeschrubbten Boden und die aufgeräumten Labore gezeigt, um anschließend das öffentliche Statement für die Sauberkeit des Betriebs mit dem unsichtbaren Gift zu bekommen. So einfältig ist selbst ein gelernter Kaufmann nicht, der anschließend auf Torwart umgesattelt hat.

Solche Auftritte kann man sich sparen. Für Augenwischerei gebe ich mich nicht her. Der Beweis für die Sicherheit dieser Technologie läßt sich so nicht erbringen.
Ganz anders verhält es sich beim Chemieriesen Hoechst. Seine giftigen Ausdünstungen, so hat es den Anschein bereits beim flüchtigen Blick aus dem vorbeifahrenden Auto, entweichen größtenteils aus altersschwachen Bauten. Da reihen sich Bruchbuden aneinander, die so aussehen, als würden sie beim geringsten Windstoß zusammenbrechen. Die Befürchtung, daß in einem solchen Betrieb, der augenscheinlich einem Schrotthandel gleicht, auf Sicherheit nicht viel Wert gelegt wird, drängt sich einem förmlich auf.
Mehr als zehn Unfälle in neun Wochen, bei denen teilweise das hochgefährliche Seveso-Gift Dioxin freigesetzt wurde, zeugen von Fahrlässigkeiten, die an Menschenverachtung grenzen. Zu bestimmten Zeiten war es den Einwohnern der betroffenen Frankfurter Stadtteile nur noch mit Gasmasken möglich, auf die Straße zu gehen. Untersuchungen des Gesundheitsamts haben krebserregende Stoffe im Urin von Kindern nachgewiesen.
Eine ganze Reihe solcher Fehlentwicklungen bedroht diesen Planeten. Die Müllproblematik beispielsweise, erst jetzt ins Bewußtsein gerückt, ist zur Zeitbombe geworden. Überall ist der Boden verseucht durch unsachgemäß gelagerten Giftmüll. Das Trinkwasser wird langsam aber sicher vergiftet. Die Wegwerfgesellschaft produziert Einweg-Verpackungen, die nicht recycelbar sind, nur weil sie im Moment billiger erscheinen als die Wiederverwertung. Irgendwann ist das ökologische Gleichgewicht irreparabel aus dem Lot.
Noch deutlicher wird die Gedankenlosigkeit der Verbraucher und die Sorglosigkeit der Wissenschaft bei der Zerstörung der Ozonschicht. Wenn das so weitergeht mit den Abgasen aus Autos und Industrie, können wir unsere Kinder bald nur noch mit Regenhäuten in die Sommersonne schicken, anderenfalls riskieren sie Hautkrebs.

Die Grünen haben in dieser Richtung zwar schon viele Leute wachgerüttelt, aber es reicht noch nicht aus. Das Bewußtsein muß sich schnell ändern, vor allem müssen den Erkenntnissen Taten folgen. Auch wenn es schwer fällt – als begeisterter Autofahrer weiß ich, wovon ich rede –, sollten wir öfter auf Bequemlichkeiten verzichten. Gelegentlich mal mit der Bahn zu fahren, kann entspannend sein. Manchmal frage ich mich ernsthaft, wo die Menschheit eigentlich stehengeblieben ist, und was das ist, was sie so als Fortschritt preist. Da fliegt der Mensch zum Mond, und die Erde macht er unbewohnbar. Und das alles funktioniert mit Duldung der Mehrheit, weil dabei immer das Argument des sicheren Arbeitsplatzes vorangestellt wird. Im indischen Bophal hat es keinem mehr genutzt, da kamen Hunderte von Anwohnern und Arbeitern grausam ums Leben wegen einer Panne im Chemiewerk.

Keine Panne scheinen mir hingegen die rechtsradikalen Grausamkeiten gegen Asylbewerber und Ausländer zu sein. Mitschuld tragen jene Politiker, welche mit Begriffen wie »Asylantenflut«, »Ausländerschwemme« oder gar mit der »Durchrassung der Deutschen« der verunsicherten Masse eine Bedrohung eingeredet haben, die überhaupt nicht existiert. Welcher Wahnsinn greift hier um sich, daß frustrierte Jugendliche und rechtsradikale Dummköpfe es scheinbar als Bagatelle und Wunsch der Mehrheit betrachten, wenn sie Hetzjagden auf Asylbewerber veranstalten, Häuser von türkischen Familien anzünden und das Verbrennen der Menschen dabei in Kauf nehmen?!

Im Vorfeld einer Benefizveranstaltung der prominentesten deutschen Sportler gegen den Fremdenhaß habe ich einmal im ZDF-Sportstudio gesagt, daß wir ein Asylproblem hätten und sich die Politiker bewegen müßten. Das Sex-Blatt »Playboy« verdrehte mir die Worte im Mund und stempelte mich zum rechtsnationalen Stammtischbruder.

Im Eifer des Gefechts – immerhin war das Sportstudio die-

sem Ereignis gewidmet und mit mehr als 20 Rocksängern und ghanaischen Trommlern bestückt – kam ich leider nicht mehr dazu, meinen Gedanken weiter auszuführen. Ich meine nämlich nicht, wie von einigen falsch verstanden wurde, daß der Deutsche Bundestag die demokratischen Grundrechte einschränken, sondern, daß er sie vehement verteidigen sollte.
Die Prominenten aus Sport, Kultur und Unterhaltung können nur demonstrieren und als wichtige Meinungsbildner vorangehen. Auch die Lichterketten sind beeindruckend, reichen jedoch bei weitem nicht aus, um die hirnrissigen Umtriebe der Rechtsradikalen zu stoppen. Hier ist vor allem die Regierung, aber auch die Opposition gefordert. Im Frühsommer '93 haben sich die Politiker bewegt, mehrheitlich in die falsche Richtung. Die Rechtsradikalen sehen sich durch den sogenannten »Asylkompromiß« bestätigt. Die Aussicht auf ein menschenwürdiges Miteinander von Deutschen und Ausländern ist getrübter denn je.
Unsere Kinder in diese Welt zu entlassen ist keine einfache Aufgabe. Es bedarf einer behutsamen Vorbereitung. Man kann nicht genug Zeit dafür aufbringen, sich ihrer Sorgen und Nöte anzunehmen und ihre Fragen zu beantworten. Natürlich überfordert uns gelegentlich der Druck, ständig zwischen Gut und Böse unterscheiden und den Kindern eine Orientierung geben zu müssen. Und dennoch müssen wir ihn aushalten, wollen wir nicht irgendwann aus allen Wolken fallen wie der Arzt aus Solingen, der nicht begreifen kann, warum sein Sohn zu einem Brandanschlag fähig war.

Insgesamt ist mein Verhältnis zur Familie aus Kindheitserfahrungen heraus von dem starken Wunsch geprägt, es völlig anders machen zu wollen. Immer wieder muß ich gegen die bequeme Haltung ankämpfen, daß nach einem stressigen Zehnstundentag zu Hause alles gerichtet sein soll.

Conny erscheint mir oft als die Stärkere, Rationalere von uns beiden

Oft fällt es mir nicht leicht, auf Frau und Kind in gebührender Weise einzugehen. Meistens jedoch schaffe ich es, zumindest Jennifers Ansprüchen gerecht zu werden.
Conny indes hat oft Grund zur Beschwerde, wenn ich nach dem Vorlesen der Gute-Nacht-Geschichte gleich mit einschlafe. Zumal sie nicht nur den Haushalt schmeißt, sondern mir in Finanz- und Managementfragen als wichtige Partnerin zur Seite steht.
Von Anfang an führten wir eine recht kämpferische Beziehung. Bis auf den heutigen Tag hat die Rollenverteilung im Innenverhältnis keine Dominanz zugelassen. Viele unterstellen Stars, auch in der Ehe tonangebend zu sein. Auf uns jedenfalls trifft das nicht zu.

Conny erscheint mir oft als die Stärkere, die Rationalere, die mir bei so mancher Entscheidungsfindung überlegen ist. Wie ich überhaupt den Eindruck habe, daß viele Frauen durch ihre Umsicht im sozialen Bereich die Geschicke der Familien oder Beziehungen viel stärker lenken als Männer. Mit dieser Erkenntnis umzugehen ist nicht immer einfach, weshalb manche Meinungsverschiedenheit zu empfindlichen Störungen führen kann.
Nicht zuletzt die Fähigkeit, den Konflikt auszuhalten, sich immer wieder zu verständigen und neu zusammenzufinden, zeichnet unsere nunmehr 14 Jahre währende Beziehung aus. Das Schlimmste, was ich mir in einer Partnerschaft vorstellen kann, hat Conny erfolgreich verhindert: eine Frau zu haben, die zu allem ja und amen sagt.
Selbst meinen Heiratswunsch erwiderte sie nicht eben begeistert. Drei Tage ließ sie mich schmoren, bis ein zögerliches Ja zurückkam.
In vielen geschäftlichen Fragen, im PR-Bereich und in anderen Situationen, wo Menschenkenntnis, Verhandlungsgeschick und Rechenkünste unabdingbar sind, gilt ihre Autorität. Ich treffe kaum eine wichtige Entscheidung in diesen Bereichen ohne Connys Rat. Das Geheimnis unserer Beziehung liegt in der Spannung zwischen hitzigen Konflikten und gegenseitiger Anerkennung. Kein Tag ist wie der andere. Langeweile und Entfremdung kennen wir nicht.

STEINZEIT

URKUNDE

Zurück in die Zukunft

17 Jahre Bundesliga. 17 Jahre Freud und Leid. 17 Jahre Medienspektakel. 17 Jahre Kampf. 17 Jahre Ungewißheit. Und doch würde ich, hätte ich die Möglichkeit dazu, alles wieder ähnlich machen.

Oft stehen Menschen entgeistert vor mir, wenn ich ihre Fragen nach der erlangten Reife auf diese, nicht ganz ihren Erwartungen entsprechende Weise beantworte. Es ist bestimmt nicht einfach, einen Typen wie mich zu begreifen. Viele, auch enge Freunde, versuchen mir stets klarzumachen, wenn ich in Mexiko, auf die DFB-Führung, gegen Wegmann, auf Schiedsrichter und Trainer ein bißchen verhaltener reagiert hätte, ja dann ... ja, was dann?

Alle Ratschläge und Einschätzungen lassen außer acht, woher ich komme und wie sehr ich mich durchzubeißen hatte. Sie blenden aus, welche Leidenschaft und welcher Zorn notwendig war, um mich aus meiner familiären, schulischen und ökonomischen Misere befreien zu können.

Ich hatte mich zu behaupten. Ich konnte nicht verlieren und meinte, mich ständig wehren zu müssen. Mein Selbstbehauptungswille, der manchmal die Grenzen des sozial Verträglichen sprengte, ließ mich Hanteln stemmen, mich vom Fliegengewicht zum Athleten quälen.

Nur meiner Besessenheit verdanke ich das Vertrauen, das Happel in mich gesetzt hat. Damit habe ich aber auch Schiedsrichter, Mannschaftskameraden und Trainer vor den Kopf gestoßen. Durch den Glauben an meine Leistungsfähigkeit bin ich mit dem HSV Europapokalsieger geworden. Allerdings hätte ich in Mexiko ohne diese extreme Einstellung den Mund gehalten. Mein Ehrgeiz hat mich immer wieder aufstehen lassen. Ohne ihn hätte ich aber vermutlich auch Jürgen Wegmann nicht ins Gesicht geschlagen. Es gibt den einen nicht ohne den anderen. Das ist die wesentliche Erkenntnis aus 17 Jahren Überlebenstraining in der Bundesliga.

Ich gehöre zu denen, die in erster Linie aus Fehlern und Erfahrungen lernen. Selten habe ich mich zweimal des gleichen Vergehens schuldig gemacht. Immer aber dokumentierte ich empfundenes Unrecht lautstark oder wenigstens symbolisch. Die Formen meines Aufbegehrens haben sich im Verlauf der Jahre geändert, nicht jedoch meine Empfindlichkeit gegenüber Ungerechtigkeiten und auch nicht mein Frust bei Niederlagen, Fehlentscheidungen, falschen Mannschaftsaufstellungen oder untauglichen Taktiken.

Ich kann zwar nicht ausschließen, daß eines Tages die Zeitungen wieder mit einem Steinschlag aufmachen werden. Dennoch erscheint mir dies eher unwahrscheinlich, da mittlerweile nicht nur meine Protestäußerungen moderater, sondern auch die Toleranz größer geworden ist.

Wenn heutzutage Stefan Effenberg in den Medien einen Stammplatz im Mittelfeld der deutschen Fußballnationalmannschaft einklagt, wird das als berechtigtes Anliegen registriert. Selbst wenn solche Winkelzüge mitunter zum Gerangel um die Vorherrschaft in der Schaltzentrale mit Lothar Matthäus führen können, sind sie glücklicherweise kein Grund mehr, einen der beiden als Rüpel, Asozialen oder Trinker in Verruf zu bringen. Blinde Unterwerfung ist nicht mehr in der früheren Totalität gefordert, es darf inzwischen unterhaltsam diskutiert werden. Leute, die sich an die Öffentlichkeit wagen, werden nicht gleich vom Bannstrahl getroffen. Soweit haben sich alle bereits auf selbstbewußtere Spieler eingestellt, zumal die Presse natürlich auch von ihnen und ihren Geschichten lebt.

Die Kehrseite der Medaille ist die allumfassende Kontrolle durch die Medien, wie sie sich in den vergangenen zwei Jahrzehnten entwickelt hat. Während ich es zu Beginn meiner Karriere lediglich mit zwei Bielefelder Zeitungen zu tun hatte, scharen sich heute bei wichtigen Anlässen die Reporter und Kameraleute von mindestens fünf Sendern und zehn Zeitungen um einen.

Auch das ist an sich nichts Schlimmes, man sieht sich schließlich im Zusammenhang mit guten Leistungen gern veröffentlicht. Doch leider interessiert sich die Journaille für mehr als nur das sportliche Leben der Fußballer. Der Druck, die Zuschauer und Leser ›auf Teufel komm raus‹ unterhalten zu müssen, immer schneller und dichter an der Leiche zu sein als die Konkurrenz, gebiert vielfach Unwahrheiten und stellt darüber hinaus böse Fallen.

Das jüngste Opfer ist wohl Michael Anicic, der bei seinem Debüt in München zum Senkrechtstarter hochgejubelt wurde. Im ZDF-Sportstudio und in anderen großen Medien wurden ihm Eigenwilligkeit und Extravaganz eingeredet, bis er selbst daran glaubte. In Frankfurt überredete man ihn dann zu einem »Starfoto« nackt unter der Dusche. Und schon war er der Depp vom Main.

Gerade die jungen Leute sind in diesem Gerangel überfordert. Sie überschauen den über sie hereinstürzenden Medienrummel nicht in letzter Konsequenz. Mit ihren 18 bis 20 Jahren sehen sie der versprochenen Popularität blauäugig entgegen und lassen sich oft gedankenlos zu Geschichten hinreißen, die einen ganz anderen Unterhaltungswert haben, als sie zunächst glauben.

Das ehrliche Anliegen vieler Journalisten, den Menschen hinter dem Star zu porträtieren, ist für sie oft nicht zu unterscheiden von jener Scharlatanerie, die im Schnellschuß ein verunglimpfendes Image produziert, von dem fortan immer etwas hängenbleibt.

Aber auch alte Kämpen, wie beispielsweise Axel Kruse und

ich, sind davor nicht gefeit. Kruse wurde von einem ZDF-Reporter eine solche Nähe zum Frankfurter Bahnhofsviertel unterstellt, daß man ihn bundesweit schon als Zuhälter sah. Bei mir genügte meine Vergangenheit und ein aus dem Zusammenhang gerissener Halbsatz, um aus Uli Stein den »Django« des Fußballs zu machen.

Im Vergleich zu dem, was ich während meiner Hamburger Zeit erlebt habe, ist dies zwar nicht weiter bedeutsam. Aber als Nachweis dafür, mit welchen Methoden gearbeitet wird, um die Leser bei der Stange zu halten, eignet sich die Geschichte wohl.

Die »Bild-Zeitung« überschrieb Ende Februar 1993 ihre Sportseite mit: »Uli Stein: Ich bin der Django des Fußballs!«

Grundlage dieser angeblichen Selbsteinschätzung war ein ausführliches Interview in der Illustrierten »Sports«. Abgesehen davon, daß ich dies nie über mich gesagt habe, wurden meine Antworten in der »Bild«-Wiedergabe so verkürzt und neu zusammengesetzt, daß der Leser annehmen mußte, ich würde mich tatsächlich gern als Django sehen. Dabei hatte sich meine Antwort auf die »Sports«-Frage, ob ich mir in der Rolle als »eine Art Django des Fußballs – immer mit dem Rücken zur Wand?« gefiele, nur auf den zweiten Teil bezogen: »Da stehst du als Torwart doch sowieso immer. Ich bin ein Einzelkämpfer, nach mir ist nichts mehr. Ich bin der letzte, bin verantwortlich, mir kann keiner helfen.«

Da dies die Schlagzeile nicht hätte rechtfertigen können, konstruierte man wenigstens die Nähe zu einem Django, indem eine differenzierte Aussage auf wenige Worte zusammengestrichen wurde. »Sports« hatte gefragt: »Wovor hat ein Uli Stein noch Angst?« Von meiner Antwort stand in der »Bild-Zeitung« lediglich dieser Satz, der so herausgelöst tatsächlich aus einem Django-Drehbuch stammen könnte: »Auf dem Platz vor gar nichts und vor niemandem ...«

Den rauchenden Colt kann man sich bildlich dazu vorstellen. In Wahrheit, nachzulesen in der März-Ausgabe 1993 von »Sports«, habe ich sehr wohl Ängste geäußert. »... Aber vor Krieg, ja. Wenn man die Entwicklungen so sieht, nicht nur in Jugoslawien, auch hier bei uns mit den Asylbewerberheimen und den Neonazis – das ist schon sehr bedenklich. Ich habe guten Kontakt zu Ausländern, deshalb mach' ich auch mit bei Aktionen gegen Ausländerfeindlichkeit. Aus Überzeugung.«

Diese Auskunft hätte wohl kaum mehr zu einem Django gepaßt.

Zu den erstaunlichsten Beobachtungen im Verlauf meines Profidaseins gehört, daß viele Kollegen das ihnen von den Medien verpaßte Image annehmen und danach leben. Vielen Leuten in meiner Branche mangelt es an innerer Stärke und einem klaren Selbstbild. Sie gefallen sich dann in ihren angedichteten Rollen, bis sie die nicht mehr durchhalten können.

Es gibt aber auch solche, die den Rollenerwartungen einfach deshalb entsprechen, weil sie ihre Ruhe haben wollen. Sie versuchen, sich nach außen hin nicht in Widersprüche zu verwickeln, da sie Angst vor der Konfrontation mit den Medien haben. Sie halten sich zurück, leben lieber mit der Lüge, bis das öffentliche Image sie irgendwann doch einholt, und sei es erst im Leben nach der Fußballherrlichkeit. Der Stellenwert, den der Fußball durch die Medien einnimmt, verführt einige immer wieder zu unseriösem Spektakel.

Auf der anderen Seite bedienen sich erfahrene Fußballprofis dieses Instruments zur Steigerung ihres Marktwerts. Es sind nicht nur Effenberg und Matthäus, die wissen, wie man sich am besten verkauft und im Gespräch hält. Viele haben tatsächlich ihre Hauspresse, die beim Vertragspoker schon mal mit der entsprechenden »Öffentlichkeitsarbeit« behilflich ist. Die lokalen oder regionalen Zeitungen haben ein starkes Interesse daran, daß ihr Mann zur Weltmeisterschaft fährt. Seine Geschichten vom Weltturnier erhöhen die Verkaufszahlen garantiert.

In den 80er Jahren war dies noch unschicklich. Mit meinen Einmischungen in DFB-Angelegenheiten war ich der Vorreiter für etwas, das heute normal ist. Der Prophet im eigenen Lande sozusagen, der nicht nur nichts galt, sondern für seine Medienauftritte auch noch hart bestraft wurde.

Ich habe aus diesen Erfahrungen zweierlei Erkenntnisse gewonnen: Einmal sollten sich auch die Spieler, die stets zu Wasserträgern herabgewürdigt werden oder nie Erwähnung finden, zu Wort melden. Ihr Mißbehagen über einen gewissen Starkult äußern, der gewöhnlich zwei, drei Heroen für große Siege feiert. Andererseits müssen die ebenfalls von den Medien aufgebauten bzw. transportierten Konkurrenzmechanismen durch mehr Kommunikation unter den Kollegen abgefangen werden. Ein gegenseitiges Ausspielen, wie es zwischen Charly Körbel und mir über Monate funktioniert hat, sollte zukünftig nicht mehr so einfach sein.

Jüngere Kollegen kommen oft zu mir und fragen, wie ich zu meinen selbstbewußten Auftritten gefunden habe. Fritz Walter vom VfB Stuttgart wollte gar wissen, welchen Rhetorik-Kurs ich besucht hätte. Sicher kann man das Sprechen üben, dennoch gibt es – bin ich überzeugt – keinen besseren Auftritt als den natürlichen. Übung hin oder her, das Interview oder der Fernsehauftritt ist immer nur so gut, wie die Überzeugung, die man sich aus dem Leben holt.

Ansonsten mag es an meiner Ignoranz liegen, daß ich kein Lampenfieber habe. Ich denke nie daran, daß fünf Millionen zusehen und -hören, wenn ich im Sportstudio sitze. Ich glaube auch nicht, daß ich besonders witzig bin, aber ehrlich. Das zwingt mich nur selten zur Maskerade. Deshalb lehne ich auch stets Vorbesprechungen ab, die auf die Fragen einstimmen sollen. Ich bevorzuge immer das freie Gespräch, das Überraschungen zuläßt.

Das kann einen Moderator auch schon mal ins Schwitzen bringen: Kurz nach meinem Nationalmannschaftsdebüt 1983 in Luxemburg gegen Jugoslawien lädt mich Bernd Heller ins Sportstudio ein. Im heißen Scheinwerferlicht fällt er sogleich in seinen selbstherrlichen Plauderton: »So, Herr Stein, jetzt haben wir ja auch schon ein Länderspiel auf dem Buckel.«
Ich unterbreche freundlich, aber bestimmt: »Zwei.«
Heller reißt die Augenbrauen hoch und setzt nach: »Aber das war doch Ihr erstes in Luxemburg.«
Ich schüttle den Kopf: »Nein, mein zweites.«
Heller legt die Stirn in Falten, rutscht auf dem Sessel hin und her. Seine Hände blättern nervös in den Unterlagen. Eine ganze Sendeminute vergeht. Er brummt Unverständliches. Schweißperlen treten deutlich sichtbar auf die Stirn. Endlich hat er die Seite gefunden: »Na, hier steht es doch, daß Sie nur ein Länderspiel gemacht haben, das muß wohl ein Regiefehler sein.« Ich schüttle wieder den Kopf: »Nein, es waren zwei, mein erstes und mein letztes.« Das allgemeine Gelächter im vollbesetzten Studio befreit Heller aus der peinlichen Situation.

Aber nicht nur durch die Medien hat der Erfolgsdruck während der vergangenen zwei Jahrzehnte enorm zugenommen. Der Profi-Fußballbetrieb ist lediglich das Spiegelbild allgemeiner gesellschaftlicher Entwicklungen. Mit Ausnahme Otto Rehhagels und Winfried Schäfers wird niemandem mehr die Zeit gelassen, in Ruhe ein Konzept umzusetzen, eine Mannschaft aus eigenen Kräften zu formen. Teure Einkaufspolitik und schnelle Erfolge diktieren das Geschäft. Beweis hierfür sind die unzähligen Trainerentlassungen. Deren Aufträge gleichen nurmehr Himmelfahrtskommandos, wenn nicht wenigstens ein UEFA-Cup-Platz herausspringt.
Die überflutete Wahrnehmung des modernen Großstadt-

menschen scheint derzeit nur noch auf Meisterschaften anzusprechen. Allenfalls in Gegenden um Schalke, Dortmund und Kaiserslautern, wo entweder wirtschaftliche Not, große Tradition oder das Fehlen anderer Vergnügungsmöglichkeiten vorherrschen, zieht es die Leute massenhaft ins Stadion. Auch wenn es um nichts mehr geht.
Der Teufelskreis: Erfolg – viele Zuschauer – viel Werbung – teure Einkäufe – Erfolg scheint in der Bundesliga nicht mehr durchbrochen werden zu können. Da haben sich die Gesetze der Marktwirtschaft durchgesetzt, die am Nerv und an der Kasse von so manchem Traditionsverein nagen.
Selbst Bayern München, mit der Supertruppe, blieb bekanntlich nicht davon verschont. Der wahnsinnigen Erwartungshaltung, die an der Isar durch eine besonders bizarre Presselandschaft noch zusätzlich geschürt wurde, sind sie nicht Herr geworden. Management und Leistungsträger wie Matthäus haben sich gegeneinander ausspielen lassen und untereinander einen regelrechten Krieg ausgetragen. Darin liegt aber die Chance für kleinere Klubs mit schmalerem Budget. Die hochgezüchteten Top-Mannschaften, in denen Eitelkeiten, Eifersüchteleien und eine hochsensible Gruppendynamik ständig für Unruhe sorgen, sind mit Harmonie, Moral und talentierten Eigengewächsen zu überraschen.
Die Frankfurter Eintracht bewegte sich bei dieser schwierigen Wanderung stets auf einem schmalen Grat. Kometenhaft ist sie Ende der 80er Jahre aus der Abstiegszone zur Überraschungsmannschaft aufgestiegen. Mit Andy Möller kamen dann die Meisterschaftsambitionen und lasteten wie Blei auf ihr. Der Teamgeist verflüchtigte sich. Ohne Andy sind wir wieder zur Wundertüte geworden, von der keiner so recht weiß, was spielerisch dabei herauskommt, obwohl immer alles drin ist.

Eine typische Folge der Verkrampfungen unter dem Erfolgsdruck sind die überhandnehmenden Verletzungen. Im

Gegensatz zu vielen Experten bin ich nicht der Meinung, daß die Spielweise im allgemeinen bösartiger geworden ist. Super-Slow-Motions im Fernsehen scheinen diese These zwar zu belegen, aber man bedenke, daß es diese Entlarvungstechnik früher gar nicht gegeben hat. Erst der Lupeneffekt vergrößert die Ruppigkeit.

Von ein paar übermotivierten Kloppern abgesehen, begehen die Spieler heute keine härteren Fouls als früher. Brisanz kommt höchstens deshalb ins Bild, weil die Athletik und das Tempo zugenommen haben. Wenn Turbos wie Möller, Matthäus oder Yeboah in vollem Lauf aus dem Gleichgewicht gebracht werden – und sei es noch so zart –, dann überschlagen sie sich mehrfach. Das entspricht nun mal physikalischen Gesetzen.

Den eigentlichen Grund für die sich häufenden Verletzungen sehe ich vielmehr in den kräftzehrenden Trainingsmethoden, die die Muskulatur anfällig machen. Geradezu überzüchtet könnte man es nennen, wie sich ganze Mannschaftsteile präsentieren. Bänderrisse, Zerrungen, Lungenrisse, Ermüdungsbrüche zeugen von blinder Kraftbolzerei. Viele Trainer bevorzugen die Schinderei, weil sie sich das ökonomischere und ästhetischere Kombinationsspiel nicht zutrauen.

Nachdem der deutsche Fußball zehn Jahre lang durch ein tiefes Tal wandelte, wird inzwischen wieder mehr Wert aufs Spielerische gelegt. Mit uns, Borussia Dortmund, dem Karlsruher SC und den Gladbacher Borussen – jedenfalls in der Form, in der sie durch die Rückrunde der Saison 1992/93 galoppiert sind – haben Technik und Offensive eine längst überfällige Renaissance erlebt.

Mit den Schwarzgelben aus Dortmund deutete sich der Anschluß an die europäische Spitzenklasse an. Bein, Möller, Okocha, Pflipsen, Chapuisat, Herzog, Ziege, Kirjakow heißen die neuen Leistungsträger – alles Spitzentechniker. Daß sie dem hiesigen Fußball einen neuen Stempel aufge-

drückt haben, läßt hoffen. Das zieht die Leute möglicherweise auch wieder ohne Meisterschaftserwartung, sondern allein vom Unterhaltungswert fasziniert, in die Stadien.
Die unvermeidliche Frage nach den Spielsystemen stellt sich bei dieser Form der Darbietung endlich nicht mehr. 4-2-4, 4-3-3, 4-4-2, 1-4-3-2, das sind rein mathematische Schemen theoretischer Raumaufteilungen. Der moderne Fußball muß mit allen Systemen arbeiten, darf sich aber keinem ausschließlich verschreiben. Das heißt, eine gut eingespielte Mannschaft zeichnet sich durch besondere Flexibilität aus. Die Taktik des Gegners erkennend, den Spielstand berücksichtigend und die eigenen Kräfte richtig einteilend, stellt sie sich selbst situativ ein und um.
Das hat Ernst Happel mit dem HSV fast bis zur Perfektion getrieben. Wir hatten nicht die Weltstars wie Juventus Turin, waren aber so gut auf das arhythmische Forechekking eingespielt, daß selbst solche Gegner zeitweise zur Verzweiflung getrieben werden konnten. Happel trichterte uns ein, in unregelmäßigen Abständen den Gegner nach Möglichkeit in der eigenen Hälfte einzuschnüren. In diesen Phasen, die manchmal eine Viertelstunde, manchmal nur fünf Minuten dauerten, stand und fiel die Rückraumdekkung mit dem blinden Verständnis der Akteure untereinander. Intelligente Raumdeckung, mit dem Auge für das richtige Stellungsspiel ohne Ball, war dafür unabdingbare Voraussetzung.
Gelang es uns, in Führung zu gehen, ließen wir uns zum Kräftesammeln in eine 4-4-2- oder 5-4-1-Formation zurückfallen. Der Gegner sollte sich nicht auf starre Positionsverteilungen einrichten dürfen, vielmehr sich ständig neuen Staffelungen und verwirrenden Tempowechseln ausgesetzt sehen.
Prinzipiell gilt: Beim Spiel nach vorn muß das direkte Kombinationsspiel dominieren. Während der Verschnaufpausen ist ruhiges Ballhalten angesagt.

Das alles basiert jedoch auf drei Voraussetzungen: erstens, ein eingespieltes Team, in dem jeder weiß, wann der andere wie läuft; zweitens, Abwehrspieler, die spieltechnisch weit mehr bringen müssen als reine Zerstörung (das Spiel wird nun mal von hinten aufgebaut – die Italiener und Spanier führen uns dies mit ihren technisch versierten Verteidigern jedesmal aufs neue vor); drittens, ein wirklicher Denker und Lenker im zentralen Mittelfeld, der sowohl die diversen Phasen einleitet als auch technisch in der Lage ist, das Direktpaß-Spiel aufzuziehen.
Mit Uwe Bein haben wir bei der Eintracht zwar manchmal den richtigen Mann für solche Manöver, aber die Variationsbreite wurde leider nicht verordnet.
Dragoslav Stepanovic wollte das Forechecking stets über 90 Minuten sehen, was wir weder von der Kraft noch von der Homogenität der Mannschaft her durchhielten. Gegen die konterstarken Leverkusener beispielsweise, mit den pfeilschnellen Thom und Kirsten, mußte die so leicht ausrechenbare Offensive geradezu in die Hosen gehen.
Der Fußball der Zukunft hat kein neues System zu erfinden, sondern muß sich der bestehenden im kurzen Wechsel bedienen. Wobei natürlich der produktive Part im Forechecking besteht, das den Gegner unter Druck setzt und resultatsmäßige Vorgaben liefern sollte.

Hätte Berti Vogts wirklich den Mut, von dem er dauernd spricht, würde er die deutsche Nationalmannschaft so spielen statt sie in der Schematik erstarren lassen. Immerhin verfügt er über ein seit der WM in Italien eingespieltes Team. Nur ist leider kaum etwas dazugelernt worden. Mit Christian Ziege vom FC Bayern hat sich zwar das spielerische Moment in der Abwehr durchgesetzt. Bereits im Mittelfeld aber verläßt Vogts die Phantasie. Er hätte sich schon vor einem Jahr für feste Achsen entscheiden müssen. Seine Dauerexperimente bringen mehr Verunsicherung als Klarheit. Bewährte Blöcke sollten die diversen Spielrhythmen diktieren.

Nie hat Vogts Bein und Möller gemeinsam gebracht und vor den defensiven Effenberg und Matthäus probiert. Bein braucht aber für seine Steilpässe Raketen wie Möller, sonst schießen sie übers Ziel hinaus oder rollen jämmerlich ins Aus. Vor Libero Thon sollte in der Innenverteidigung Kohler oder Buchwald blocken, daneben Ziege und Helmer für Entlastung und Flügelläufe sorgen, davor und dazwischen Effenberg und Matthäus als Abfangjänger und Antreiber fungieren.

Bein und Möller könnten mit ihrem traumwandlerischen Verständnis das Spiel nach vorn dirigieren, mit Doppelpässen aus der zweiten Reihe überraschen und – last not least – Klinsmann und Riedle mit Flanken versorgen.

Ebenso hat Vogts noch nie die reine Konter-Variante aus Leverkusen getestet. Das Duo Thom und Kirsten gemeinsam eingesetzt wäre meine Alternative, um im vielseitigen WM-Feld zwischen brillanten Künstlern aus Brasilien und britischen Kampfmaschinen zu bestehen. In Anbetracht der Vorbereitungsspiele – auch nach dem erfolgreichen Abschneiden beim US-Cup – werde ich den Eindruck nicht los, daß Berti zwar vor den Kameras seine Wunschträume nach der Ästhetik formuliert, aber, wenn es drauf ankommt, stets in seine eigene Spielkultur zurückfällt.

Daß ich bei Happel ins Forechecking, in diese für mich schönste und erfolgreichste Spielweise, direkt eingebunden wurde, kam mir auch vom Naturell her sehr entgegen. Bereits in Bielefeld war ich für gelegentliche Ausflüge bekannt, für mein direktes Eingreifen in den Spielbetrieb. Happel redete mir damals ernst ins Gewissen: »Bei diesem Pressing bist du zwar der Libero hinter dem Libero. Das ist aber kein Freischein für Spinnereien.« Das hieß, weiter vor dem Tor zu stehen als andere, um mögliche Steilpässe vor

dem gegnerischen Stürmer abzufangen. Das erfordert 90 Minuten hohe Konzentration und den Zwang zum optimalen Stellungsspiel.
Wahrscheinlich haben sich in dieser für mich so wichtigen Hamburger Zeit meine Vorzüge als eher umsichtiger, vom Auge und von Ruhe lebender Tormann herausgebildet. Fliegen ist herrlich, sieht elegant aus und bringt gute Kritiken, dauert aber zu lange. Es gibt einige Torhüter in der Bundesliga, die es als Hochspringer zu viel Ehre gebracht hätten. Die optische Täuschung, wenn nach einer artistischen Parade der Ball dennoch im Netz zappelt, führt dann häufig zu der Bewertung »unhaltbar«. Kaum jemand sieht das falsche Stellungsspiel oder fragt sich, warum ein Torhüter bei Fernschüssen überhaupt fliegen muß.
Die meisten Weitschüsse lassen sich bereits in der Entstehung genau beobachten. Es gibt sogar Torleute, die, obwohl sie das wissen und erkennen, eigens für den vielbeklatschten Sprung einen Meter weniger in die richtige Ecke laufen. Wer nicht schon vor dem Schuß den Winkel zumacht, und zwar zu Fuß, der hat das Nachsehen – mit oder ohne Sprung.
Mir wird manchmal falsches Augenmaß oder Lässigkeit vorgeworfen, wenn ich Bälle unters Gebälk lasse, ohne ihnen hinterherzuhechten. Dazu kann ich nur sagen: Man erkennt sehr früh, an welche Schüsse man herankommt und an welche nicht. Und simulierte Flugeinlagen verursachen bei mir Höhenkoller. Dem netten Werbespruch »Nur Fliegen ist schöner« muß der erfahrene Schlußmann nüchtern hinzufügen: »Richtig laufen ist allerdings immer noch effektiver.«
Oft wird darüber gerätselt, warum ich Bälle, die auf mich zurückgespielt werden, nicht risikolos ins Feld dresche. Eine einfache Anwort kann ich darauf nicht geben. Das hat nicht nur was mit rationalen Gründen zu tun. Ich glaube, auch ein guter Feldspieler zu sein und es mit so manchem Bundesligastürmer aufnehmen zu können.

Oft beschwören Torhüter durch unpräzise herausgedonnerte Befreiungsschläge Konterangriffe herauf, die die eigene Abwehr unvorbereitet treffen. Sehe ich die Chance nicht, den Ball an einen freistehenden Mitspieler weiterzugeben, nehme ich eben lieber das Dribbling mit einem Gegner in Kauf. Zumindest will ich dann ein, zwei Stürmer auf mich ziehen, damit die eigenen Abwehrspieler anspielbar werden.
Gelegentlich begebe ich mich allerdings ohne Not in solche Situationen, entweder, um mein Mütchen zu kühlen, wenn ich wütend bin über irgend etwas, oder weil mein Spieltrieb mit mir durchgeht. Wenn das Kräftemessen Mann gegen Mann sozusagen den Bub in mir weckt, vergesse ich mich manchmal. Ich mache es nicht für die Galerie, sondern nur für mich.
Einige unterstellen mir Überheblichkeit oder daß ich den Gegner demütigen wolle. Das ist totaler Quatsch. Es ist einfach der Zweikampf, der mich reizt. Alles oder nichts. Denn daß hinter mir nur noch das Tornetz hängt, ist mir stets bewußt.
Als Torhüter bist du ohnehin immer auf dich angewiesen, du bist der letzte Mann – allein veranwortlich. Dein Job ist die Verhinderung, nicht das produktive Spiel im Aufbau oder Abschluß. Das reicht mir manchmal nicht. Dafür bin ich zu sehr Fußballer, der sich nicht auf die Faustabwehr reduzieren lassen kann. Ab und zu brauche ich diesen Nervenkitzel.
Geht alles gut, hat das großen Unterhaltungswert, und die Leute sind vom »coolen« Stein begeistert. Wenn es mal danebengeht, schimpfen alle.
In 17 Jahren Profifußball ist es dreimal danebengegangen. Herget und Augenthaler waren die Killer mit Zielfernrohr, die an der Mittellinie abgezogen haben, während ich an der Strafraumgrenze auf Steilpässe wartete. Und Thom nutzte ein mißlungenes Dribbling von mir gegen Kirsten ausge-

rechnet im Pokalspiel gegen Leverkusen, um den Ball schamlos ins leere Gehäuse zu schieben. Wieviele Tore ich jedoch durch diese Spielweise verhindert habe, wieviele Angreifer dadurch entnervt aufgaben, steht in keiner Statistik.

Es ist ein weitverbreiteter Irrtum zu glauben, daß Torhüter heute keine Souveränität mehr im Strafraum besitzen. All jenen, die ernsthaft dieser Meinung sind, empfehle ich, sich alte Streifen vom WM-Endspiel von 1974 anzusehen. Das waren noch Flanken, schön im Bogen hereingeschnibbelt. Sekundenlang hatten die Torhüter damals Zeit, dem Ball entgegenzulaufen und ihn herunterzupflücken. Die Flanken waren so lange unterwegs, daß im Winter der Schnee drauf liegenblieb. Da konnten die Maier Sepps noch bis zum Sechzehner sprinten und die Dinger abgreifen.

Heute kommen die Flanken halbhoch als Torschüsse ins Getümmel. Nicht zuletzt durch die Kunststoffbeschichtung flattern sie häufig. Als Torwart hast du nur Sekundenbruchteile, um zu reagieren. Da entscheidet sich die Mehrheit verständlicherweise dafür, im Kasten zu bleiben. Um so wichtiger ist seitdem das Stellungsspiel im Fünfmeterraum.

17 Jahre Bundesliga. 17 Jahre Ernährungswissenschaften. 17 Jahre medizinische Betreuung. Je nach Einstellung läßt man die Entwicklungen über sich ergehen oder nutzt sie zu seinem Vorteil.

Wenn ich mich daran erinnere, welche Ernährungsweisheiten bei meinem ersten Vertragsabschluß den Speiseplan bestimmten, wundere ich mich heute noch darüber, daß in den Bundesligavereinen damals schon mit Messer und Gabel gegessen wurde.

Vor fast zwei Jahrzehnten galt in Bielefeld nämlich noch der Grundsatz, möglichst wenig zu trinken, um sein Gewicht zu halten. Da wurde zwischen dem gewöhnlichen Biertrinker und einem ausgetrockneten Hochleistungssportler kein Unterschied gemacht.

Im Trainingslager litten wir Durst wie Schiffbrüchige auf hoher See. Zwischen den schweißtreibenden Trainingseinheiten waren nur 0,3 Liter Mineralwasser zum Essen erlaubt. Das Essen hingegen triefte vor Fett. Die Betreuer waren felsenfest davon überzeugt, damit überzählige Pfunde wegzubekommen. Wenn wir uns abends mal schnell in ein Restaurant schlichen und versuchten, unseren Flüssigkeitsbedarf zu decken, wurden wir beschattet, so ernst war es ihnen mit ihrer abstrusen Ernährungstheorie.
Auf diese Weise kam ich auch zur teuersten Cola meines Lebens. Trainer Feldkamp betrat just in dem Moment, als ich am Tresen einer nahegelegenen Kneipe eine Cola im Stehen hinunterstürzte, das Lokal und verdonnerte mich zu »50 Mark Strafe wegen Zuwiderhandlung gegen neueste wissenschaftliche Erkenntnisse«.
Heutzutage ist die Bedeutung einer gesunden Ernährung im Bewußtsein vieler Spieler verankert. Anstelle des einst vor Spielen unvermeidlichen Steaks wird jetzt auf eine im Hinblick auf Ballaststoffe, Kohlehydrate, Vitamine, Calcium und dergleichen ausgewogene Nahrung geachtet.
Manche nehmen nur noch Nahrungsmittel aus biologisch-dynamischem Anbau zu sich, anderen reicht es, wenn die Lebensmittel nicht gespritzt und bestrahlt sind. Ich bin zwar nicht immer konsequent, halte mich aber seit Jahren schon an vegetarische Pläne und versuche, mich vorwiegend mit Gemüse, Salaten, Reis und Nudeln bewußt zu ernähren.
Im medizinischen Sektor habe ich mich ganz für die Homöopathie entschieden. Ich neigte nie zur schnellen Tablette gegen Kopfweh, Bauchschmerzen oder Halsentzündungen. Bei uns zu Hause galt von Kindesbeinen an: ›Herausschwitzen und ruhen.‹ Deshalb lernte ich schon früh mit Schmerzen umzugehen, manchmal einfach damit zu leben oder sie mit körpereigenen Kräften zu überwinden.
Später hatte ich das Glück, einen homöopathischen Arzt kennenzulernen, der stets mit Erfolg die natureigenen Mit-

tel gegen kleinere und größere Verwundungen und Verletzungen verabreichte. Antibiotika habe ich bisher nie benötigt. Ich fürchte sie, weil sie quasi als chemische Keulen körpereigene Abwehrmechanismen schwächen.
Natürlich verdamme ich die Schulmedizin nicht. Chirurgische Eingriffe und die damit verbundenen Narkosen können oft nicht vermieden werden, sind in manchen Situationen letzte Rettung. Es wird aber meiner Ansicht nach viel zu schnell geschnitten.
Mein uraltes Rückenleiden diagnostizierten gleich drei Ärzte als Bandscheibenvorfall, der operativ mit plastischem Ersatz behoben werden sollte. Das Risiko, anschließend nie mehr ganz schmerzfrei und so beweglich wie früher zu sein, wäre dabei nicht auszuschließen gewesen. Möglicherweise hätte dies das Aus meiner Karriere bereits Ende der 80er Jahre bedeutet.
Mein Homöopath fand dann den wahren Grund, der in der jahrelangen ungleichen Kniebelastung aufgrund eines lädierten Meniskus bestand. Nach einer Meniskusoperation und ein paar Spritzen mit Schlangenserum waren die Schmerzen wie weggeblasen – die komplizierte Rückenoperation unnötig.
Da ich der psychosomatischen Theorie anhänge, nach der die meisten körperlichen Gebrechen von der Psyche ausgehen, favorisiere ich entsprechende Heilmethoden. Verspannungen, Verkrampfungen oder Funktionsstörungen der Organe werden in vielen Fällen durch psychische Erschöpfungszustände ausgelöst.
Daraus leitet sich auch meine Abneigung gegen schmerzstillende Spritzen ab. Nur zweimal im Verlauf meiner Karriere bin ich mit derartigen Betäubungen aufgelaufen. Vom Gift, das verabreicht wird, ganz abgesehen, sind solche Einwirkungen auf den Organismus auch deshalb gefährlich, weil das Nervensystem nicht mehr signalisieren kann, wann der Körper überfordert ist, und man so größere Schädigungen zunächst nicht bemerkt.

Deshalb ziehe ich es vor, lieber mit Schmerzen zu spielen. Darin habe ich wirklich Übung. Ich habe viele Male mit rasenden Schmerzen auf dem Feld gestanden. Dennoch bin ich bisher glimpflich davongekommen. Bis auf einen kleinen Finger wurde mir noch kein Knochen gebrochen. Mit Erstaunen schauen viele Leute auf meine Hände, die von Schmeichlern gern als »Pianisten-Hände« bezeichnet werden.

Ein herausragendes Phänomen ist die besondere Zuneigung der Fans über alle Höhen und Tiefen hinweg. Immer standen sie hinter mir, ob in Bielefeld, Hamburg oder Frankfurt. Unabhängig auch von der Medienschelte gegen mich, bewährten sich die Treuesten der Treuen als feste Stütze.

In Hamburg drohten sie sogar mit Stadionboykott und demonstrierten gegen meinen Rauswurf. Es ist nicht einfach, dies zu begreifen. Möglicherweise hat es damit zu tun, daß die Fans von mir im Positiven wie im Negativen glauben, es mit einer ehrlichen Haut zu tun zu haben.

Meine Leistungen, gepaart mit einer Aufmüpfigkeit, die keine Furcht vor Vorgesetzten kennt, scheinen ihnen zu imponieren. Offensichtlich bin ich für sie ein Typ, der zur Identifikation taugt. Einer, der stellvertretend ein bißchen von dem umsetzt, wovon sie träumen.

Außerdem gebe ich mir redlich Mühe, auf die Fans einzugehen. Schon die Gestik ist wichtig, mit der man sie im Stadion begrüßt. Wenn ich mich beispielsweise auch während des Spiels mit erhobenem Arm für Ovationen bedanke, kommt dies aus dem Bauch, ist nicht berechnet. Ich bilde mir ein, schon immer einen aufrichtigen Kontakt zu Leuten, denen Fußball so viel bedeutet, hergestellt zu haben. Mich interessiert, was sie bewegt, weshalb Besuche bei Fanklubs für mich zu einer Selbstverständlichkeit geworden sind.

Die Fans standen immer hinter mir, ob in Bielefeld, Hamburg oder Frankfurt

Mit Freude registriere ich die wieder friedlicher gewordene Stimmung vor, während und nach den Spielen. Krawallbrüder und Neonazis, die versucht haben, das Medienereignis Fußball und die Fans für ihre idiotischen Kampagnen zu nutzen, scheinen nicht so anzukommen wie befürchtet. Es muß jedoch mit hoher Wachsamkeit verfolgt werden, was sich auf diesem Terrain tut.

Die Vereine und der DFB müssen aber auch mehr leisten, als nur einen ausländerfreundlichen Spieltag im Jahr zu deklarieren. Die Schweigeminute nach den Morden von Solingen war immerhin ein guter Anfang. Insbesondere in München demonstrierten Zehntausende ihre Betroffenheit angesichts der Greueltat. Die Schweigeminute mündete dort in einen eindrucksvollen, lautstarken Protest: »Nazis raus, Nazis raus«, forderten sie einstimmig im Olympia-Stadion. Diese Gewalttäter müssen auf Granit beißen und ihre Isolation deutlich zu spüren bekommen.

Darüber hinaus sollte der Gesetzgeber stärker gefordert werden. Es ist schwierig geworden, in einer Zeit, die von immer dreisteren Korruptionsaffären der Politiker geprägt ist, die Moral als Bollwerk gegen solch unmenschliche Tendenzen zu bemühen. Kleine Betrügereien bis hin zu schweren Körperverletzungen erscheinen als Kavaliersdelikte, weil selbst Politiker den Bürgern kein positives Vorbild mehr sind.

Dieser Verfall der Werte spielt bei den jugendlichen Gewalttätern zweifellos eine Rolle. Manchmal hat man den Eindruck, Angriffe auf Asylbewerberheime oder Wohnungen von Ausländern seien zum sportlichen Zeitvertreib geworden. Und wenn schon Rechtsempfinden und Moral so verschüttgegangen sind, darf auch die Abschreckung durch härtere Strafen nicht gleich verworfen werden.

Auch auf die Gefahr hin, daß ich als Law-and-Order-Mann verschrien werde, halte ich es nicht für richtig, daß ein 16jähriger, der fünf Menschen auf dem Gewissen hat, in vier oder fünf Jahren wieder ein freier Mann ist. Die Entwicklungen nach dem Brandanschlag von Solingen zeigen, daß der Aufschrei in der Gesellschaft keine dem Terror Einhalt gebietende Wirkung hat. Im Gegenteil, es scheint als Fanal für weitere Brandstiftungen verstanden worden zu sein. Größere Angst vor empfindlicher Bestrafung würde hier vielleicht helfen.

In Frankfurt können wir uns wohl mit einer der friedlichsten und engagiertesten Fangemeinde in der Bundesliga brüsten. Fanpartnerschaften werden mit Fußballturnieren gepflegt. Bei internationalen Begegnungen fungieren die Fans mit intelligenten Zeitungsinterviews, Freundschaftsspielen und Diskussionsveranstaltungen geradezu als Botschafter der Eintracht. Es ist nicht nur schön, sondern es macht auch Spaß, solche Leute hinter dem Tor zu wissen.
Wie weit die Liebe der Fans oft geht, wird mir klar, wenn ich beispielsweise in einem der zahllosen Briefe meinen Lebenslauf auf 13 Seiten lückenlos beschrieben finde, in einer Handschrift, die sich von einem Schreibmaschinendruckbild kaum unterscheiden läßt. Eine Frau aus Nordhessen rekonstruierte sämtliche Stationen, alle Bundesligaabschlußtabellen, jeden Mitspieler, alle Erfolge und Niederlagen, jede Minute, die ich in den 17 Profijahren im Einsatz war. Selbst meine Schuhgröße listete sie exakt auf und bat am Schluß schüchtern um ein Autogramm.
Solche Post zu lesen, stimmt freudig und nachdenklich zugleich. Was bewegt jemanden zu so viel Akribie? Die schnellen Erklärungsmuster wie jugendliche Verliebtheit, Starverehrung oder ähnliches reichen bei weitem nicht aus. Gerade die vielen weiblichen Fans, deren soziale und kulturelle Herkunft auf keinen gemeinsamen Nenner zu bringen ist und deren Altersspanne von acht bis 88 Jahren reicht, erlauben keine einfache Begründung. Daß meiner Faszination selbst Feministinnen erliegen können, dokumentierte Professorin Dr. Karin Walser aus Frankfurt. Der Universitätsdozentin und Publizistin in Frauenfragen verdanke ich einen Brief voll hintergründigem Witz:
»Uli Stein und das Spiel der Geschlechter. Warum Frauen an Fußball im allgemeinen, an Torwarten im besonderen Gefallen finden, ist erklärungsbedürftig. Nicht nur Feministinnen stehen hier vor einem Rätsel: Was fasziniert Frauen am männlichen Spiel mit dem Ball? Was erregt sie, wenn

der Tormann nur den berühmten ›unhaltbaren‹, weil besonders raffinierten oder besonders kraftvollen Schuß in die Weite seines Torraumes hineinläßt?
Uli Stein ringt mit sich, dem Torraum und dem Ball wie kaum ein anderer. Ihm nehmen Frauen das Heroische seines Tuns ab. Über die Gabe, die große zivilisatorische Bedeutung, die Fußball auch für Frauen hat, immer wieder neu zu vermitteln, scheint er in besonderem Maße zu verfügen. Daß er dabei nie taktisch ist, sondern ehrlich, daß er emotional und nie berechnend agiert, steigert unser Vertrauen in die Bedeutsamkeit seines Tuns.
Wenn Frauen Männer anhimmeln, ist Erotisches stets im Spiel. Was aber stellen fußballspielende Männer und Torräume im erotischen Spiel der Geschlechter dar, und welche Rolle spielt darin Uli Stein? Spielen wir mit unseren weiblichen Phantasien wie die Männer mit ihrem Ball, und lassen wir nur die raffiniertesten, die kunstvollsten gelten. Die plumpen und banalen schieben wir einfach, wenigstens für dieses Mal, ins Aus.
Uli Stein wird von ganz jungen Frauen geliebt und von älteren. Die pubertierenden Mädchen möchten ihn heiraten, die erwachsenen Frauen geben ihm mütterliche Ratschläge. Uli Stein nimmt hier die berühmte Rolle des Dritten ein, der den Clinch zwischen Müttern und Töchtern aufbricht. Er ist der männliche Bezugspunkt, der den Rivalitätskampf zwischen Frauen mildert. Artistisch gekonnt zieht er die Aufmerksamkeit beider auf sich. Stellvertretend für das weibliche Geschlecht klärt er die alle bewegende Frage, welche Schüsse gut und welche schlecht sind, welche in den (weiblichen) Torraum gelassen und welche ferngehalten werden sollen. Das Spiel fasziniert Frauen, weil das Ganze sich nicht auf dem unsicheren Terrain der Beziehungen abspielt wie im richtigen Leben, sondern auf einem eingegrenzten Feld mit einer begrenzten Zahl an Mitspielern, mit klaren Regeln, handfesten Ergebnissen und einem

wie Uli Stein, der den Überblick behält. Er ist der starke Mann, der sich im weiblichen Raum auskennt. Er beschützt ihn umsichtig und läßt keinen weiteren hinein.
Uli Stein bestärkt Frauen in der Hoffnung, im Spiel der Geschlechter erfolgreich sein zu können. Auf plumpe oder brachiale Art läßt er sich nicht austricksen und nicht überwältigen von den feindlichen Männern im Feld. Er behauptet sich, er ist selbstbewußt und gestattet nur den kunstvollsten Spielern, ihm so nahe zu treten, daß der Schuß sein Ziel auch trifft. Uli Stein verkörpert den Stolz, den Frauen sich im erotischen Spiel der Geschlechter für sich und für die Männer so sehnlichst wünschen, der heutzutage kollektiv, aber so selten gelingt.
Denkbar ist, daß es sich beim Spiel um den weiblichen Raum, um starke Tormänner und um die raffiniertesten und kraftvollsten Schüsse auch um eine profane Form eines modernen Fruchtbarkeitskultes handelt. Was durch technischen Fortschritt hier an unmittelbaren Zusammenhängen verloren gegangen ist, führt Fußball in seiner ursprünglichen, körperlichen Verknüpfung jeden Samstag aufs neue vor. Uli Stein: ein Torwart von der Göttin Gnaden.«
In Anbetracht der grandiosen Funktion, die mir Karin Walser zuschreibt, kann ich nicht einfach die Fußballstiefel an den Nagel hängen. Zumindest muß ich wohl noch so lange den Torraum vor schnellschießenden Machos sichern, bis ein würdiger Nachfolger gefunden ist.

Tatsächlich fühle ich mich so fit, daß der Ausblick auf ein Leben nach der aktiven Laufbahn nicht richtig gelingen will. Natürlich träume ich von mehr Freizeit und mehr Ruhe. Die Vorstellung jedoch, mein Leben ohne Fußball fristen zu müssen, fällt mir außerordentlich schwer. Wer mehr als 30 Jahre mit dem Leder unterm Arm durch die Welt gelaufen ist, der kann und will es natürlich nicht wahrhaben, daß ihm und dem Ball mal die Luft ausgehen könnte.

Mein Leben war und ist durch und durch vom Fußball beherrscht. Ohne diesen Kitzel, dieses Kribbeln auskommen zu müssen, sprengt derzeit noch mein Vorstellungsvermögen. Nicht nur beim samstäglichen Kräftemessen fühle ich mich immer noch wie mit 18. Selbst im Training habe ich nach wie vor den Ehrgeiz, das Schußtraining unter zehn Treffern abzuschließen.
Jene Müdigkeit, die manche schon mit Anfang 30 verspüren, und die deshalb nur noch danach trachten, ob sie ihre Rente in Amerika, der Schweiz oder neuerdings in Japan verdienen können, ist mir gänzlich fremd. Die Schlachten, die in diesem oft so wenig heimeligen Land geschlagen werden, sind das Elixier, aus dem ich meine Motivation beziehe.

Selbst meine ewigen Kontrahenten, die mir mit schrillen Pfiffen so manche Auszeit verordnet haben, möchte ich nicht missen. Wenngleich ich es manchmal vergesse, habe ich gelernt: Schiedsrichter sind Menschen, mit all ihren Schwächen, Liebenswürdigkeiten, Vorlieben und Vorurteilen.
Zweifellos gibt es Herren in Schwarz, die manche Spieler ums Verrecken nicht ausstehen können. Natürlich gibt es auch welche, die glühende Anhänger bestimmter Vereine sind. Da fällt Objektivität besonders schwer. Aber im großen und ganzen kann man sich, wenn der erste Ärger über Fehlentscheidungen verflogen ist, über diese Unparteiischen nicht beschweren. Und in Deutschland haben wir nicht die Schlechtesten.
Aus heutiger Sicht fällt es mir leicht, zuzugeben, daß alle roten Karten gegen mich berechtigt waren, mit Ausnahme des Platzverweises in München. Von den modern daherkommenden Ideen wie Fernsehschiedsgerichte und ähnlichem sollte man sich verabschieden. Der Fußball muß menschlicher werden, und dazu gehören Irrtümer, Unge-

rechtigkeiten und Fehlentscheidungen. Auch wenn ich morgen schon wieder darüber fluche – ich will diese Leute um mich haben.

Ich denke noch nicht an den Abschied. Würde ich dies tun, könnte ich die Spannung wahrscheinlich nicht mehr aufrechterhalten, die nötig ist, um immer wieder auf den Punkt genau in Form zu sein. Drei, vier weitere Jahre der Stein des Abstoßes zu sein, halte ich durchaus für realistisch. Sollte ich aber merken, daß die Leistung wider Erwarten nicht mehr stimmt, werde ich sofort den Kasten räumen. Wie schwer einem die Selbsteinschätzung in dieser Situation fallen kann, glaube ich jedenfalls zu wissen. Auch in dieser Frage war ich stets sehr hart mir selbst gegenüber. Mich auf die Ablösung vorzubereiten, ist eine der großen Aufgaben der nächsten Jahre.

Davor will ich jedoch noch einmal eine dieser häßlichen Schüsseln in meinen zierlichen Händen halten. Wenn es nicht die Meisterschale sein sollte, so doch wenigstens der UEFA-Pokal. Vorher gebe ich keine Ruhe – weder mir noch den Kollegen.

Die ewige Altersfrage beantworte ich bei dieser Gelegenheit gleich mit. Die Gratulanten zu meinen guten Leistungen, die glauben, auf den Zusatz »... und das in Ihrem Alter« nicht verzichten zu können, müssen sich gedulden.

Wie gesagt, es ist Halbzeit – so oder so.

Zeittafel

1954 Geburt von Ulrich (Uli) Stein am 23.10. in Hamburg als drittes von sieben Kindern, Vater Manfred Stein, Mutter Christa Stein, geborene Winter
Ab 1961 Besuch zahlreicher Volksschulen in verschiedenen Orten, zwischendurch Besuch des Hölty-Gymnasiums in Wunstorf
1972 bis 1976 Lehre als Großhandelskaufmann in Nienburg
Als Kind und Jugendlicher Fußballspieler in zahlreichen Vereinen, zuletzt beim SV Wunstorf (bis 1976)
1975 Erstes Amateurländerspiel
1976 bis 1980 Torwart bei Arminia Bielefeld
1979 Uli Stein lernt Conny Grahl kennen
1980 Wechsel zum Hamburger SV
1981 Erstes B-Länderspiel, Ernst Happel wird Trainer
1982 Deutscher Meister mit dem HSV
1983 Deutscher Meister mit dem HSV, erstes A-Länderspiel gegen Jugoslawien, Europapokalsieger der Landesmeister mit dem HSV
1985 am 28.6. Hochzeit mit Conny, am 12.12. Geburt der Tochter Jennifer
1986 Vorzeitiger Abgang bei der Fußballweltmeisterschaft in Mexiko u.a. wegen Beleidigung des Teamchefs Franz Beckenbauer
1987 Deutscher Pokalsieger mit dem HSV, Entlassung beim HSV u.a. wegen des Faustschlages gegen Jürgen Wegmann beim Supercup-Spiel gegen Bayern München, Wechsel zur Frankfurter Eintracht

1988 Deutscher Pokalsieger mit Eintracht Frankfurt
1991 Ernennung zum Kapitän der Frankfurter Eintracht

Insgesamt 6 A-, 2 B- und 5 Amateurländerspiele

Personenregister

Bildnachweise